国家社科基金一般项目"诉讼实施权配置视阈下的惩罚性赔偿消费公

益诉讼研究"（项目批准号：19BFX109)阶段性成果

内蒙古自治区直属高校基本科研业务费项目"内蒙古地区公益诉讼类

型化发展研究"（项目批准号：NCYWR22022)资助

消费民事公益诉讼请求
法律构造研究

Xiaofei Minshi Gongyi Susong Qingqiu
Falü Gouzao Yanjiu

郝海燕　著

人民出版社

序

自从 20 世纪 90 年代,邱建东状告龙岩邮电局、葛锐起诉郑州铁路局等典型事件将消费公益诉讼拉入我国大众视野之后,公益诉讼作为一个新生事物成为备受社会各界关注的热点话题。进入 21 世纪,随着社会经济的快速发展和法律制度的不断完善,公益诉讼一词开始频繁出现在国家政策、司法实践和立法规定中。2012 年公益诉讼首次在《民事诉讼法》中予以明确,2015 年 13 个试点地区开始探索检察公益诉讼实践,紧接着《人民检察院提起公益诉讼试点工作实施办法》《最高人民法院关于审理消费公益诉讼法律适用若干问题的解释》《最高人民法院、最高人民检察院关于检察公益诉讼案件适用法律若干问题的解释》等将公益诉讼上升至制度层面进行构建,2022 年党的二十大提出"完善公益诉讼制度"。

郝海燕在攻读博士学位期间,紧随时代发展需要,以"消费民事公益诉讼请求法律构造论"为其博士学位论文选题,围绕公益诉讼的理论、立法和实践展开研究,探究消费民事公益诉讼的制度完善。论文以民事诉讼的核心元素——诉讼请求为切入点研究消费民事公益诉讼制度。"以小见大"的研究,形成不少真知灼见,获得博士毕业论文答辩委员会的好评。本书即是其在博士论文的基础上进一步研究而成。

本书的研究经过了理论拓展、系统提炼和全面论证的研究过程。首先,是对民事诉讼请求的理论拓展。作者将民事诉讼请求视为一个集逻辑起点、本体内容与程序要求为一体的三维构造，深入论证了民事诉讼请求的实用价值和理性要求。这一研究将民事诉讼请求视为逻辑自洽的理论体系，很大程度上拓展了民事诉讼请求的理论维度。其次，是对消费民事公益诉讼请求法律构造的系统提炼。作者从权益基础、请求权类型和实体判决资格三个维度，系统提炼了消费民事公益诉讼请求法律构造。其中，关于消费公共利益主客观属性的分析、关于请求权适用目标、解释思路和设置依据的分析、关于诉的利益理论的分析形成亮点，同时也展示了作者对于相关内容的深度思考。最后，是对我国消费民事公益诉讼请求制度保障的全面论证。本书并未局限于理论研究，作者投入大量精力对消费民事公益诉讼请求的司法实践进行了十分细致的实证分析，结合不足提出了制度保障对策。从理论到实践，再到制度的全面研究，提升了本书的研究价值。

希望作者对消费民事公益诉讼请求的研究能够进一步推进我国消费民事公益诉讼的理论深化与制度发展。也希望本书的出版，能够激励作者砥砺前行，结合社会经济发展需求，产出更多有益的研究成果。

作者在其博士论文的基础上进一步研究形成此书，同时该书作为课题成果、受到资助得以出版，作为她攻读硕士、博士学位期间的导师，感到欣喜。

最后，由衷祝贺本书的出版。

徐胜萍

2023 年 12 月 10 日

目　　录

绪　论 ……………………………………………………………… 1

第一章　消费民事公益诉讼请求的基本范畴 …………………… 29

　　第一节　民事诉讼请求的理论认知 ………………………… 29

　　第二节　消费民事公益诉讼请求的制度依托 ……………… 44

　　第三节　消费民事公益诉讼请求的特殊之处 ……………… 61

第二章　消费民事公益诉讼请求之逻辑起点的具体化表达 …… 78

　　第一节　消费公共利益的基本认识 ………………………… 78

　　第二节　消费公共利益的具体化解释 ……………………… 89

　　第三节　主观公共利益属性之消费者权利的相关范畴 …… 105

第三章　消费民事公益诉讼请求之请求权类型 ………………… 120

　　第一节　请求权类型的比较考察与争议梳理 ……………… 120

　　第二节　请求权类型的影响因素考量 ……………………… 139

　　第三节　请求权的类型化阐释 ……………………………… 152

第四章　消费民事公益诉讼请求之实体判决资格 ……………… 170

　　　　　　——以诉的利益要件为中心

　　第一节　实体判决要件的理论诠释 ………………………… 170

第二节　诉的利益要件的内容分析 ………………………… 182

第三节　诉的利益要件的审查与判断 ………………………… 199

第五章　我国消费民事公益诉讼请求的司法实践与制度

保障 …………………………………………………… 209

第一节　我国消费民事公益诉讼请求的实践展开 ………………… 209

第二节　我国消费民事公益诉讼请求实践的不足 ………………… 239

第三节　我国消费民事公益诉讼请求的制度保障措施 …………… 255

结　语 ……………………………………………………… 275

参考文献 …………………………………………………… 277

绪　　论

一、研究背景与意义

本书对消费民事公益诉讼请求的研究，以公益救济对传统民事诉讼的变革要求和我国消费民事公益诉讼制度的发展现状为现实基点。鉴于消费民事公益诉讼请求研究的重要性和消费民事公益诉讼请求所具有的特殊要义，该著致力于消费民事公益诉讼请求理论基础的夯实、立法保障的完善以及司法实践的有序运行。

（一）研究背景

公益诉讼是工业规模化发展向民事诉讼制度提出的现代性发展要求。伴随着工业规模化的发展，消费领域内呈社会化、集团化和扩散性特点的现代性大规模纠纷愈发增多。在市场失灵和政府失灵的双重困境下，民事诉讼应需承担公共利益的救济重任。然而，公共利益所具有的共享性、广泛性、不确定性和外部性等诸多特质对民事诉讼的传统理论和实践提出了质疑和挑战。由此，传统私人利益框架下的民事诉讼制度亟须变革。为跳出传统私益诉讼的制度局限，世界各国开始探索消费公共利益救济的民事诉讼方案。至今，已经形成了"团体诉讼""集团诉讼""集体诉讼""公益诉讼"等不同名称的诉讼制度。这些诉讼制度以直接或是间接的方式发挥着公益救济的司法效用。我国于2012年《民事诉讼法》修订时,首次明确了消费民事公益诉讼。① 当前我国消费民事公益诉讼制度已经获得初步发展,但是消费民事公益诉讼的精耕细作还远远不够。相比域外一些国家来看,我国消费民事公益诉讼制度的成熟度和完善度有待强化,理论探讨和制度构建都处于初级阶段,司法实践也存在诸多弊病。如何构建完善的符合我国社会历史条件和现实需求的消费民事公益诉讼制度是当前的重要任务。

现阶段,我国消费民事公益诉讼的诸多诟病突出地反映在消费民事公益诉讼请求相关问题中。各界对消费民事公益诉讼请求的模糊和混乱认识,致使消费民事公益诉讼请求出现适法性问题。不具有适法性的诉讼请求使得公共利益与众人利益、个人利益发生混淆,引发各类请求权的适用乱象,导致消费民事公益诉讼实体判决之必要性和实效性不足。上述问题的存在成为制约我国消费民事公益诉讼发展的重要因素。在此种背景下,通过研究消费民事公益诉讼请求推动民事公益诉讼的制度建设,不仅能够夯实公益诉讼的理论根基,也契合于消费民事公益诉讼拓展的法治需求。

以诉讼请求为切入点研究消费民事公益诉讼,是深化消费民事公益诉讼理论和推动消费民事公益诉讼制度发展的重要突破点。这主要源于诉讼请求的重要学理价值。诉讼请求是诉的要素和诉的对象,也是区分私益诉讼和公益诉讼,以及不同类型民事公益诉讼的关键。就重要性而言,诉讼请求是民事诉讼的核心,整个诉讼活动都围绕诉讼请求展开。从主体来看,原告、法官、被告以诉讼请求为聚焦对象产生交集。从程序来看,起诉、受理、审理、裁判等各个诉讼阶段均以诉讼请求为核心逐步推进。消费民事公益诉讼请求的理性运

---

① 《中华人民共和国民事诉讼法》(2012年修订版)第55条规定,对污染环境、侵害众多消费者合法权益等损害社会公共利益的行为,法律规定的机关和有关组织可以向人民法院提起诉讼。

行是消费民事公益诉讼有效适用的必要保障。与此同时,以诉讼请求为切入点研究消费民事公益诉讼,也符合当前民事公益诉讼制度的发展需要。根据顶层设计,"拓展公益诉讼案件范围"是我国公益诉讼的发展方向之一。① 民事公益诉讼的制度构建既应注重公益诉讼的领域拓展,更应关注同一领域中不同诉讼请求的类型拓展。消费民事公益诉讼请求的类型拓展,需要加强消费民事公益诉讼请求的理论研究。

总而言之,消费民事公益诉讼请求的现实弊病,诉讼请求的学理价值以及公益诉讼制度建设的发展需要决定了消费民事公益诉讼请求研究的重要性。在这一前提下,消费民事公益诉讼请求之所以能成为一个理论问题,一方面是因为诉讼请求并非没有任何条件,而是一套自成逻辑的理论体系;另一方面是因为消费民事公益诉讼请求的特殊之处。

学理上,诉讼请求并非没有任何条件,而是一套自成逻辑的理论体系。一般认为,"大陆法系民事诉讼法从规范出发把握诉讼"②,法官审理案件以成文法律规范为大前提。这些法律规范既为判决之胜负结果提供了要件依据,也为诉讼请求是否具有实体上和程序上的适法性,是否能够获得法院的实体判决提供了参照基准。司法实践中,法官通常会依据原告所提诉讼请求探寻与诉讼请求相关的实体权利内容和程序法律规定,进而对诉讼请求的适法性进行判断。结合规范出发型的裁判构造对诉讼请求进行理论解构,可知诉讼请求的适法性决定于诉讼请求与基础性权利、手段性权利和实体判决要件之间的涵射或是满足关系。依此,基础性权利、手段性权利和实体判决要件同时构成诉讼请求的三维构造。基础性权利是诉讼请求所欲保护的实体权利,是诉讼请求的逻辑起点。手段性权利,往往表现为各种类型的请求权,是诉讼请求

① 参见《中共中央关于坚持和完善中国特色社会主义制度　推进国家治理体系和治理能力现代化若干重大问题的决定》,《人民日报》2019 年 11 月 6 日。

② ［日］中村宗雄、中村英郎:《诉讼法学方法论——中村民事诉讼理论精要》,陈刚、段文波译,中国法制出版社 2009 年版,第 228 页。

的本体内容。实体判决要件是诉讼请求之实体判决的程序检验要件,是诉讼请求获得法院实体判决的程序正当性要求。

消费民事公益诉讼请求是特殊的民事诉讼请求。受消费民事公益诉讼特殊性的影响,消费民事公益诉讼请求形成多元特性。首先,消费民事公益诉讼的公益性本质决定了消费民事公益诉讼请求的公益性特质。其次,消费民事公益诉讼原告的非直接利害关系性,致使原告与真正的实体权利主体产生分离。与此同时,消费民事公益诉讼请求内部也形成了原告、被告、国家、公共利益之间的多元利益样态关系。最后,与私益诉讼中的请求权不同,消费民事公益诉讼中的请求权是一种具有利他属性的,处分权能受到限制的,且只能通过特定形式得以实现的形式意义上的请求权。以上特点对消费民事公益诉讼请求的逻辑起点、本体内容和程序要求产生不同程度的影响。

该书的研究始于对消费民事公益诉讼请求相关问题的思考。作为诉讼请求的特殊类型,消费民事公益诉讼请求的法律构造或者适法性要求是什么?申言之,消费民事公益诉讼请求所欲保护的实体权益内容是什么?消费民事公益诉讼的请求权类型有哪些?消费民事公益诉讼请求获得法院实体判决的程序要件是什么?为确保消费民事公益诉讼请求的理性运行,消费民事公益诉讼请求的实践展开又该如何获得法律的制度化保障?这些一脉相承的问题构成本书尝试决的主要问题。

（二）研究意义

消费民事公益诉讼请求的系统化研究对消费民事公益诉讼请求的理论发展、立法保障和司法运行具有积极的推动意义。具体包括如下意义:

第一,推动消费民事公益诉讼请求相关理论的发展。消费民事公益诉讼请求涉及三个方面的理论问题。一是逻辑起点。消费公共利益是消费民事公益诉讼请求的目的和基础所在。如何将抽象的消费公共利益予以具体化,是确定消费民事公益诉讼请求之逻辑起点的关键。而消费公共利益是一种"主观公共利益",还是"客观公共利益"? 消费公共利益应以"泛公共利益化",还是"去公共利益化"为解释思路? 对上述问题的理性回应是消费公共利益具体化的基本前提。本书将尝试在回答以上问题的基础上,探究消费民事公益诉讼请求之逻辑起点的解释思路,推进消费公共利益的具体化研究。二是本体内容。请求权是诉讼请求的本体内容。消费民事公益诉讼的请求权研究旨在明确起诉主体可以基于哪些请求权提起诉讼请求。学术上对于这一问题,特别是财产型请求权之适用合理性问题的认识,莫衷一是。对请求权的适用目标、解释进路和设置依据进行理论考量是解决问题的关键。三是程序要求。实体判决要件是民事诉讼请求获得法院实体判决的程序要求。法院实体判决的作出不仅关乎实体公正,更事关程序价值。如何将不具有必要性和实效性的消费民事公益诉讼请求排除在法院实体判决之外,是消费民事公益诉讼制度必须要解决的基本问题。结合诉的利益理论探究消费民事公益诉讼实体判决要件的特殊要求,是确保消费民事公益诉讼请求之实体判决资格的前提所在。

第二,有助于为消费民事公益诉讼请求的立法保障提供相关积累。国外早在 50—100 多年前就开始了相关立法。德国相关立法始于 1965 年《反不正竞争法》的修订,巴西在 1985 年《公共民事诉讼法》中进行了专门立法,而美国更是早在 1890—1938 年间,就通过《谢尔曼反托拉斯法》《克莱顿反托拉斯法》《联邦贸易委员会法》《联邦民事诉讼规则》等几部立法提供了最为基本的法律支持。我国相关立法始于 2012 年,而且纵观消费民事公益诉讼的探索与发展历程,素有"司法先行,立法滞后"的诟病。在 2012 年之前的"探索阶段",司法实践早已在现实需求的推动下"提前营业",而立法仍局限于直接利害关系理论"裹足不前"。在 2012 年之后的"原则化立法阶段",[①]诉讼请求的多样化需求倒逼司法实践进行积极应对,而原则化的立法规定却无法为诉

---

① 《中华人民共和国民事诉讼法》(2012 年修订版)修订后,张卫平教授指出《中华人民共和国民事诉讼法》中关于公益诉讼的规定尚属于原则化立法。参见张卫平:《民事公益诉讼原则的制度化及实施研究》,《清华法学》2013 年第 4 期。

讼请求的理性运行提供充分的法律依据。近年来,新颁布的关于民事公益诉讼的司法解释虽然有所涉及,①但并不能全面覆盖,也没有进行细致规定。有鉴于此,类比域外国家的成熟制度和立法经验,从实体法和程序法的不同视角对我国消费民事公益诉讼请求作系统化的整体分析,将有助于为我国消费民事公益诉讼请求的理性运行提供健全的法律保障。

第三,理论结合实践的分析将有益于化解实践困惑,推进司法实践的发展。当前,消费民事公益诉讼制度面临着一些困扰,表现为法律规范与规范出发型裁判构造之间的供需失衡,诉讼程序与诉的利益之间的不相适配性以及群体权利救济通道堵塞和消费民事公益诉讼功能局限导致的制度罅隙。由此引发的实践弊病是诉讼请求逻辑起点的异化倾向、请求权类型的适用乱象以及实体判决必要性和实效性不足的程序瑕疵。以诉讼请求为切入点,结合消费民事公益诉讼请求的法律构造作体系化思考,将有助于消除上述司法困扰,并且形成一套科学的认知方法和解释思路。基于以上认识,本书将以我国消费民事公益诉讼请求的实践展开和实践困境为现实基础,从实体权利、程序保障以及私益支持三个层面,尝试为我国消费民事公益诉讼请求的实践运行提供制度保障对策。

二、国内外研究现状

消费民事公益诉讼请求研究包括宏观和微观两个层面的分析。宏观来看,消费民事公益诉讼请求不是一个独立或者孤立的问题。消费民事公益诉讼请求问题的解决既要根据各国社会历史条件的不同,明确诉讼请求的制度

---

① 包括 2015 年颁布的《人民检察院提起公益诉讼试点办法》(2020 年失效),以下简称《公益诉讼实施办法》(已失效);2016 年颁布的《最高人民法院关于审理消费民事公益诉讼案件适用法律若干问题的解释》(2020 年修订),以下简称《消费公益诉讼解释》;2018 年颁布的《最高人民法院、最高人民检察院关于检察公益诉讼案件适用法律若干问题的解释》(2020 年修订),以下简称《检察公益诉讼解释》;2021 年颁布的《人民检察院公益诉讼办案规则》,以下简称《公益诉讼办案规则》。

依托,又要根据各国诉讼制度的具体特点,处理公共利益与私人利益救济的协调关系。微观来看,消费民事公益诉讼请求不是简单的类型问题,适法的诉讼请求应当是综合逻辑起点、请求权类型和实体判决要件的共同指向。国内的相关研究还较为粗浅和单一,而国外的类似制度和相关研究已经相对成熟。为了明晰主题与范畴,本书从国内和国外两个角度展开文献综述。

(一) 国内研究现状

2012 年《民事诉讼法》修订时,我国消费民事公益诉讼制度正式拉开序幕。在立法初期,消费民事公益诉讼制度必须要解决两大基本问题,一是由谁来提起消费民事公益诉讼请求? 二是提起何种消费民事公益诉讼请求? 就前一问题而言,立法已经形成内容统一且互为补充的法律规定。[①] 而且在理论上,也积累了较为丰硕的研究成果。[②] 虽然还有不足,但是从总体上来看,我

[①] 《中华人民共和国民事诉讼法》(2023 年修订版)第 58 条,对污染环境、侵害众多消费者合法权益等损害社会公共利益的行为,法律规定的机关和有关组织可以向人民法院提起诉讼。人民检察院在履行职责中发现破坏生态环境和资源保护、食品药品安全领域侵害众多消费者合法权益等损害社会公共利益的行为,在没有前款规定的机关和组织或者前款规定的机关和组织不提起诉讼的情况下,可以向人民法院提起诉讼。前款规定的机关或者组织提起诉讼的,人民检察院可以支持起诉。《消费公益诉讼解释》第 1 条规定,中国消费者协会以及在省、自治区、直辖市设立的消费者协会,以及其他法律规定或者全国人大及其常委会授权的社会组织可以提起消费民事公益诉讼。关于检察机关提起消费公益诉讼的规定亦可参见《公益诉讼实施办法》(已失效)第 1 条第 1 款、《检察公益诉讼解释》第 13 条。

[②] 刘学在:《民事公益诉讼原告资格解析》,《国家检察官学院学报》2013 年第 2 期;刘学在:《消费者团体诉讼的当事人适格问题之再探讨》,《武汉大学学报(哲学社会科学版)》2015 年第 4 期;齐树洁:《我国公益诉讼主体之界定——兼论公益诉讼当事人适格之扩张》,《河南财经政法大学学报》2013 年第 1 期;肖建国、刘东:《公民个人提起民事公益诉讼的原告资格辨析》,《学习论坛》2014 年第 3 期;陈承堂:《公益诉讼起诉资格研究》,《当代法学》2015 年第 2 期;陈杭平、周晗隽:《公益诉讼"国家化"的反思》,《北方法学》2019 年第 6 期;李浩:《民事公益诉讼起诉主体的变迁》,《江海学刊》2020 年第 1 期;谢军:《论消费公益诉讼的起诉主体》,《宁夏社会科学》2015 年第 5 期;吴光荣、赵刚:《消费者团体提起公益诉讼基本问题研究》,《法律适用》2015 年第 5 期;余彦:《驱动视角下消费民事公益诉讼的主体安排及其激励机制》,《江西师范大学学报(哲学社会科学版)》2018 年第 5 期;潘申明:《比较法视野下的民事公益诉讼》,华东政法大学 2009 年博士学位论文,第 353—387 页;宋朝武:《论公益诉讼的十大基本问题》,《中国政法大学学报》2010 年第 1 期。

国消费民事公益诉讼的起诉主体制度已经相对成形。然而就提起何种消费民事公益诉讼请求而言,当前立法还较为粗浅,甚至存在不一致之处。消费民事公益诉讼请求的相关问题应予以高度重视。事实上,少数学者已经对此展开了积极的探讨。

1. 民事公益诉讼研究中涉及的诉讼请求相关研究

现有关于民事公益诉讼的研究成果大多会对诉讼请求作简单探讨。如,刘学在教授在《民事公益诉讼制度研究》一书中,对公益保护型与群体私益保护型诉讼请求进行区分,并对不作为请求和损害赔偿请求作了概括性分析。[①]柯阳友教授在《民事公益诉讼重要疑难问题研究》一书中,分别介绍了停止侵害、排除妨碍、消除危险、确认无效、预防费用等请求权类型。[②] 张卫平教授在《民事公益诉讼原则的制度化及实施研究》一文中指出,通常应将公益诉讼请求限定于停止侵害、恢复原状、消除危险,如果损失能够大致确定且赔偿机制能够得到国家的确认,也可以在公益诉讼中提出赔偿请求。[③]周翠教授在《民事公益诉讼的功能承担与程序设计》一文中,认为民事公益诉讼的请求权应限定为非金钱损害赔偿请求权,例外情形应允许"没收不当收益"请求权。[④]在《法社会学视野下的中国公益诉讼》中,林莉红教授建议将公益诉讼请求限于确认违法请求、停止侵害请求、消除危害请求,赔偿请求应通过普通诉讼予以解决。[⑤] 此外,还有研究认为,公益诉讼的诉讼请求应当以确认请求和停止侵害请求为主导。[⑥] 总体而言,由于是对民事公益诉讼制度的整体研究,所以大多数的成果对于诉讼请求的探讨也只是略作分析。

[①] 参见刘学在:《民事公益诉讼制度研究——以团体诉讼制度的构建为中心》,中国政法大学出版社 2015 年版,第 380—381 页。

[②] 参见柯阳友:《民事公益诉讼重要疑难问题研究》,法律出版社 2017 年版,第 124—128 页。

[③] 参见张卫平:《民事公益诉讼原则的制度化及实施研究》,《清华法学》2013 年第 4 期。

[④] 参见周翠:《民事公益诉讼的功能承担与程序设计》,《北方法学》2014 年第 5 期。

[⑤] 参见林莉红:《法社会学视野下的中国公益诉讼》,《学习与探索》2008 年第 1 期。

[⑥] 参见曾于生、左亚洛:《公益诉讼的概念反思》,《行政与法》2013 年第 6 期。

2. 消费民事公益诉讼研究中涉及的诉讼请求相关研究

还有一些学者是在研究消费民事公益诉讼制度时,将消费民事公益诉讼请求作为其中的一部分加以分析。如,陶建国教授在《消费者公益诉讼研究》一书中,对禁令型、赔偿型以及没收违法利润等请求进行了较为全面的分析。① 苏号朋教授在《消费维权公益诉讼制度实践及发展》一文中指出,消费民事公益诉讼中可以包括不作为或者禁止请求,也可以包括损害赔偿请求和不法收益请求。②吴光荣教授等在《消费者团体提起公益诉讼基本问题研究》中主张区分对待消费者团体和国家机关提起的诉讼请求。前者可以作为原告提起不作为请求,不能提起损害赔偿请求。后者可以作为原告在公益诉讼中提起收缴不法利益的诉讼请求。③ 赵红梅教授在《有关消费者公益诉讼的三个关键性问题》中特别提到,消费民事公益诉讼中不应提起以私人救济为目的的损害赔偿请求。④ 此外,还有论文认为在消费者个人直接提起的诉讼中,才可以适用惩罚性赔偿请求。⑤ 与民事公益诉讼中的相关研究一样,消费民事公益诉讼的宏观研究中,针对诉讼请求的探讨并不深入。

3. 关于消费民事公益诉讼请求类型的专门研究

在少数关于消费民事公益诉讼请求类型的专门研究成果中,既有整体层面的分析,也有专门针对个别类型诉讼请求的探讨。

(1)对消费民事公益诉讼请求类型的整体研究

从整体层面进行研究的较少。姚敏博士在《消费民事公益诉讼请求的类型化研究》及《消费者集体救济的方法和路径研究》中,认为我国现有的公益诉讼请求类型与消费民事公益诉讼的目的和功能不相契合。姚敏博士根据是否具有依赖性、不可分割性等要素对诉讼请求加以分析和识别,建议扩大确认

① 参见陶建国:《消费者公益诉讼研究》,人民出版社 2013 年版,第 336—343 页。
② 参见苏号朋:《消费维权公益诉讼制度实践及发展》,《中国国情国力》2015 年第 10 期。
③ 参见吴光荣、赵刚:《消费者团体提起公益诉讼基本问题研究》,《法律适用》2015 年第 5 期。
④ 参见赵红梅:《有关消费者公益诉讼的三个关键性问题》,《中国审判》2013 年第 6 期。
⑤ 参见孙晨赫:《消费民事公益诉讼的理念重塑与制度展开》,《理论月刊》2021 年第 2 期。

请求范围,并且应允许公益性、私益性损害赔偿请求的同时存在。但是在对待集体性的惩罚性赔偿请求时,则应采取更为谨慎的态度。① 黄旭东教授在《论消费民事公益诉讼的请求类型及适用》一文中,认为消费民事公益诉讼请求应以维护社会公共利益为中心,立法应当在现有不作为请求、确认无效请求的基础上,增加确认违法请求。另外,他主张设置公益性损害赔偿请求,并在时机合适时构建不法收益收缴之诉。② 在《消费公益诉讼的诉讼请求类型问题研究》中,邓娟检察官认为消费公益诉讼的目的在于保护公共利益,对诉讼请求的确认应坚持公益性原则。消费公益诉讼中可以适用禁令型诉讼请求、赔礼道歉诉讼请求、损害赔偿诉讼请求,考虑到我国的司法实践情况,现在还不宜规定不法收益诉讼请求。③

（2）对消费民事公益诉讼请求类型的个别研究

相较整体层面的研究,针对个别类型诉讼请求进行分析的成果略多。其中,有关于赔礼道歉请求权的专门研究。阙占文教授在《赔礼道歉在民事公益诉讼中的适用及其限制》中,强调民事公益诉讼中赔礼道歉请求权的适用应根据比例原则,作整体考虑。④ 姜耀庭法官等在《赔礼道歉在消费民事公益诉讼中的运用》一文中,肯定了赔礼道歉请求的积极作用。⑤另外,也有关于损害赔偿请求的专门研究。李友根教授和杜乐其教授分别在两篇论文中,从不同视角对《消费公益诉讼解释》未对损害赔偿请求权进行明确规定的做法进

① 参见姚敏:《消费民事公益诉讼请求的类型化分析》,《国家检察官学院学报》2019 年第 3 期;参见姚敏:《消费者集体救济的方法和路径研究》,对外经济贸易大学 2019 年博士学位论文,第 111—133 页。

② 参见黄旭东:《论消费民事公益诉讼的请求类型及适用》,《民主与法制时报》2018 年 1 月 11 日。

③ 参见邓娟:《消费公益诉讼的诉讼请求类型问题研究》,《探求》2017 年第 4 期。

④ 参见阙占文:《赔礼道歉在民事公益诉讼中的适用及其限制》,《政法论坛》2019 年第 4 期。

⑤ 参见姜耀庭、董广绪:《赔礼道歉在消费民事公益诉讼中的运用——"小鸣单车"案引发的法律思考》,《法治论坛》2019 年第 53 辑。

行了批判分析。① 熊跃敏教授在《消费者群体性损害赔偿诉讼的类型化分析》一文中,对消费者群体利益的小额分散损害赔偿诉讼和大规模损害赔偿诉讼进行了分类阐释。② 刘京蒙检察官在《消费领域民事公益诉讼损害赔偿请求研究》一文中,认为民事公益诉讼的损害赔偿请求权具有一定制裁性质,实际相当于惩罚性赔偿请求权。③ 此外,还有不少关于惩罚性赔偿请求的专门研究。黄忠顺教授认为惩罚性赔偿请求权具有适用合理性,重视对惩罚性赔偿请求权适用规则的积极构建。④ 廖中洪教授、刘水林教授、张旭东教授等学者也作过同类型的分析,形成了诸多有价值的研究成果。⑤

4. 关于逻辑起点(消费公共利益)和实体判决要件的专门研究

在现有关于消费民事公益诉讼请求的研究资料中,很少有关于逻辑起点和实体判决要件的专门研究。尽管如此,从较为宏观的视野来看,在以民事公益诉讼制度或消费民事公益诉讼制度为主题的研究资料中,形成了不少有与消费公共利益以及民事公益诉讼程序要求相关的研究成果。虽然上述成果很少与消费民事公益诉讼请求直接相关的,但却可以为消费民事公益诉讼请求

---

① 参见李友根:《论消费者协会公益诉讼的损害赔偿请求权——对最高人民法院司法解释立场的商榷》,《政治与法律》2017 年第 9 期;杜乐其:《消费民事公益诉讼损害赔偿请求权研究》,《法律科学(西北政法大学学报)》2017 年第 6 期。

② 参见熊跃敏:《消费者群体性损害赔偿诉讼的类型化分析》,《中国法学》2014 年第 1 期。

③ 参见刘京蒙:《消费领域民事公益诉讼损害赔偿请求研究》,《中国检察官》2019 年第 19 期。

④ 参见黄忠顺:《食品安全私人执法研究——以惩罚性赔偿型消费公益诉讼为中心》,《武汉大学学报(哲学社会科学版)》2015 年第 4 期;黄忠顺:《惩罚性赔偿消费公益诉讼研究》,《中国法学》2020 年第 1 期。

⑤ 相关研究如,廖中洪、颜卉:《消费公益诉讼中的惩罚赔偿问题研究》,《学术探索》2019 年第 1 期;刘水林:《消费者公益诉讼中的惩罚性赔偿问题》,《法学》2019 年第 8 期;张旭东、郑烽:《消费民事公益诉讼中惩罚性赔偿的规范化适用研究——从广东省消费者委员会的惩罚性赔偿系列公益案件出发》,《学术探索》2019 年第 11 期;章海珠:《检察机关提起惩罚性消费民事公益诉讼之探讨》,《社会科学家》2019 年第 7 期;颜卉:《检察机关在消费民事公益诉讼中提出惩罚性赔偿诉讼请求的规范化路径——(2017)粤 01 民初 383 号民事判决的启示》,《兰州学刊》2018 年第 12 期;高丽:《惩罚性赔偿请求在消费公益诉讼中的困境与出路》,《东南大学学报(哲学社会科学版)》2020 年第 S1 期。

之逻辑起点和实体判决要件的研究提供佐证材料。

关于消费公共利益的认识在学理上形成诸多争议。有的以受害者人数为标准认定公共利益,形成"十人说""二百人说""不特定多数说"和"综合说"等不同观点。"十人说"认为受害者人数达到 10 人时,就构成了公共利益侵害。[①] "二百人说"认为受害者人数达到 200 人时,才构成公共利益侵害。[②] "不特定多数说"认为受害者人数众多且无法特定时,才构成公共利益侵害。[③] "综合说"认为受害者人数达到 200 人或无法特定时,均可认定为公共利益侵害。[④] 还有的以内容属性为标准认定公共利益,形成"主观公共利益说""客观公共利益说"的不同观点。"主观公共利益说"认为,消费公共利益应当是消费者主体层面的公共利益。[⑤] "客观公共利益说"认为,消费公共利益应当是代表市场经济秩序的好处和利益。[⑥] 此外,就公共利益的解释思路,也形成了多种观点。有的主张遵循"泛公共利益化"的理解思路,将国家利益包括在

---

① 参见杜万华主编:《最高人民法院民事诉讼法司法解释逐条适用解析》,法律出版社 2015 年版,第 518 页。具体论证详见本书第二章第一节第二部分(一)"关于受害者人数的争议"相关内容。

② 参见消费公益诉讼程序研究课题组:《关于提起消费公益诉讼若干问题的意见》。转引自程新文等:《我国消费民事公益诉讼制度的新发展——〈最高人民法院关于审理消费民事公益诉讼案件适用法律若干问题的解释〉的理解与适用》,《法律适用》2016 年第 7 期。具体论证详见本书第二章第一节第二部分(一)关于"受害者人数的争议"相关内容。

③ 参见张卫平:《民事公益诉讼原则的制度化及实施研究》,《清华法学》2013 年第 4 期;苏号朋:《消费维权公益诉讼制度实践及发展》,《中国国情国力》2015 年第 10 期。具体论证详见本书第二章第一节第二部分(一)"关于受害者人数的争议"相关内容。

④ 参见刘俊海:《完善司法解释制度　激活消费公益诉讼》,《中国工商管理研究》2015 年第 8 期。具体论证详见本书第二章第一节第二部分(一)"关于受害者人数的争议"相关内容。

⑤ 参见赵红梅:《有关消费者公益诉讼的三个关键性问题》,《中国审判》2013 年第 6 期;陈云良:《反垄断民事公益诉讼:消费者遭受垄断损害的救济之路》,《现代法学》2018 年第 5 期。两篇文章分别通过"易腐蚀性权益"和"消费者剩余"概念从消费者权益视角分析消费公共利益,体现了一定的主观公共利益属性。具体论证详见本书第二章第一节第二部分(二)"关于内容属性的争议"相关内容。

⑥ 参见颜运秋:《公益经济诉讼:经济法诉讼体系的构建》,中南大学 2006 年博士学位论文,第 41 页;刘水林:《消费者公益诉讼中的惩罚性赔偿问题》《法学》2019 年第 8 期;赵祖斌:《反不正当竞争公益诉讼:消费者权益保护的另一途径》,《中国流通经济》2020 年第 11 期。具体论证详见本书第二章第一节第二部分(二)"关于内容属性的争议"相关内容。

消费公共利益内。① 还有的主张"去公共利益化"的理解思路,认为不应将公共利益作为公益诉讼的起点或标准。②

在民事公益诉讼制度和公益诉讼程序的研究成果中,也有少许关于实体判决要件的分析。例如,黄忠顺教授在研究消费民事公益诉讼制度时,对诉的利益要件理论进行了专门分析。③ 朱刚博士在研究民事公益诉讼程序时,对重复诉讼要件作了探讨。④ 黄旭东教授在研究检察公益诉讼的诉前程序时,具体分析了诉权顺位问题。⑤

上述研究成果将为本书对消费民事公益诉讼请求的系统化研究提供有益的论证参考。

5. 国内研究现状述评

整体来看,我国现有关于消费民事公益诉讼请求的研究成果在数量上不是很多,而且在研究深度上也存在着较大的拓展空间。为了对上述研究成果进行深层次的理解,笔者将从研究内容和研究结果两方面展开述评。

第一,从研究内容来看,国内的相关研究主要是围绕消费民事公益诉讼请求的类型,也即请求权的类型问题展开探讨。然而,请求权仅是诉讼请求论题的一个方面,逻辑起点和实体判决要件是决定诉讼请求适法性的另外两个要素。忽略对消费公共利益的理性认识,只谈消费公共利益的救济手段,或者只是从静态层面谈论与消费公共利益救济相关的请求权类型,而忽略消费民事

---

① 参见颜运秋:《公益诉讼理念研究》,中国检察出版社 2002 年版,第 52 页;颜运秋:《经济法与公益诉讼的契合性分析》,《北方法学》2007 年第 3 期。具体论证详见本书第二章第一节第三部分(一)"'泛公共利益化'和'去公共利益化'的解释思路"相关内容。

② 参见杨会新:《去公共利益化与案件类型化——公共利益救济的另一条路径》,《现代法学》2014 年第 4 期。具体论证详见本书第二章第一节第三部分(一)"'泛公共利益化'和'去公共利益化'的解释思路"相关内容。

③ 参见黄忠顺:《论诉的利益理论在公益诉讼制度中的运用——兼评〈关于检察公益诉讼案件适用法律若干问题的解释〉第 19、21、24 条》,《浙江工商大学学报》2018 年第 4 期。

④ 参见朱刚:《民事公益诉讼程序研究》,西南政法大学 2019 年博士学位论文,第 175—192 页。

⑤ 参见黄旭东:《诉前程序基于诉权顺位构建运行机制》,《检察日报》2017 年 5 月 15 日。

公益诉讼请求在个案适用中的实体判决资格问题,都不能从根本上满足消费民事公益诉讼请求的理性适用需求。实质上,这不只是关于研究内容的问题,还是关于论证方法的问题。只有对逻辑起点、请求权类型和实体判决要件进行系统全面的分析,才能对消费民事公益诉讼请求形成更为科学的认知。

第二,从研究结果来看,关于消费民事公益诉讼请求类型的研究并未达成一致。整体而言,现有研究对于请求停止侵害、请求排除妨碍和请求消除危险之类的禁令型请求权基本达成共识,但就确认请求权、赔礼道歉请求权以及损害赔偿、不法收益和惩罚性赔偿请求权的适用正当性与合理性存在较大争议。例如,不少学者对确认请求权的适用范围提出质疑;①对赔礼道歉请求权的适用合理性形成"肯定说"和"限制说"两种观点;②对损害赔偿请求权和不法收益请求权形成"否定说"和"肯定说"的认识分歧;③对惩罚性赔偿请求权形成"限制说""肯定说"和"慎用说"三种认识。④

总之,我国当前对于消费民事公益诉讼请求的研究已形成初步资料。然而相关研究很少将消费民事公益诉讼请求理论看作是一个逻辑自洽的体系,多数成果采用的是静态化和平面化的研究方式,极少数研究会从动态化和立体化的视角,综合逻辑起点、请求权类型和实体判决要件作整体分析。而且大多数成果将诉讼请求作为相关研究中的一个组成部分来探讨,或者只针对其中某一类诉讼请求进行单独分析,将消费民事公益诉讼请求作为专门的主题进行整体性分析的成果尚不多见。特别是相关成果对消费民事公益诉讼请求类型的认识还存在诸多争议,并未形成一致,存在较大的讨论空间。概言之,现有研究成果对我国消费民事公益诉讼请求的积极证成和类型拓展发挥了重要推动作用,但是并未形成深刻的研究态势,尚不能充分解决消费民事公益诉

---

① 具体论证详见本书第三章第一节第二部分(一)"关于确认请求权"相关内容。

② 具体论证详见本书第三章第一节第二部分(二)"关于赔礼道歉请求权"相关内容。

③ 具体论证详见本书第三章第一节第二部分(三)"关于损害赔偿请求权与不法收益请求权"相关内容。

④ 具体论证详见本书第三章第一节第二部分(四)"关于惩罚性赔偿请求权"相关内容。

讼请求涵盖的深层次问题。

（二）　国外研究现状

国外对于消费公共利益救济制度的研究起步较早。相关研究中，既有关于消费公共利益救济需求和救济方案的宏观研究，也有关于消费民事公益诉讼请求具体内容的微观研究。尽管尚存不足之处，但是总体上已经形成了较为丰富的研究积累。

1. 宏观前提：消费公共利益及其救济方案

明确消费公共利益的救济需求及其救济方案是研究消费民事公益诉讼请求的前提问题。意大利学者 Mauro Cappelletti（莫诺·卡佩莱蒂）教授对于消费公共利益及其救济需求曾作过精辟的论述。他认为，现代社会经历了一个"大众化"的转变过程。在新的大众社会中，权利变得越来越分散，进而形成一系列新的群体利益，这些权利由许多人同时拥有——即由协会、社区和各阶层人民拥有。散布虚假信息的大型企业会使很多人的利益受损，有缺陷或不健康的商品包装可能会对所有的消费者造成伤害，这是我们所处时代的一个特征。然而，通常情况下，个人无法单独有效地保护自己免受这种伤害。[①] Hein Kotz（H.盖茨）教授认为，对于此类利益进行救济的原因之一是行业分工的不断推进致使个人对金钱或服务提供者们的依赖程度越来越高。经济的日益发展导致了大型制造公司的出现，这些大型公司可能雇佣成千上万的工人来为消费者提供商品和服务。在群体利益受到侵害的大多数情况中，群体中的每一个个体，即使有很多的诉讼理由，也无法采取行动保护自己。对于此种利益进行司法保护得到了广泛的认同。[②] 可以说，为消费公共利益寻找司法

---

① See Mauro Cappelletti, "Vindicating the Public Interest through the Courts: A Comparativist's Contribution", Buffalo Law Review, Vol.25, No. 3(April 1976) , pp.645-648.

② H.盖茨：《公共利益诉讼的比较法鸟瞰》，见田平安主编：《福利国家与接近正义》，法律出版社 2000 年版，第68—69 页。

救济已经成为新的诉诸司法要求。

然而,谋求对消费公共利益的集体救济绝非易事。如同 Mancur Olson(曼库尔·奥尔森)教授在《集体行动的逻辑》中所指出的那样,即使所有成员都有一个共同的目标,也很难参与集体行动。原因在于:第一,成员没有动力朝着一个目标努力,除非他们获得了足以付出努力的个人利益。第二,如果可以搭便车享受到成功的好处,成员便不太可能作出贡献。第三,除非团队能够克服协调中所涉及的信息和组织问题,否则成员将无法有效地合作。① 关于消费公共利益救济究竟该何去何从的问题,首先引发了相关领域内不同专家和学者,就公共利益之宏观救济方案的探讨。

瑞典学者 Per Henrik Lindblom(亨利克·林德布洛姆)认为,为了满足集体行动和集体索赔对新程序技术的需求,有两条路可以走,分别是"彻底的程序革命"和"务实的程序改革"。"彻底的程序革命"意味着诉讼范式将要发生根本的变化,是要在抛弃旧的诉讼制度的前提下,引入一种完全不同的新型民事诉讼制度。如果选择这样的方式,我们可能会面临一个类似于刑事法的发展结果。② "务实的程序改革"则不建议为了新的诉讼类型而彻底推翻或抛弃传统的民事诉讼程序,而应当通过恰当的改革,使其尽可能地满足新的诉讼需求。对于集体救济程序而言,Per Henrik Lindblom 教授建议采取第二种类型,理由在于现代社会中的大规模侵害仍然可以通过传统民事诉讼程序予以救济。他强调,新的需求不能代替旧的需求,只应是对旧的需求的补充。③

---

① See DeLeon, Max H., "Public Choice Theory, Interest Groups, and Tort Reform", *University of Illinois Law Review*, Vol. 2012, No. 5 (May 1787), p.1792; Mancur Olson: *The Logic of Collective Action: Public Goods and the Theory of Groups*, Cambridge: Harvard University Press, 1971, pp.2-58.

② 刑事解纷程序在 1000 多年以前是一种私人解决冲突形式,但现在已发展成为公法。受害方被检察官取代,他没有资源和诱因自己开始诉讼。如果采取程序革命的方式,民法和民事诉讼也可能成为公法。

③ Per Henrik Lindblom, "Individual Litigation and Mass Justice: A Swedish Perspective and Proposal on Group Actions in Civil Procedure", *The American Journal of Comparative Law*, Vol.54, No.4 (Autumn 1997), pp.819-820.

日本民事诉讼法学者中村英郎教授认为,面对实体法规定没有预料和涉及的大量被称之为现代诉讼案件的出现,有两种解决方案。一种方案是以权利和法律关系为中心,在现有的实体法基础上进行类比解释或扩张解释。另一种方案是从纠纷入手,适用英美法系的纠纷出发型模式加以解决。对此,中村英郎教授认为,虽然纠纷出发型的思考方法更为适当,但是也应注意到大多数的现代诉讼案件仍然是古典型的,传统民事诉讼制度的权利保护目的不发生改变。① 他主张应当在传统规范出发型的民事诉讼框架中,通过特定的程序和方式,探寻以权利保护为目的的纠纷解决方案。②

纽约大学法学院 Samuel Issacharoff(塞缪尔·伊萨哈罗夫)教授和 Geoffrey P. Miller(杰弗里·P.米勒)教授研究总结了不同法系中的集体救济方式。他们认为,普通法系的美国采用被哈耶克称之为"自发秩序"的方式,是普通法附属于法律规则的一种自下而上的竞争性演变。而欧洲大陆法系国家主要采用哈耶克所称的"建构主义和理性主义"方式,通过不断发展的欧洲法律试图实现集体争议的解决。③ 对此,Richard Cappalli(理查德·卡佩利)教授也指出,"欧洲大陆所有的法律制度,无论是实体性的、程序性的还是居于二者中间的,都是从基本的前提和结构开始,耐心的走向细节"④。

综上,尽管宏观方案和创设思路有所不同,但是各国对于消费公共利益及其救济需求基本达成共识。而且历经多年的制度推进,世界上很多国家和地区都已经形成了较为完善的,与本国社会历史条件相契合的消费民事公益诉讼制度。较为典型的公共利益救济制度比如,德国、法国、日本的团体诉讼制

---

① [日]中村宗雄、中村英郎:《诉讼法学方法论——中村民事诉讼理论精要》,陈刚、段文波译,中国法制出版社 2009 年版,第 243—244 页。
② 参见陈刚:《日本中村民事诉讼理论之研究——以民事诉讼制度目的论为主线》,《西南政法大学学报》2000 年第 2 期。
③ See Samuel Issacharoff, Geoffrey P. Miller, "Will Aggregate Litigation Come to Europe?", *Vanderbilt Law Review*, Vol.62, No.1(March 2009), pp.208-209.
④ See Richard Cappalli, Claudio Consolo, "Class Actions for continental Europe? A Preliminary Inquiry", *Temple International and Comparative Law Journal*, Vol.6, No.2(Fall 1992), p.219.

度、美国的集团诉讼和巴西的公共民事诉讼等。总体来看,不同的社会历史条件决定了消费公共利益救济的不同制度选择,而不同的制度选择又承载了不同的消费民事公益诉讼请求。

2. 微观内容:不同制度框架下的消费民事公益诉讼请求

德国的团体诉讼制度以实体法的积极建构为前提,它通过在实体法中增加实体请求权的方式创设完成。有研究者指出,欧洲在讨论团体诉讼时,通常包括两种情形:一种是原告为了团体特定成员的合法利益进行诉讼,另一种是原告为了团体的整体利益进行诉讼。[①] 前一种类型的诉讼主要是救济成员的个人利益,后一种类型的诉讼侧重于对团体整体利益的救济。起初德国团体诉讼的请求权仅限于从整体利益出发的防御性救济,包括不作为请求和撤回请求。随着团体诉讼立法的发展和完善,有学者呼吁将德国的团体诉讼扩大至损害赔偿请求权,指出损害赔偿诉讼的适用目的在于对权利侵害进行有效制裁,发挥行为控制以及预防的作用。[②] 2002 年德国在《法律咨询法》中新增损害赔偿请求权,[③]该请求权的实现以受害者的授权为前提。其他国家和地区的团体诉讼中也有类似规定。[④] 两年之后,德国又在《反不正当竞争法》中增加了以收缴不法收益为目的的实体请求权。不法收益请求权的设立被认为是一项国际上的"发明"。[⑤] 通常认为,撤去不法收益请求权不具有惩罚性要件。由于不以购买者的损害为要件,所以也不是损害赔偿请求权或者不法得利之请求权。它具有制度上的独特性,是一项特别的请求权,发挥着民法上的

---

① See Heike Gading, "Litigation by Public-Interest Groups in European law", *German Yearbook of International Law*, Vol.39. (1996), p.361.

② 参见沈冠伶:《诉讼权保障与裁判外纷争处理》,北京大学出版社 2008 年版,第 175 页。

③ 参见吴泽勇:《集团诉讼在德国:"异类"抑或"蓝本"?》,《法学家》2009 年第 6 期。

④ 《法国消费法典》第 L.422-1 条第 1 款规定,打算对同一经营者造成的起因相同的损害要求赔偿的消费者,可以委托已批准的消费者协会以消费者的名义,按照本章规定,在民事法院提起诉讼。参见孙平译:《法国消费法典》,中国政法大学出版社 2012 年版,第 320 页。

⑤ 参见吴泽勇:《团体诉讼的历史考察》,《中外法学》2009 年第 4 期。

一般预防作用,而且可以纠正市场活动。① 在拟定过程中,撤去不法收益请求权曾经引起了较大的争议。其中,竞争型团体持否定的态度,而消费者团体和司法界却持支持态度。② 根据德国学者 Astrid Stadler(阿斯特丽德·施塔德勒)教授的总结,赞同的理由主要包括撤去不法收益具有预防特性,能够弥补受害者沉默或被动的不足。而反对者认为,这种诉讼方式的惩治力度太大,不适合被引入民法。还有学者认为,尽管该请求权的目的值得称赞,但因为适用范围有限,所以其实践意义并不大。③

美国的集团诉讼制度经历了诉讼程序的变革性发展。④ 起初,集团诉讼主要适用于赔偿金有限的大规模侵权案件以及种族、性别歧视等民权案件。反垄断、证券欺诈、消费者欺诈等案件也有不同程度的体现。此类集团诉讼主要适用禁令或是纠正型的请求。Abram Chayes(亚伯兰·查尔斯)教授指出,一种新的诉讼模式——公法诉讼形成。法院不再被要求根据私法原则解决私人之间的私人纠纷。相反,他们被要求处理对某些公共或准公共项目管理的不满事件,并维护主导法规或宪法条款中体现的公共政策。由于公法诉讼寻求于对未来的救济,所以其救济手段主要是纠正性的,而不是补偿性的。⑤1966 年《联邦民事诉讼规则》修改后,第 23 条增设了旨在救济成员个人利益

---

① 参见沈冠伶:《消费者团体诉讼之再建构:以扩散型损害及集团权利为中心》,《台大法学论丛》2015 年第 11 期。

② 参见唐晋伟:《德国竞争法中的团体收缴利润诉讼制度研究》,法律出版社 2012 年版,第77 页。

③ [德]阿斯特丽德·施塔德勒:《德国公益诉讼》,王洪亮、黄华莹译,参见汤欣主编:《公共利益与私人诉讼》,北京大学出版社 2009 年版,第 190 页。

④ 美国的三类集团诉讼包括"大规模侵权的有限赔偿金诉讼""禁令型和宣告型集团诉讼"以及"新型损害赔偿集团诉讼"。参见范愉编著:《集团诉讼问题研究》,北京大学出版社2005 年版,第 159—160 页。

⑤ Abram Chayes, "Foreword: Public Law Litigation and the Burger Court ", *Harvard Law Review*, Vol.96, No.1(November 1982) , p.4.

的损害赔偿集团诉讼。① 损害赔偿诉讼在消费者权益、产品缺陷等案件中广泛适用。除禁令请求以外,损害赔偿集团诉讼的原告可提起包括三倍赔偿、最小法定额赔偿、刑罚赔偿等在内的赔偿型请求。② 此外,在州检察长和联邦交易委员会集团诉讼中,检察长和委员会具有针对不公平或欺诈相关行为提起损害赔偿、罚金以及不法获益金等请求的权利。③

有学者将美国集团诉讼程序归类为以政策为导向的集团诉讼和以损害赔偿为导向的集团诉讼。前者主要适用于种族、性别歧视等民权案件,旨在寻求法律或社会变革。后者主要是为群体中个人遭受的伤害或损害寻求赔偿。④根据美国兰德民事司法研究所的实证研究,在各州的司法实践中,集团诉讼主要集中于损害赔偿诉讼,而非其他类型。研究结果显示,损害赔偿集团诉讼在消费领域发挥着类似于监管执法的作用。⑤

损害赔偿集团诉讼在美国甚至世界范围内引起了极大的争议和反响。著名经济学家 Richard A. Posner(理查德·艾伦·波斯纳)教授认为,集团诉讼是一种聚集小额索赔以提起大型诉讼的手段。他指出,并非只要通过判决带走加害者的全部财富,就能对加害者遵守法律形成足够的激励作用。⑥ 还有学者指出,除非可以使用集团诉讼手段,否则小额个人损害赔偿可能得不到任何有效的补救。但是,对诉讼和解(或和解结果)的操纵可能只是为了代表律

---

① 《联邦民事诉讼规则》第 23 条(b)3 规定,法院认为,集团成员共同具有的法律与事实问题,优先于仅影响个别成员的问题,而且集团诉讼比其他方式更有利于纠纷的公正和有效裁判时,可以认定为集团诉讼继续审理。

② [日]細川幸一:《米国 の 消費者保護 における 政府 の 役割 ~ 父権訴訟 を 中心に ~(メモ)》,日弁連消費者行政一元化推進本部研究会,2008 年 6 月 25 日。

③ 陶建国:《消费者公益诉讼研究》,人民出版社 2013 年版,第 128—130、170—174 页。

④ See Lesley K. McAllister, "Revisiting a 'Promising Institution': Public Law Litigation in the Civil Law World", *Georgia State University Law Review*, Vol.24, No.3(March 2012), pp.697-698.

⑤ Deborah R., *Hensler and others*: *Class Action Dilemmas*: *Pursuing Public Goals for Private Gain*, Santa Monica: RAND Corporation, 2000, pp.6、21.

⑥ See Richard Posner, *Economic Analysis of Law*, New York: Aspen Publishers, 2014, p.344.

师的利益,而不是为了集体的利益。① 尽管尚存各种质疑之声,但是损害赔偿集团诉讼制度已经相对成熟。损害赔偿集团诉讼在弥补小额分散利益、遏制不法经营行为以及增强社会信用方面的积极作用,使其具有相当数量的拥护者。欧洲和其他国家的法学专家和学者,也经常尝试将集团诉讼移植于本国的法律体系中。②

　　巴西是较为成功地将美国的集团诉讼移植于大陆法系国家的典型国家。作为高度依赖逻辑化和系统化法律规范的大陆法系国家,巴西在制度创设过程中首先要面对的理论难题即是如何克服实体法的局限。为解决实体法中权利欠缺可能导致的程序问题,巴西通过建设性的解释在实体法中增加了抽象的公共性实体权利,其中就涵盖了消费公共利益的权利化内容。巴西宪法以及 20 世纪八九十年代创设的法律已经完成了这一任务。③ 根据相关规定,巴西的公共性权利包括混同权利、集合性权利和同种类个别性权利三种类型。虽然最初的制度创设也曾引发了较大的理论争议,然而现在诸多争议已经在立法统一和实践发展的过程中得到缓和。与此同时,巴西的成功经验引起了外国研究者的关注。其中,有美国学者指出,巴西创设了在现有法律体系中执行法定权利和宪法权利的新颖方式。这种方式不仅被巴西的法学家和政治学家称为是法律秩序的"彻底变革"或者"一场革命",同时也被其他大陆法系国

---

① See Francisco Valdes, "Procedure, Policy and Power: Class Actions and Social Justice in Historical and Comparative Perspective", *Georgia State University Law Review*, Vol.24, No.3(March 2012), pp.627、658−661.

② See Mauro Cappelletti, "Vindicating the Public Interest through the Courts: A Comparativist's Contribution" (1976) 25 Buffalo Law Review, pp.643−690; Richard Cappalli, Claudio Consolo, "Class Actions for continental Europe? A Preliminary Inquiry" (1992) 6 Temple International and Comparative Law Journal, pp.217−291; Samuel Issacharoff, Geoffrey P. Miller, "Will Aggregate Litigation Come to Europe" (2009) 62 Vanderbilt Law Review, pp.179−210; Gerry Bates, "A Case for the introduction of Class Action into English Law", *New Law Journal*, Vol.130(1980), pp.560−561.

③ Antonio Gidi 等:《巴西集团诉讼:一个大陆法系国家的范本》,《厦门大学法律评论》2014年第 2 期。

家奉为典范。① 总之,巴西对公共利益的权利化规定为公共利益的司法救济提供了明确的实体权益基础。

在巴西,各类公共性实体权利侵害可以通过与权利内容相对应的请求权类型加以救济。巴西学者 Antonio Gidi(安东尼奥·吉迪)教授指出,在司法实践中,法院会根据案件性质发出不同类型的判令。在由同一事实所引起的混同权利侵害案件中,可以适用禁止请求、恢复原状请求、损害赔偿金请求和弥补社会整体损害的赔偿请求。在由共同的法律关系引起的集合性权利损害案件中,可以要求不法经营者停止某种非法行为或是遵守实体法的禁令请求等。在基于某种共同来源的同种类个别性权利侵害案件中,可以提起损害赔偿在内的诉讼请求。② 据研究在巴西针对虚假广告可提起禁令请求或损害赔偿请求,针对食品问题可提起消除安全隐患请求或损害赔偿请求,针对不正当格式条款可提起取消不公正格式条款请求,针对不合理收费可提起确认请求。③

上述三个较为典型的诉讼制度在一定程度上代表了不同法系、不同国家在消费公共利益救济方面的制度选择与程序变革。由此可以看出,消费民事公益诉讼请求并非简单的诉讼请求问题,而是综合一国社会历史条件和制度创设情况所形成的特定产物。

3. 国外研究现状述评

总体来看,国外的相关理论研究和制度发展较为成熟和完善,从中我们至少可以得到以下两点启示:

第一,消费民事公益诉讼请求不是一个独立的问题,而是特定社会历史条件的制度产物。大陆法系国家和英美法系国家有着不同的裁判理念。裁判理

---

① Lesley K. McAllister, "*Revisiting a 'Promising Institution': Public Law Litigation in the Civil Law World*" (2012) 24 GeorgiaStateUniversityLaw Review, p.694.

② Antonio Gidi 等:《巴西集团诉讼:一个大陆法系国家的范本》,《厦门大学法律评论》2014 年第 2 期。

③ 李锐、陶建国:《巴西消费者集团诉讼制度及其启示》,《人民论坛》2012 年第 26 期。

念的不同既在宏观层面决定了消费民事公益诉讼的制度走向,也在微观上影响着消费民事公益诉讼请求的设置可能性。大陆法系的德国从规范出发,选择较为谨慎和保守的团体诉讼制度方案,通过对实体法的解释和变通,由法官按照逻辑化的裁判方式逐步推动。团体诉讼请求主要以实体法和程序法规定为前提。英美法系从事实出发,将与诉因事实相关的利益诉求囊括至一个集体性的程序中,并通过正当程序加以保障实施。集团诉讼请求更多地决定于诉因事实和程序规则。尽管任何一种制度都会有所缺陷,也都有可能被滥用,但是如果采取彻底的变革方式将传统的民事诉讼规则彻底推倒,则有可能出现犹如 Per Henrik Lindblom 教授所说的"将把婴儿和洗澡水一起扔出去"的危险。① 因此,即便是在巴西引入美国的集团诉讼时,也是结合了实体法的建设性变革才得以实现。我国深受大陆法系传统影响,在研究消费民事公益诉讼请求问题时,也应正视规范出发型的裁判构造,尊重法官的裁判习惯,在特定社会历史条件中探寻具体的救济方案。

第二,消费民事公益诉讼请求不是孤立的问题,而是消费领域内各类型利益救济体系中的一个有机组成部分。分析不同国家的消费民事公益诉讼制度,可以发现各国在谋求公益性诉讼请求问题的解决方案时,总是伴随着对私益性诉讼请求的协调和应对。德国在早些时候只规定了从整体利益出发的不作为请求权,但是后来也构建了救济个人利益的损害赔偿请求权。在美国的集团诉讼中,检察长和联邦委员会既可以提起救济个人利益的损害赔偿请求,也可以提起民事罚金和收缴不法收益请求。在巴西三个不同类型的公共诉讼中,既有以公共利益为宗旨的公共诉讼类型,也有主要为救济个人利益而设置的"二阶型"损害赔偿程序。② 之所以如此,主要是源于消费公共利益和消费

①　Per Henrik Lindblom, "Individual Litigation and Mass Justice: A Swedish Perspective and Proposal on Group Actions in Civil Procedure", The American Journal of Comparative Law, Vol.54, No. 4(Autumn 1997), p.819.

②　巴西"二阶型"诉讼程序详见本书第五章第三节第三部分(一)"对接方案"相关内容。

者个人利益的辩证统一关系。一方面,对于消费公共利益的救济会使得消费者个人受益。另一方面,如果消费者个人利益能够得到充分的救济,也就不会引起更加广泛的公共利益问题。因此,在研究和解决消费民事公益诉讼请求问题时,应当将消费公益诉讼请求置放于消费领域内的各类利益救济体系中加以分析。既要注重消费公益诉讼请求与消费私益诉讼请求的不同特性,又要将二者视为协调统一的有机整体予以制度构建。只有如此,才能从根本上解决消费民事公益诉讼请求的理论与实践问题。否则,极有可能造成消费公益诉讼请求和消费私益诉讼请求的混乱适用,同时也无益于消费民事公益诉讼制度价值的真正发挥。

基于以上的认识,本书将在我国特定的社会历史条件下,以规范出发型的裁判构造为理论前提研究消费民事公益诉讼请求。具言之,即是要尝试在明确我国消费民事公益诉讼请求之制度依托的基础上,研究消费民事公益诉讼请求的法律构造与制度保障。特别是要对消费民事公益诉讼请求和消费民事私益诉讼请求的协调统一作出深入思考,尝试以更为全面的视角拓展消费民事公益诉讼请求的研究深度和广度。

三、研究思路与框架

本书的研究尝试回答并解决消费民事公益诉讼请求的适法性问题。围绕这一问题的具体研究目标是在理论层面明确我国消费民事公益诉讼请求的逻辑起点、本体内容和程序要求,在现实层面推进我国消费民事公益诉讼请求实践展开的理性运行。为了实现上述研究目标,论文以"理论研究服务于制度构建"为总体指导,遵循"从一般到特殊,从宏观到具体"的研究思路进行归纳演绎。首先,是从民事诉讼请求的一般认知到消费民事公益诉讼请求的特殊之处,探明消费民事公益诉讼请求的特殊构造。其次,是在整体分析的基础上,具体论证消费民事公益诉讼请求的逻辑起点、请求权类型和实体判决要件,对消费民事公益诉讼请求进行结构化剖析。最后,根据消费民事公益诉讼请求的法律构造理论,检视消费民事公益诉讼请求的实践运行,并提供有针对性的法律保障对策。

基于以上认识,本书将从概论、基础论、本体论、程序论和制度保障论五个方面展开研究,研究框架如下图所示:

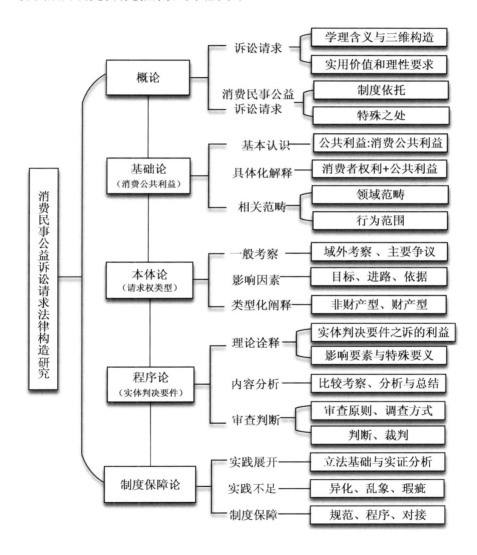

四、研究内容与方法

以上述研究框架为思路,本书的研究内容包括:

第一章,从理论认知、制度依托和特殊之处三个层面廓清消费民事公益诉讼请求的研究范畴。首先,是通过学理含义、三维构造、实用价值和理性要求明晰诉讼请求的学理内涵。其次,通过对各类型的公共利益救济制度的考察,明确我国消费民事公益诉讼请求的制度依托。最后,根据分析与对比,剖析我国消费民事公益诉讼请求的特殊之处。

第二章,从基本认识、具体化解释和相关范畴三个层面,探究消费民事公益诉讼请求之逻辑起点的具体化表达。首先,对公共利益和消费公共利益作基本认知,并且明确消费公共利益的解释思路。其次,根据消费者和消费者权利概念,对消费者权利作分层解读,并从中提炼出具有主观公共利益属性的消费者权利。最后,从领域范畴和行为范畴两个角度,对消费民事公益诉讼请求的逻辑起点进行相关分析。

第三章,从一般考察、影响因素和类型化分析三个方面,解决适格主体可以基于哪些请求权提起诉讼请求的问题。首先,通过比较考察和争议整理,对消费民事公益诉讼的请求权类型作初步分析。其次,探讨消费民事公益诉讼请求权的适用目标、解释进路和设置依据,为请求权类型的合理设置提供指引。最后,从财产型和非财产型两个角度对请求权作类型化剖析,明确各类请求权与主观公共利益属性之消费者权利的对应关系。

第四章,从理论诠释、内容分析和审查判断三个层面探讨消费民事公益诉讼请求的实体判决资格。首先,从民事诉讼的多个诉讼要件中析出与诉讼请求适法性相关的要件事项。根据诉的利益理论和消费民事公益诉讼请求的特殊性推导出消费民事公益诉讼请求实体判决(资格)要件的特殊之处。其次,通过比较分析的方法,总结相关国家和地区公益诉讼立法中的共同性要件内容。最后,从法官审查判断的角度,对消费民事公益诉讼请求之实体判决要件的审查原则、调查形式及其判断与裁判作程序分析。

第五章,从实践展开、不足以及制度保障措施三个层面检视并完善消费民事公益诉讼请求的制度保障。首先,通过规范分析与实证分析,明晰我国消费民事公益诉讼请求的实践展开的立法基础与司法现状。其次,在实证分析的基础上,进一步探究消费民事公益诉讼请求的实践问题及其根源所在。最后,结合消费民事公益诉讼请求的法律构造理论,从实体权利规范、程序保障机制和私益支持平台三个方面提出制度保障对策。

论文主要运用跨学科分析、实证分析和比较分析的研究方法,对消费民事公益诉讼请求的相关内容进行论证。

第一,跨学科分析的研究方法。本书通过跨学科分析的研究方法,融合民法、消费者权益保护法和民事诉讼法的相关理论,剖析消费民事公益诉讼请求的法律构造。具体来说,主要是运用民事权利、消费者权利和请求权理论,在解释论上明确消费民事公益诉讼请求的逻辑起点和请求权类型,借助民事诉讼的裁判理论和诉讼要件理论,特别是诉的利益理论,对消费民事公益请求的实体判决要件进行剖析。

第二,实证分析的研究方法。为保障论文研究的现实意义,本书采用实证分析的方法总结我国消费民事公益诉讼请求实践运行情况。对于诉讼请求的实证分析,主要是从北大法宝、北大法意等裁判文书数据库以及相关部门发布的典型案例中,筛选并整理消费民事公益诉讼请求的实践运行数据。在此基础上,对消费民事公益诉讼请求的样本案例进行分析和总结,从而提炼出我国消费民事公益诉讼请求的实践问题。

第三,比较分析的研究方法。比较分析方法既是拓展研究思路的有效工具,又是丰富研究内容的重要依托。以国际化的视野展开比较分析,有助于准确认识我国消费民事公益诉讼请求的当前发展阶段,形成横向比较,发现不足并探求借鉴。本书将主要介绍德国、日本、欧盟、美国、巴西、韩国等国家与地区的相关制度及其立法情况。在此基础上,根据综合分析,尝试提出我国消费民事公益诉讼请求的制度保障对策。

第一章　消费民事公益诉讼
请求的基本范畴

　　诉讼请求是诉的对象和诉的要素之一。通过诉讼请求,可以识别确认诉讼、给付诉讼和形成诉讼,也可以识别私益诉讼和公益诉讼。一般情况下,不同类型的民事诉讼往往具有不同特性的诉讼请求。消费民事公益诉讼是民事诉讼的特殊类型,消费民事公益诉讼请求具有特殊之处。从逻辑上来看,对消费民事公益诉讼请求进行研究的基本前提,应当是对民事诉讼请求和消费民事公益诉讼制度形成准确认知。

　　本章将从诉讼请求的含义、构造、价值和要求层面对诉讼请求相关内容作学理分析。之后,结合消费民事公益诉讼的产生原因和制度类型,明确我国消费民事公益诉讼请求的制度依托和消费民事公益诉讼请求的本文含义。在此基础上,从多个角度探讨消费民事公益诉讼请求的特殊之处,为论文研究的顺利开展框定界线,夯实基础。

第一节　民事诉讼请求的理论认知

　　根据大辞海的解释,请求具有两层含义,一是指"说明要求,希望得到满足"。二是指"所提出的要求"。① 前者是动词,后者是名词。据此可知,请求是特定主体提出的希望得到满足的请求或是要求。推理而言,文义上的民事诉讼请求即原告在民事诉讼中提出的希望得到满足的某种请求或是要求。与生活意义上请求的不同之处在于民事诉讼请求旨在追求特定的法律上的效果,而非普通的日常生活需求。

形式上而言,民事诉讼请求是原告提起诉讼的必要条件,也是记载于起诉状中的必要事项。在德国,承担该功能的词语是"申请"或"请求"。② 法国民事诉讼立法将其称为"开始的请求"。③ 在日本,与其相近的词语是"请求趣旨"。④ 在我国民事诉讼立法中,诉讼请求是提起诉讼的必要条件。⑤

学理上来看,民事诉讼请求具有更深层次的含义,本书在学理意义上研究诉讼请求。

一、民事诉讼请求的学理含义

诚如拉伦茨教授所言,抽象概念是由各种要素组成的孤立于其他要素及客体的概念。通过什么要素作出概念,取决于该概念形成的特定目的。法学

---

① 参见夏征农、陈至立主编:《大辞海·语词卷》第三卷,上海辞书出版社 2011 年版,第 2817 页。

② 德国《民事诉讼法》第 253 条第 2 款规定,起诉应当通过书状(诉状)的送达进行,诉状应当包括:当事人与法院;提出的请求的标的与原因,以及一定的申请。《德国民事诉讼法》,丁启明译,厦门大学出版社 2016 年版,第 58 页。

③ 法国《新民事诉讼法典》第 53 条规定的"开始的请求"是起诉人主动提起诉讼的请求。对法官而言,提出诉讼请求是法官受理案件的必要条件。参见[法]让·文森、塞尔日·金沙尔:《法国民事诉讼法要义》上卷,罗结珍译,中国法制出版社 2001 年版,第 193、196 页。

④ 日本《民事诉讼法典》第 133 条规定,起诉应当向裁判所提交诉状,诉状中应记载当事人及法定代理人,请求趣旨及原因。《日本民事诉讼法典》,曹云吉译,厦门大学出版社 2017 年版,第 48 页。

⑤ 《中华人民共和国民事诉讼法》(2023 年修订版)第 123 条规定,起诉应当向人民法院递交起诉状。第 124 条规定,起诉状中应当记明原告、被告信息、诉讼请求和所根据的事实,证据和证人的信息。

概念与其他学科概念,以及生活用语概念不尽相同。① 进一步思考可知,法学领域内也存在着基于不同学术目的,选取不同要素呈相异但不相冲突概念的情形。而事实上也确实如此。其中最典型的例证即是对"正义"概念的理解。由于"正义"的内涵丰富,面貌多样而被称之为是"罗透斯似的脸"。② 同理,学者在分析民事诉讼请求的含义时也有相同体现。

(一) 多元视角的分析

学理上对于诉讼请求含义的认识,可归类为侧重于目的要素的分析、侧重于内容要素的分析、侧重于程序要素的分析以及融合多项要素的分析。

1. 侧重于目的要素的分析

江伟教授认为,诉讼请求是原告旨在获得实体法上的具体法律效果或法律地位而提出的诉讼主张。③ 朱兴有教授将诉讼请求的含义解释为,诉方当事人旨在解决民事纠纷的特定的实体主张。④ 不同的目的观实则隐含了不同的逻辑起点。实体法效果和权利保障的目的观契合于大陆法系规范出发型的裁判构造。依此,民事诉讼请求的起点或目的是保障实体法律关系或者救济实体权利。诉讼时,法官需要依据诉讼请求探寻实体权利规范之相关规定,并根据法律规定对诉讼请求进行审查。纠纷解决之诉讼目的观与事实出发型的裁判理念相一致,诉讼请求的适用更多地关注纠纷事件本身,以案件事实为逻辑起点。在美国,法院总是允许原告用被叫做基本诉因的一种法律简略表达提出某些诉讼请求。⑤ 具言之,原告可以根据相同的法律问题或事实问题提

---

① 参见[德]卡尔·拉伦茨:《法学方法论》,陈爱娥译,商务印书馆 2003 年版,第 318 页。

② [美]E.博登海默:《法理学——法律哲学与法律方法》,邓正来译,中国政法大学出版社 2017 年版,第 265 页。

③ 参见江伟主编:《民事诉讼法专论》,中国人民大学出版社 2005 年版,第 167 页。

④ 参见朱兴有、郑斌锋:《诉的合并与诉讼请求的合并之界定》,《西南民族学院学报(哲学社会科学版)》2002 年第 8 期。

⑤ 参见[美]理查德·D.费里尔:《美国民事诉讼法》(第二版)上册,张利民等译,商务印书馆 2013 年版,第 374 页。

出或合并请求。① 受大陆法系规范出发型裁判构造的影响,我国民事诉讼请求的提起与审理更应以实体法中的实体权利为逻辑起点,实体权利内容受到侵害或是存有危险是原告提起诉讼请求的原因。

2. 关注内容要素的分析

常怡教授认为,诉讼请求是"当事人通过人民法院向对方当事人所主张的具体权利"②。李龙教授认为,诉讼请求包括实体方面的权利请求和程序方面的权利请求。③ 段厚省教授则认为,诉讼请求只能是实体性的权利请求,回避、追加第三人等程序性内容不是诉讼请求。④ 综合上述观点,笔者认为,在讨论诉讼请求是否包括程序权利主张时,首先应当明确程序性权利申请与程序性权利请求的区别。程序性权利申请是当事人依据诉讼法律的规定向法院提出的某项具体权利申请,如申请回避、申请追加第三人等。程序性权利申请一般是当事人在程序启动后向法院提出的特定申请,通常不以诉讼请求的形式体现,不属于诉讼请求的范畴。程序性权利请求是当事人基于诉讼法的规定提出的诉讼请求。如,当事人根据撤销之诉的诉权向法院提出的改变或撤销原判决的请求。综上,民事诉讼请求主要指实体权利请求。在符合诉讼法规定的特定情况下,当事人也可以提起程序性权利请求。⑤ 本书仅讨论实体性的请求权,实体性请求权构成诉讼请求的本体内容。

3. 偏向于程序要素的分析

如果说偏向于目的要素和内容要素的含义是以实体权利为视角的静态分析结果,那么偏向于程序要素的含义则是基于诉讼行为的动态解释结果。偏

---

① 参见[美]史蒂文·苏本:《美国民事诉讼法的真谛》,蔡彦敏、徐卉译,法律出版社2002年版,第175页。

② 常怡主编:《民事诉讼法学》(修订版),中国政法大学出版社1996年版,第135页。

③ 参见李龙:《民事诉讼标的的基本概念与民事诉讼的基本理念》,《现代法学》1999年第1期。

④ 参见段厚省:《民法请求权论》,人民法院出版社2006年版,第89页。

⑤ 参见王学棉:《"具体"的诉讼请求》,《国家检察官学院学报》2016年第2期。

向于程序要素的分析以法国民事诉讼法理论对诉讼请求的通常定义为典型例证。张卫平教授和陈刚教授指出法国民事诉讼法理论通常认为,诉讼请求是当事人向法院提起的,要求法院对其主张的权利予以认可的诉讼的行为。① 这一概念将重点置放于当事人对法院提出的要求上。对此,我国也不乏相关理解。有学者指出,诉讼请求是原告基于权利侵害或法律关系不清楚申请人民法院予以保护或者确认,人民法院对此做出裁决的诉讼行为。② 按照诉讼行为的解释视角,诉讼请求是原告向法院发出的程序上的意思表示。该意思表示追求的法律效果是获得法院的实体判决,通过法院的判决行为得以实现。依据民事诉讼法理论,实体判决并非没有任何条件,只有满足特定条件的诉讼请求才具有获得法院实体判决的资格。需要强调的是,诉讼请求之判决要求含义仅追求法院实体判决的作出,而非胜诉判决结果的获得。胜诉判决代表着诉讼请求在实体上的实现,需要以要件事实的满足为前提。总言之,偏向于程序要素的分析使诉讼请求呈现立法化和动态化特性。

4. 融合实体要素和程序要素的分析

有学者融合实体要素与程序要素作综合分析。高桥宏志教授将诉讼请求理解为"权利主张+判决要求"。③ 新堂幸司教授在狭义上将诉讼请求理解为"法利益主张",在广义上将诉讼请求理解为"判决要求"。④ 张卫平教授从三个层面理解诉讼请求。最广义的含义指向当事人和法院。狭义的含义指"权

---

① 参见张卫平、陈刚编著:《法国民事诉讼法导论》,中国政法大学出版社 1997 年版,第68 页。

② 参见李辰章:《谈谈对"诉讼请求"的再认识》,《法律适用》1996 年第 6 期。

③ 高桥宏志教授认为,原告对于被告的权利主张以及对于法院的判决要求合起来被称为诉讼上的请求。参见[日]高桥宏志:《民事诉讼:制度与理论的深层分析》,法律出版社 2004 年版,第 55 页。

④ 新堂幸司教授认为,诉讼请求由两部分构成,即原告针对被告的一定法的利益之主张,以及原告针对法院承认该主张并做出判决之要求。参见[日]新堂幸司:《新民事诉讼法》,林剑锋译,法律出版社 2008 年版,第 216—217 页。

利主张"。最狭义的含义专指"实体请求权利",与诉讼标的同义。① 上述综合实体要素和程序要素的分析结论,既彰显了诉讼请求的实体内涵,也呈现了诉讼请求的程序要义,进一步深化了理论界对于诉讼请求内涵的科学认知。

(二) 民事诉讼请求的本文含义

由于诉讼请求之目的要素和内容要素同时涉及了实体权利,为了在现有研究的基础上进一步深化认识,笔者尝试对民事权利体系中的基础性权利和手段性权利作出解释。

民法学者认为,民事权利是一种法律保护之力,②有原权利和救济权之分。原权利是主体取得利益的根源,救济权是保护主体原权利的权利。前者可以放弃,后者不可以放弃。③ 诉讼法学者将权利分为原理意义上的权利、具体意义上的权利和手段意义上的权利。第一种权利是宪法中规定的上位权利概念。第二种权利是已经得到承认的具体权利内容。第三种权利是为保护第二种权利,实现具体权利内容的权利。④ 为了更好地对诉讼请求进行解构分析,本书将以上述分类为依据,将民事权利分为基础性权利和手段性权利。基础性权利是根源性利益,与原权利或具体权利相对应。手段性权利是实现或救济特定利益的权利。以物权为例,自物权、他物权以及与此相关的占有权、处分权等为基础性权利。而返还原物请求权、排除请求权、损害赔偿请求权是

---

① 对于最狭义的诉讼请求,学界常常使用诉讼标的的表述,两者之间在含义上是等同的。参见张卫平:《诉讼请求变更的规制及法理》,《政法论坛》2019 年第 6 期。

② 参见王利明:《论个人信息权在人格权法中的地位》,《苏州大学学报(哲学社会科学版)》2012 年第 6 期;参见孙若军:《身份权与人格权冲突的法律问题研究——以婚姻关系为视角》,中国政法大学出版社 2013 年版,第 59 页。

③ 参见李永军主编:《民事权利体系研究》,中国政法大学出版社 2007 年版,第 45 页。

④ 权利在法律体系中显示多重构造。在以所有权为中心的法律体系中,处于其上位概念的是宪法关于保护私有财产的条款(原理性权利),所有权被视为财产权之一,从所有权又派生出各种使用权(具体权利)、处分权(具体权利),以及为所有权设置的妨碍排除的请求权(手段性权利),基于侵害的损害赔偿请求权(手段性权利)。参见[日]谷口安平:《程序的正义与诉讼》,王亚新、刘荣军译,中国政法大学出版社 2002 年版,第 182—183 页。

保护基础性权利的手段性权利。在民事法律规范中,手段性权利总是通过各种类型的请求权予以表达。基础性权利和请求权与民事诉讼请求有着不可割裂的耦合关系。基础性权利是民事诉讼请求的"权利根据"和"逻辑起点",也是民事诉讼请求的原因所在。请求权是民事诉讼请求的"权利主张"和"本体内容",决定民事诉讼请求的具体内容。①

综上,笔者认为民事诉讼请求的含义可以从两个方面加以理解:一是原告以基础性权利为逻辑起点,而指向被告的一种请求权主张;二是原告向法院提出的实体判决要求。实体判决要求只有在案件满足法院实体判决要件的情况下才能获得实现。换言之,民事诉讼请求的逻辑起点是实体法中的基础性权利,本体内容是请求权,诉讼请求获得法院实体判决的程序要求是实体判决要件。据此,可将民事诉讼请求分为形式上的诉讼请求和适法的诉讼请求。民事起诉状中的诉讼请求只是形式上的诉讼请求,是原告朴素愿望的表达。适法的诉讼请求是经过实体法和程序法双重过滤的,且能够获得法院实体判决的诉讼请求。尽管根据处分原则,当事人有权自由决定,然而这并不意味着当事人可以随心所欲地设定诉讼请求。② 形式上的诉讼请求只有在逻辑起点、本体内容和程序要求上都符合法律规定与相关要求时,才具有适法性,可称之为适法的诉讼请求。

二、民事诉讼请求的三维构造:逻辑起点、本体内容与程序要求

构造源于拉丁语(Striuctura),是事物各部分之间合规律的安排、组织和相互关系。③ 民事诉讼请求的法律构造是由诉讼请求之逻辑起点、本体内容

---

① 关于"权利根据"和"权利主张"的表达启发于日本诉讼法学者中村英郎教授对诉讼目的之分析,此处借用于说明基础性权利和手段性权利的关系。参见[日]中村宗雄、中村英郎:《诉讼法学方法论——中村民事诉讼理论精要》,陈刚、段文波译,中国法制出版社 2009 年版,第 160 页。

② 参见闫庆霞:《民事诉讼请求研究》,法律出版社 2019 年版,第 57 页。

③ 参见李祖军:《民事诉讼目的论》,法律出版社 2000 年版,第 29 页。

和程序要求共同作用而形成的逻辑自洽的内在安排和相互关系,在本质上决定着诉讼请求的适法性。① 将逻辑起点、本体内容和程序要求置于整体化视角中分析,可以有效弥补知识碎片化造成的认知缺陷,同时为诉讼请求的体系化研究提供分析框架。如同於兴中教授所言,碎片化的单一研究可以进一步发展或精进理论细节,然却面临着分崩离析的危险。② 本部分将在整体意义上讨论民事诉讼请求的法律构造,以期形成更为全面的认识。

(一) 民事诉讼请求的逻辑起点:基础性权利

民事诉讼请求的根本性追求是救济和保障基础性民事权利。在这一意义上,基础性权利也同时成为民事诉讼请求的根本目的和逻辑起点。以权利为核心的民事法律体系决定了以权利为逻辑起点的民事诉讼请求法律构造。在规范出发型的裁判结构中,法官对民事诉讼请求进行裁判,首先要探寻涵摄民事权利的法律规范。通过诉讼请求探寻权利规范依据,不仅是对案件之胜负结果作出判断的要求,也是决定诉讼请求能否获得实体判决的关键。如果诉讼请求所保障的利益既不属于法定化的实体权利,也不属于被法律所涵盖的正当利益,或者是虽然能被法律涵盖,但不符合特定诉讼程序的审理范畴,那么就不应当获得法院的实体判决。我国《民法典》规定了较为完善的民事权

---

① 在中国知网中搜索发现,法学论文中常使用"构造"一词来表示事物各要素或各要素间的相互关系。如"裁判构造论""制度构造论""法治构造论""审理构造论""证据构造论""商事通则构造论"。参见段文波:《民事裁判构造:以请求权为核心展开》,《现代法学》2012 年第 1 期;王建文:《论我国引入公司章程防御性条款的制度构造》,《中国法学》2017 年第 5 期;汪习根、朱俊:《法治构造论》,《华中师范大学学报(人文社会科学版)》2001 年第 3 期;唐力、高翔:《我国民事诉讼程序事项二阶化审理构造论——兼论民事立案登记制的中国化改革》,《法律科学(西北政法大学学报)》2016 年第 5 期;龙宗智、杜江:《"证据构造论"述评》,《中国刑事法杂志》2010 年第 10 期;刘云升:《商事通则构造论》,《河北法学》2007 年第 4 期。本书使用构造一词来说明民事诉讼请求适法性相关的三个要素及其相互关系。

② 参见於兴中:《社会理论与法学研究》,《清华法治论衡》2009 年第 2 期。

利体系,包括人身自由权、人格尊严权、生命权等诸多权利,①这些权利构成了我国民事诉讼请求的逻辑起点。而基础性民事权利不能实现、存在实现障碍、存在侵害危险,特别是基础性民事权利已经受到侵害的情况,分别构成了原告提起诉讼请求的原因事实。

(二) 民事诉讼请求的本体内容:请求权

诉讼请求的本体内容实质是原告依据请求权向被告提起的权利主张或者权利请求。由于请求权具有多义性,有必要对请求权概念进行说明。

请求权的概念最早是由德国学者温德沙伊德提出的。他认为,请求权是法律上有权提出的请求,是具有强制性因素的实体权利。② 就请求权的认识而言,民法学者与诉讼法学者形成了不完全相同的理解。民法学者将请求权分为两类:一是"本权请求权",即与请求权性质相同的民事权利。债权属于典型的本权请求权。③ 二是"权利保护请求权",指具有权利保护效果的请求权。按照来源的不同,"权利保护请求权"又有原权利性质的请求权和次生权利性质的请求权之分。④ 前者是民事权利本身所具有的请求权能,后者是民事权利受到损害所派生的请求权。有诉讼法学者在不违背民法基本理论的前提下,于诉讼法的语境中解释请求权。这种解释认为,请求权是建立于不同法律关系之上的救济方式,也是能够识别或特定诉讼请求的较小"单位"。⑤

---

① 根据《中华人民共和国民法典》第109—132条的规定,民事权利的范围包括:人身自由权、人格尊严权、生命权、身体权、健康权、姓名权(名称权)、肖像权、名誉权、荣誉权、隐私权、婚姻自主权、个人信息权、人身权、财产权、物权、债权、知识产权、继承权、股权、投资性权利等基础性权利。

② 温德沙伊德认为请求权具有两层含义:一是请求权是某种强制性因素;二是请求权是一种纯粹的实体权利。参见金可可:《论温德沙伊德的请求权概念》,《比较法研究》2005年第3期。

③ 债权本身是请求他人为或不为一定行为的民事权利,是具有请求权性质的民事权利,属于本权请求权。

④ 参见杨立新:《请求权与民事裁判应用》,法律出版社2011年版,第87—88页。

⑤ 参见王亚新:《诉讼程序中的实体形成》,《当代法学》2014年第6期。

本书旨在"权利保护请求权"概念的基础认知上,于诉讼救济的语境中解释和使用请求权概念。由此,请求权的定义是:为实现或救济民事权利或其他正当法益,而隐射于诉讼请求之中的,能够引发诉讼上救济效果的法律上之力。诉讼法上的救济效果既包括对权利不能实现的救济效果,也包括对权利受到危险或是受到侵害的救济效果。根据这一定义,请求权等同于手段性权利,是"连接基础性实体权利和司法救济的枢纽"。① 根据实现或者救济权益内容的不同,可以将请求权分为物权请求权、人格请求权、侵权请求权等诸多类型。此外,债权虽然属于"本权请求权",但是当债权这一"本权请求权"遇有障碍而不能实现时,权利人也可以基于由此而产生的次合同请求权提起诉讼,以消除障碍并确保债权的实现。② 总而言之,诉讼请求的本体内容即是原告的请求权主张。

(三) 民事诉讼请求的程序要求:实体判决要件

实体判决要件是民事诉讼请求之实体判决的程序要求。实体判决通过判决书载明。民事判决书是法院针对当事人的实体争议而作出的具有拘束力、确定力、形成力和执行力的裁判文书。尽管提起诉讼请求是原告的诉权,但是并非任何形式意义上的诉讼请求都能获得法院的实体判决。这既是源于对诉讼资源的有效利用,同时也是因为实体判决所具有的法律效力。在程序法上,只有符合特定要求的诉讼请求才能具有获得法院实体判决的资格。这些特定要求被民事诉讼理论称之为"诉讼要件"或"实体判决要件"。欠缺实体判决

---

① 姚敏:《消费者集体救济的方法和路径研究》,对外经济贸易大学 2019 年博士学位论文,第 82 页。

② 德国学者梅迪库斯认为,债务合同产生的请求权是最特殊的一种请求权。它可分为原请求权和次请求权。原请求权是基于合同之主给付义务而产生的债权(本权请求权)。在提供主给付的过程中发生障碍,就会产生次请求权,如损害赔偿或者解除后的给付返还。参见[德]梅迪库斯:《请求权基础》(第八版),陈卫佐译,法律出版社 2010 年版,第 29—30 页。具体论证详见本书第三章第二节第二部分(一)2"合同类请求权"相关内容。

要件时,法院将不能对诉讼请求作出实体判决。① 此外,在论及诉讼请求的程序要求时,应区分诉讼请求的适法性和正当性。② 诉讼请求的适法性与实体判决资格相关,与判决结果无关。诉讼请求的正当性则要求原告所提出的权利主张有要件事实和证据材料的支持。可以说,民事诉讼请求之实体判决是实体判决要件得到满足的结果。

三、民事诉讼请求的实用价值与理性要求

结合民事诉讼请求的学理含义和三维构造,从实用价值和理性要求两方面对民事诉讼请求进行深度剖析,是全面认知民事诉讼请求并对其展开理论研究的前提。

(一) 实用与理性释义

"实用"的哲学基础是实用主义。实用主义主要揭示"兑现价值",它在经验之流中发挥作用。詹姆士在其著作《实用主义》中指出两种实用主义的范围:第一种是方法态度,第二种是真理发生论。就方法态度而言,实用主义不是去看第一事物,而是注意最后的事物,即结果。在真理意义上,实用主义持真理多元的观点,将理论看作是一种有效用的工具,是被依靠的工具而不是谜团的答案。③ "理性"的哲学基础是理性主义。在康德看来,哲学上的理性是"人的一种能力或者本然意志"。④ 纯粹理性是"包含完全先天地认识事物的

---

① 参见张卫平:《民事诉讼:关键词展开》,中国人民大学出版社 2005 年版,第 81 页。
② 法国民事诉讼法理论认为,法院应当区分诉讼请求的适法性和正当性。诉讼请求的适法性要求请求必须依法提起,而请求的正当性属于本案的胜诉要件。参见张卫平、陈刚编著:《法国民事诉讼法导论》,中国政法大学出版社 1997 年版,第 68 页。
③ 参见[美]威廉·詹姆士:《实用主义》,李步楼译,商务印书馆 2012 年版,第 32—33 页。
④ 彭鸿雁:《中国哲学的特质是实用理性还是实践理性?》,《江淮论坛》2015 年第 3 期。

诸原则的理性"。①实践理性是实践的伦理原则。② 完整的事物都是由实用和理性共同组成的统一体。如果说"实用"是"理性"的驱动力和客观结果,那么"理性"则是"实用"的内生力和根本原因。因此,具有理性力量的事物应然会具有实用效能,而事物实用效能的发挥也必须要借助理性的力量。离开"理性"谈"实用"是不切实际的虚无主义,会造成事物内部秩序的混乱。同样,离开"实用"谈"理性"也是低效和无意义的,会制约事物的持续发展。

从实用和理性的不同角度把握民事诉讼请求,有助于我们更加深刻地理解民事诉讼请求,进而推进民事诉讼请求理论,甚至是民事诉讼理论的发展。

(二) 民事诉讼请求的实用价值

民事诉讼请求的实用价值体现在民事诉讼请求所能发挥的法律效果和社会效果上。

1. 法律效果价值

(1)促进民事实体权益的具体化。如前所述,民事诉讼请求蕴含着基础性权利和手段性权利两种实体权利要素。前一种权利是诉讼请求的权利根据和逻辑起点,后一种权利构成诉讼请求的本体内容,作为民事诉讼请求的表现形态存在。从这个意义上来说,民事诉讼请求是基础性权利和手段性权利的程序载体。个案中民事诉讼请求一定是特定权利及其权利保护手段的具体化结果。与此同时,民事实体权利只有在诉讼请求的提出、受理、审理与裁判过程中才能产生获得真正意义上的实现。没有纳入诉讼请求的实体权利不可能成为法院的审理和裁判对象,更不可能得到法院实体判决的支持。

(2)推进民事诉讼的程序展开。民事诉讼请求在立案、审理以及裁判的各个诉讼阶段都发挥着积极的程序推动作用。在立案阶段,原告将载明诉讼

---

① [德]康德:《纯粹理性批判》,邓晓芒译,人民出版社 2017 年版,第 14 页。
② 参见葛洪义:《法与实践理性》,中国社会科学院研究生院 2002 年博士学位论文,第 85 页。

请求的起诉状提交至法院是叩响诉讼程序大门的第一步。之后,法院会对原告所提诉讼请求进行审查,并使符合特定要求的诉讼请求进入审理程序。审理时,法院会进一步固定当事人的诉讼请求,并围绕当事人的诉讼请求寻找合适的法律规范作为裁判依据。裁判阶段,法官应对原告所提诉讼请求作出裁判,不能"超裁漏判"。法院逐项裁判后,该诉讼审判程序终止。

(3)界定民事诉讼的程序维度。民事诉讼请求与法院管辖、法院裁判对象以及实体判决之既判力范围紧密相关。首先,在立案前法院需要结合原告诉讼请求来确定本院是否有管辖权的法院。其次,在裁判时法院需要结合民事诉讼请求的具体内容界定民事裁判的对象和范围。最后,裁判结束后还需要结合诉讼请求的裁判结果确定既判力的客观范围。在前一案件中经过辩论并获得生效判决的诉讼请求,除特殊情况外不能另行起诉。

2. 社会效果价值

民事诉讼请求是缓解社会矛盾的司法通道。不言而喻,司法在社会生活中发挥着重要的作用。这种作用不仅仅体现在司法就个案之是非曲直而作出的裁判结果上,更体现在司法对政治及社会秩序的良好维护效果上。司法通过把一般问题、价值问题转化为个别问题和技术问题的办法来分散和缓解社会矛盾。① 如果将诉讼请求理解为社会矛盾进入司法程序的必经通道,那么诉讼请求也就具有了一定的社会效果功能。这种社会效果表现在诉讼请求能够通过特定的技术手段筛选过滤,将符合要求的社会矛盾引入司法程序并将其转换为法院的裁判对象。诉讼请求之所以能够发挥社会效果,依赖于诉讼请求之促进实体权益具体化、推动程序展开和界定程序维度的法律效果。不产生法律效果的诉讼请求便不能将社会矛盾引入诉讼程序,更无法借用诉讼程序化解社会矛盾。另外诉讼请求的社会效果功能也取决于诉讼请求内在的理性价值。不具有理性因素的诉讼请求,即使能够叩响诉讼程序的大门,也不

---

① 参见[日]谷口安平:《程序的正义与诉讼》,王亚新、刘荣军译,中国政法大学出版社2002年版,"序文"第9页。

能发挥应有的社会秩序维护作用。

（三）民事诉讼请求的理性要求

根据马克斯·韦伯的理性观,理性法律可以是形式上的理性,也可以是实质上的理性。形式理性具有两种性格。一是直观的,感官可以直接感受到的理性。形式理性是注重外在表征的法律形式主义。二是抽象的,是通过逻辑推演而解明的理性。与形式理性注重外在形式不同,实质理性则强调价值上的理性。实质理性如,伦理的、功利的或其他目的之规则、准则等。① 形式理性与实质理性共同作用形成满足理性之要求的法律规范。

1. 形式理性要求

按照形式理性的要求,完整的民事诉讼请求规范体系应当是包含基础性权利、手段性权利和实体判决要件内容的一系列逻辑自洽的规范组合。个案中,法院应当根据原告所提诉讼请求的具体内容探寻与诉讼请求相关的权利规范,依此明确诉讼请求的基础性权利,并确定与基础性权利相对应的请求权类型。另外,还要根据案件类型对诉讼法规范中的实体判决要件进行检索与审查。最后结合相关实体权利内容和程序法律规定对本案诉讼请求的适法性作出认定。如果诉讼请求适法,意味着可以获得胜诉或者败诉的实体判决,反之则意味着诉讼请求不具有作出实体判决的必要性或实效性,法院应对其作出程序性处理。按照以法律规范为原点的逻辑推理过程,检验民事诉讼请求适法性的形式理性逻辑应为:明确诉讼请求的基础性权利——确定诉讼请求的手段性权利(请求权)——检索诉讼请求之实体判决要件——作出诉讼请求适法性的认定。(见图1-1)。

2. 实质理性要求

民事诉讼请求的实质理性即民事诉讼请求所应然蕴含的伦理价值。作为

---

① 参见［德］马克斯·韦伯:《法律社会学:非正当性的支配》,康乐、简惠美译,广西师范大学出版社2011年版,第27—30页。

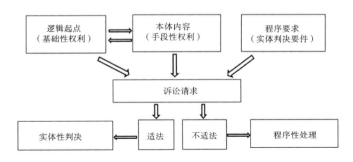

图 1-1　诉讼请求的形式理性逻辑图示

一种希望得到满足的主张或是要求,民事诉讼请求必须符合特定的伦理或价
值理念。

（1）实体权益具有应然的司法保护价值。理性的法律是实质理由与文字
表达的混合体。[①]　通常情况下,法律规定的权利内容具有应然的司法保护价
值。然而,这并不意味着应当将未被现有法律规定所权利化的新型利益完全
排除在司法保护之外。如此,很可能会剥夺正当利益获得司法保护的机会,并
在结果上降低司法公信力,积存社会矛盾。所以,当某些新型利益出现并要求
获得司法保护时,法官需要依据实质理性,通过价值衡量和法益解释对其作出
判断。笔者认为可以参照常怡教授提出的"立足于社会需求的正义衡平"观
点,对未予权利化的正当利益作实质理性的考量。根据该观点,在判断诉讼
请求所欲保护的实体利益是否具有司法保护价值时,应当结合以下因素加
以判断:是否属于宪法保护的价值、是否属于一般人的观点和社会通念、是
否内含于法律的基本原则和基本原理以及是否符合国家相关公共政策的
要求。[②]

（2）请求权得到理性适用。受立法技术和认知水平的限制,既有法律规

[①]　参见吴英姿:《关于法律解释的程序思维》,《理论探索》2020 年第 6 期。

[②]　参见常怡、黄娟:《司法裁判供给中的利益衡量:一种诉的利益观》,《中国法学》2003 年
第 4 期。

范中难免会存在请求权规定不明确的情况。特别是当具有司法保护价值的新型正当利益出现时,内容完整的形式法律规范很难及时构建。为了确保正当利益救济的合理性,就需要借助实质理性进行阐释。请求权的实质理性至少是正义且合乎比例的。作为救济手段的请求权,不仅是维护原告合法权益的正义表达,也是综合被告利益、国家利益和社会整体利益的合比例结果。无法充分救济原告正当利益或对被告责罚过重,抑或是有损国家利益或是社会整体利益的请求权类型都不具有程序适用的实质理性。

(3)符合程序之实质理性要求。程序上的实质理性关涉原告诉权的行使自由、法院诉讼资源的有效利用以及被告生活秩序的安定保障。首先,从原告角度来说,诉讼请求的提起和处分是原告行使诉权的自由。为保障原告诉权的实现,法院不仅要为原告提供进入司法程序的通道保障,还要为原告诉讼请求之审理裁判提供结果保障。其次,从诉讼效益的角度来说,诉讼资源应当得到有效利用。诉讼资源由全体纳税人所共同负担,不合理或是不经济的利用行为是对宝贵诉讼资源的浪费。最后,法院对原告诉讼请求的无条件审判,会对被告的安定生活秩序造成各种困扰。总之,诉讼请求的程序实质理性是原告之自由价值、程序之效益价值和被告之秩序价值的合理性考量结果。

第二节　消费民事公益诉讼请求的制度依托

消费民事公益诉讼请求依托于消费民事公益诉讼制度。基于各国社会历史条件的不同,消费领域公共利益的司法救济往往呈现不同的制度外形。认识消费民事公益诉讼,明确我国消费民事公益诉讼请求的制度依托是分析消费民事公益诉讼请求的宏观前提。

一、消费民事公益诉讼产生的原因

作为消费民事公益诉讼请求的制度依托,消费民事公益诉讼的产生主要源于消费者问题的恶化、消费者维权意识的革新以及传统公益救济手段的失灵。

(一) 消费者问题的恶化

自消费者与经营者两大对立阵营形成以来,经营者对消费者的侵害成为普遍存在的消费者问题。[1] 现代社会中,虚假广告、劣质产品、霸王合同等不法经营行为给消费者造成了更为严重的侵害结果,有些甚至已经质变为公共利益损害。消费者问题由原来的消费者私人问题逐渐演化为消费者公共问题。一方面,机器大生产使消费者问题欲加复杂。机器大生产引发大规模侵权行为和侵害结果,当侵害积累到一定数量,便会产生质变,引发公共利益损害。另一方面,经营者与消费者的地位悬殊加剧了消费者问题的公共化质变。在机器大生产的推动下,经营者与消费者个体的社会地位、资源信息、经济实力日益悬殊。"大多数人宁愿接受不公平的待遇,也不愿与实力强大的对手——制造商——进行代价高昂的法庭斗争。"[2]消费者问题恶化长期得不到解决,必然打击不特定多数人的消费信心,进而影响整个行业或市场的正常秩序和经济利益。此时,消费者问题不仅是消费者的私益问题,更是社会的公共问题。有学者直言,"侵犯消费者权益的行为往往不是个别的民事侵权行为,而是一种社会性的、普遍性的损害行为,这种侵害很可能引发大量消费者的不

---

[1]　消费者问题是商品经济中接受生活资料和生活服务的消费者的利益受到提供消费资料和消费服务的经营者损害而发生的问题。参见李昌麒、许明月编著:《消费者保护法》(第四版),法律出版社 2014 年版,第 1、3 页。

[2]　Gochan, Louise Y: "The Consumer's Alternative: A Study on Consumer Grievance Mechanism", *Philippine Law Journal*, Vol.56, No.3(September 1981), p. 412.

满,从而危及到社会安定"①。总之,当消费者问题发展为一项社会公共问题时,消费领域的公共利益问题得以形成。

(二) 消费者维权意识的革新

消费者运动的兴起和发展代表着消费者维权意识的觉醒。消费者运动是相关主体保护和增强消费者权益的演化行动。②美国总统肯尼迪于 1962 年在《消费者权利国情咨文》中声明"我们都是消费者"。1973 年底,欧洲国家签署了《罗马条约》,提出了欧洲信息和消费者保护宪章,以及消费者保护计划。③ 1985 年《联合国消费者保护准则》通过。中国于 20 世纪 80 年代初组建了全国性的消费者协会,于 1994 年起施行《消费者权益保护法》。消费者运动发展的直接结果是经营者被施以更多的责任和义务,而消费者获得更多的权利。与此同时,国家在消费者保护中被赋予了更多的期待。

消费者维权意识在现代社会中得到革新。在消费者运动的推进过程中,越来越多的消费者立法予以颁布,越来越多的消费者保护机构得以成立,但是消费者问题似乎并未得到很好的解决。"在这个大众消费的社会,消费者的地位不但未获改善,反而日趋恶化"。④ 毫无疑问,经营者借助消费信息的复杂化和消费环境的多元化取得了更为优势的地位,而消费者却显得更为羸弱。加之在"公权管制"的庇护下,消费者过分依赖国家,其内部的对抗性和自觉性亦有所退化。近年来的消费者运动显示,消费者走上了自我意识与能力的

---

① 董新凯:《国家对消费者的保护及其限度》,《新疆大学学报(哲学社会科学版)》2005 年第 1 期。

② 参见戎素云:《消费者权益保护运动的制度分析》,中国社会科学出版社 2008 年版,第 2 页。

③ See Atanasovska, Aneta, "Consumers and Consumer Protection Law", *Iustinianus Primus Law Review*, Vol. 6, No. 2 (2015), p.5.

④ 王泽鉴:《消费者的基本权利与消费者的保护》,参见王泽鉴:《民法学说与判例研究》第三册,中国政法大学出版社 2005 年版,第 14 页。

反省之路——人们认识到只是寄希望于公权管制的方式无法解决消费者问题。①"更多的人意识到,随着现代文明之社会问题的出现,个人和团体也有要求援引行动和积极参与利益代表的权利。"②在国家、社会、公民参与的这场消费者运动中,不仅需要国家管制的关怀,更需要消费者以社会公众或者社会团体的身份参与并进行抗争。消费民事公益诉讼制度的出现即是新的消费维权意识在民事诉讼程序中的彰显,在一定程度上代表着社会公众参与利益分配和社会治理的意愿与呼声。

(三) 传统公益救济手段的失灵

国家是公共利益的维护者,行政执法行为是常态化的公益救济方式。根据社会契约理论,公民将自己的权利让渡出来,达成协议,形成国家。国家被认为是公共利益的全权代理。③ 随着经济的迅猛发展,社会矛盾日趋激化,国家的职能得到大幅拓宽。国家开始介入到与人们日常生活质量相关的教育、消费等公共服务领域,国家的公共利益代表地位得到进一步强化。④ 如果说国家是公共利益的代表,那么行政机关则是公共利益的维护主体。行政机关实现公益目的通常有两种方式:一是运用法律赋予的权力,制止有害公益的行为;二是由法律授权,积极行使增进公益的行为。⑤由此,防止公益侵犯和实施增进公益的行为成为行政机关维护公共利益的基本方式。

随着社会生产力的加速发展,公民对良好消费秩序的期待与渴望与日俱

---

① 参见姚佳:《中国消费者法理论的再认识——以消费者运动与私法基础为观察重点》,《政治与法律》2019 年第 4 期。

② See Vera Langer, "Public Interest in Civil Law, Socialist Law, and Common Law Systems: *The Role of the Public Prosecutor*", *The American Journal of Comparative Law*, Vol.36, No.2(1988), p.279.

③ 参见张方华:《共同善的镜像叙事:公共利益的西方政治哲学考量》,南京师范大学出版社 2016 年版,第 142 页。

④ 参见[法]狄骥:《公法的变迁》,郑戈译,商务印书馆 2013 年版,第 7—10 页。

⑤ 参见陈新民:《德国公法学基础理论》(增订新版)上卷,法律出版社 2010 年版,第 248—249 页。

增,而国家行政执法能力的局限性也逐渐显露。持续恶化的消费者问题与不断发展的消费者意识最大程度地激发了公民对良好消费秩序的渴望,同时也极大地提升了公民对国家和政府这个公益代表者的期望。尽管行政执法手段具有较好的遏制效果,但行政执法效果会受到诸多牵制。首先,受执法人员数量、执法时间等执法成本的限制,行政执法在发现侵害行为方面不可能做到信息的全面掌握。其次,即使发现了,受经济指标、地方保护等利益驱使,行政执法在合理惩处方面亦不可能做到尽善尽美。再次,侵害行为一般会跨越生产、流通等多个环节,多头监管的情况时有发生。而监管部门"职责不清""互相推诿"的行为也会极大地降低行政执法效果。最后,虽然行政执法具有一定的惩戒功能,但行政惩罚未必一定能遏制侵害行为。面对行政失灵的窘况,政府垄断式的公共执法模式受到批判。绝大部分的法律学者和社会活动家开始将私力执行当作是一种允许公民参与矫正不当行为,弥补政府在公共利益维护方面之不足的"有效率的政策工具"①。

为消费领域的公共利益寻求新的救济手段已经成为不争的事实,世界各国掀起了一股诉讼救济浪潮。由此产生了团体诉讼、集团诉讼、公共诉讼等各类公益救济制度,同时相应出现了团体诉讼请求、集团诉讼请求和公共诉讼请求等旨在救济消费领域公共利益的各类诉讼请求。总之,受消费者问题恶化、消费者维权意识革新和传统公益救济手段失灵的共同作用,消费领域公共利益的维护和保障应该得到更多的司法关怀与支持。

二、消费民事公益诉讼的制度类型

在消费公共利益司法救济浪潮的推动下,世界上很多国家和地区已经形成了具有不同名称和不同特点的消费公益救济制度。根据程序设置、起诉主

---

① 参见赵公植、王明远:《私力执行是解决环境执法不力的良药吗?》,见汤欣主编:《公共利益与私人诉讼》,北京大学出版社 2009 年版。

体、救济内容或方式的不同,可将与消费民事公益诉讼相类似的诉讼制度作进一步的分类认识。

(一) 以程序设置为标准的分类

以程序设置为标准,在较为广义的层面上,可以将有助于救济和保障公共利益的,抑或是共同利益的诉讼制度分为五种类型。

第一种是共同诉讼。共同诉讼是一方或是双方当事人为多数人利益进行诉讼的诉讼制度。共同诉讼的正当性在于能够提高诉讼效率、防止裁判矛盾,而且也具有实现实体法和保护实体权益的必要。[①]　在日本,共同诉讼是公害、环境污染等纠纷常见的诉讼形态。上述共同诉讼的主要实施方式是由全体受害人作为原告共同参加诉讼。由于人数众多,共同诉讼通常都要由一定的代表者组织执行,其中律师发挥着极为重要的作用。[②]

第二种是选定当事人制度。该种制度由代表人代表具有共同利益的受害人提起诉讼,受害人可以通过"加入制"的方式获得权利救济。选定当事人诉讼适用于人数众多、拥有共同利益的案件,而且代表人必须从该多数人中选出。[③]　在日本,针对几家大型公司的煤油黑市垄断行为,而提起的反对非法高价牟利诉讼是选定当事人诉讼的典型。[④]　由于该种诉讼需要受害者亲自参加并完成加入程序,而小额分散者很少愿意花费时间、费用履行程序,所以很少被用于小额分散型利益者的权利救济。[⑤]

第三种是示范诉讼。示范也称为"实验诉讼",是法院将多方当事人诉讼

[①]　参见卢正敏:《共同诉讼研究》,法律出版社 2011 年版,第 22—28 页。

[②]　参见[日]谷口安平:《程序的正义与诉讼》,王亚新、刘荣军译,中国政法大学出版社 2002 年版,第 251 页。

[③]　参见[日]高桥宏志:《重点讲义民事诉讼法》,张卫平、许可译,法律出版社 2007 年版,第 262 页。

[④]　[日]谷口安平:《程序的正义与诉讼》,王亚新、刘荣军译,中国政法大学出版社 2002 年版,第 251 页。

[⑤]　参见熊跃敏:《消费者群体性损害赔偿诉讼的类型化分析》,《中国法学》2014 年第 1 期。

缩减为只有两方当事人的实验案件诉讼。实验案件具有与其他案件相同的事实和法律问题。① 德国的投资示范诉讼作为示范诉讼的典型,主要适用于特定情形的损害赔偿请求权和合同履行请求权案件。② 示范诉讼程序一般由当事人申请启动。案件的审理结果作为其他平行案件的审理基础,对相关案件中的当事人产生拘束力。

第四种是集团诉讼。损害赔偿集团诉讼是由代表人针对共同的法律和事实问题进行诉讼,受害人通过"退出制"的方式获得救济。集团诉讼以美国为典型,一般由律师推动进行。"退出制"无需当事人"亲力亲为",解决了小额分散者的诉讼动力问题。案件被法院裁定为集团诉讼后,代表人须向受害者发出确认通知,如果受害者未在规定时间内行使退出权,则视为其加入。参加集团诉讼的成员受到集团诉讼判决结果的拘束。

第五种是团体诉讼。团体诉讼是由具有诉讼资格的消费者团体依据法律规定提起诉讼请求,对团体共同利益或是团体成员利益进行救济的诉讼制度。团体诉讼主要通过在立法中明确起诉主体和请求权的方式获得诉讼正当性。德国的团体诉讼最为典型。由于受到了立法的限制,德国团体诉讼表现出不易背离实体法,可预测性较强,诉讼风险和诉讼成本低等优点。③ 法国、日本也都建立了相应的团体诉讼制度。

(二) 以起诉主体为标准的分类

依据主体的不同,可以将广义上的民事公益诉讼制度分为由检察机关、行政机关、个人以及消费者团体提起的公益诉讼制度。

第一种是由检察机关作为起诉主体的诉讼制度。美国、巴西等国家都有

---

① 参见[德]阿斯特丽德·施塔德勒:《德国公益诉讼》,王洪亮、黄华莹译,参见汤欣主编:《公共利益与私人诉讼》,北京大学出版社 2009 年版,第 194 页。
② 参见吴泽勇:《"投资者示范诉讼法":一个群体性法律保护的完美方案》,《中国法学》2010 年第 1 期。
③ 参见范愉编著:《集团诉讼问题研究》,北京大学出版社 2005 年版,第 265 页。

相关制度。在美国,州检察长可以提起保护消费者权益的集团诉讼,包括以检察长名义提起的主权执法诉讼和代表消费者提起的父权诉讼。尽管不完全相同,但是两者在起诉必要性方面形成共同特性。两类诉讼的提起均要求众多消费者受到小额损害且不愿提起诉讼或是消费者尚未认识到侵害,抑或是起诉存在举证困难等。① 美国很多州都赋予了检察长对违法经营者进行民事追诉,提出损害赔偿、停止侵害等请求的职能。有些州"即使没有明确规定父权,检察长也可以为受害消费者提起恢复原状诉讼"②。在巴西,提起民事公益诉讼(公共民事诉讼)也是检察机关的法定职责。由于同属于大陆法系且两国的检察机关职能相似,巴西的检察民事公益诉讼在我国引起了相当的关注。③

第二种是由行政机关提起的公益诉讼制度。很多国家都允许行政机关适用公益诉讼制度。比如,瑞典的消费者集团诉讼主要由消费者监察官提起。消费者监察官由政府任命,他主要从事消费者权利保护工作。监察官既可以直接处理违法行为,也可以向专门的市场法院发起诉讼。④ 此类集团诉讼中,消费者监察官具有优先于消费者团体的起诉资格。只有在前者不提起诉讼的情况下,消费者团体才能向市场法院提起诉讼。⑤ 此外,监察官还可以向地方法院提起救济消费者个人利益的集团诉讼。⑥ 此类诉讼数量不少。从 2003 年到 2009 年 3 月,在瑞典提起的 12 件集团诉讼中,只有 1 件是由消费者监察

---

① 参见陶建国:《消费者公益诉讼研究》,人民出版社 2013 年版,第 124 页。

② [日]细川幸一:《米国の消费者保护における政府の役割~父权诉讼を中心に~(メモ)》日弁连消费者行政一元化推进本部研究会,2008 年 6 月 25 日。

③ 参见刘学在:《巴西检察机关提起民事公益诉讼制度初探》,《人民检察》2010 年第 21 期;肖建华、杨恩乾:《巴西检察机关在公益诉讼中的角色简评》,《人民检察》2010 年第 11 期;肖建华:《巴西赋予检察机关提起公益诉讼职能》,《检察日报》2015 年 4 月 21 日;孙莉婷:《论巴西检察公益诉讼制度对我国的启示》,《中国检察官》2020 年第 10 期;王莉:《巴西公益诉讼检察制度及启示》,《人民检察》2020 年第 7 期;易小斌:《独具特色的巴西检察公益诉讼》,《检察日报》2020 年 11 月 5 日。

④ 参见陶建国:《消费者公益诉讼研究》,人民出版社 2013 年版,第 184—185 页。

⑤ 参见刘学在:《请求损害赔偿之团体诉讼制度研究》,《法学家》2011 年第 6 期。

⑥ 参见陶建国:《消费者公益诉讼研究》,人民出版社 2013 年版,第 187—188 页。

官提起的。① 典型的由行政机关提起的公益诉讼制度,还有美国联邦贸易委员会针对不公平的、欺骗消费者的违法行为提起的民事诉讼。委员会可以诉请对方向消费者进行赔偿,并要求对方退款、返还财产、撤销合同或者要求罚款制裁。②

第三种是由个人提起的公益诉讼制度。美国由消费者个人提起的损害赔偿型集团诉讼是该类诉讼制度的典型。"众多""共同性""典型性""代表性"是提起损害赔偿集团诉讼的基本条件。③ 符合条件的案件,将被法官裁定适用集团诉讼。受害消费者如果不愿意参加诉讼,可以申明退出,否则即视为参加并且愿意受到判决结果拘束。虽然说是由消费者个人提起,但是在胜诉酬金的激励下,真正发挥推动作用的是律师。代表普通人提起诉讼的律师发现和挖掘了损害赔偿集团诉讼的潜力,在广泛的领域内提起了大量的诉讼。④ 律师的力量成功激发并推进了美国损害赔偿型集团诉讼的发展,而这也恰恰是损害赔偿集团诉讼不容易被其他国家所效仿的原因所在。⑤

第四种是由团体提起的公益诉讼制度,即团体诉讼。在德国,社会团体作为个人与国家之间的重要中介而存在,它们在维护法治秩序、保护民事权益等诸多方面发挥着极为重要的作用。⑥"德国目前存在大量的消费者组织。那些

---

① 参见陶建国:《消费者公益诉讼制度》,人民法制出版社 2013 年版,第 189 页。

② 参见[美]马歇尔·C.霍华德:《美国反托拉斯法与贸易法规》,孙南申译,中国社会科学出版社 1991 年版,第 61 页。

③ "众多"即集团成员众多;"共同性"即有共同的法律问题或者事实问题;"典型性"即指请求或抗辩的典型性;"代表性"即能够公平、充分地保护集团的利益。参见[美]史蒂文·苏本:《美国民事诉讼法的真谛》,蔡颜敏、徐卉译,法律出版社 2002 年版,第 190 页。

④ 据统计,在 1921 年 7 月—1989 年 6 月期间大约有五万起诉讼被提起。See Richard Cappalli,Claudio Consolo, "Class Actions for continental Europe? A Preliminary Inquiry" Temple International and Comparative Law Journal Vol.6 No.2(1992),p.222.

⑤ See Richard Cappalli,Claudio Consolo, "Class Actions for continental Europe? A Preliminary Inquiry" Temple International and Comparative Law Journal Vol.6 No.2(1992),p.220.

⑥ 参见刘学在:《民事公益诉讼制度研究——以团体诉讼制度的构建为中心》,中国政法大学出版社 2015 年版,第 148—149 页。

最重要、最具活力的组织在德国16个州都建立了自己的机构,并在柏林成立总部。"①这些团体可以基于公共利益提起不作为诉讼或是收缴不当得利诉讼,也可以在得到授权后为消费者个人利益提起损害赔偿诉讼。很多国家均以立法的形式限定或明确了消费者团体的起诉资格。日本由总理大臣根据《消费者合同法》的规定,对消费者团体资格进行认定。② 韩国《消费者框架法》规定了四类有权提起集体诉讼的团体。③ 我国《消费公益诉讼解释》第1条明确规定,省、自治区、直辖市消费者协会和中国消费者协会有权提起公益诉讼。④

(三) 以救济内容或方式为标准的分类

依救济内容或救济方式的不同,还可以将公益救济制度分为纯粹型、准公益型以及融合型的民事公益诉讼制度。

第一种是纯粹型的公益诉讼制度。纯粹型的公益诉讼直接指向公共利益,主要是由立法机关事先明确具有公共利益属性的实体请求权,并将其赋予特定的适格主体以便于诉讼的提起。由于是直接针对公共利益而提起的公益

---

① [德]阿斯特丽德·施塔德勒:《德国公益诉讼》,见王洪亮、黄华莹译,参见汤欣主编:《公共利益与私人诉讼》,北京大学出版社2009年版,第194页。

② 日本《消费者合同法》第13条第3款规定,认定消费者团体的条件包括:属于《特定非营利活动促进法》规定的特定非营利活动法人、社会或财团法人;活动的主要目的是防止并救济消费者损害及维护不特定多数消费者利益;具有与实施停止请求相关业务的组织、方法、体制与规程;具有符合条件的理事;具有符合条件的专门人员;具有足够的财务基础;开展其他业务不得对实施停止请求业务造成妨碍。

③ 韩国《消费者框架法》第70条规定,下列组织可以提起集体诉讼:1.根据该法第29条在公平交易委员会注册并满足以下各项要求的消费者组织(a.根据其章程主要以促进消费者权益为目的的组织;b.正式会员人数不少于1000的组织;c.自依该法第29条登记之日起已满三年的组织);2.根据该法第33条设立的韩国消费者厅;3.韩国工商会议所,中小企业合作社联合会,总统令规定的全国性经济组织;4.符合《非营利、非政府组织援助法》第2条规定的非营利和非政府组织(a.至少50名遭受法律或事实上相同损害的消费者要求提起集体诉讼的组织;b.根据其章程规定的促进消费者权益的目的,至少在前三年有实际活动成果的组织;c.正式会员人数不少于5000的组织;d.在中央行政机关注册的组织)。

④ 《消费公益诉讼解释》第1条规定,中国消费者协会以及在省、自治区、直辖市设立的消费者协会,以及其他法律规定或者全国人大及其常委会授权的社会组织可以提起消费民事公益诉讼。

诉讼,所以也可称之为直接救济型的公益诉讼。该种诉讼制度以德国的团体诉讼为典型。德国既不赞成无条件强化行政机关职权来维护公共利益,也没有采取美国的方式,利用个人利益动机实现公共目的。①德国通过明确实体请求权的方式限定公共利益的救济手段。基于立法的明确规定,原告提起公益诉讼请求的逻辑起点、请求权类型都非常明确,能够更为直接有效的救济并且维护公共利益。与此同时,它的缺陷也较为明显。一方面,国家需要投入大量的立法资源对请求权等实体内容作出明确规定。另一方面,考虑到适格主体并非直接利害关系人,不具有直接利害关系人所应然具有的利己驱动力,所以需要通过特别的程序设置确保原告所提诉讼请求的适当性以及诉讼请求维护公共利益的充分性。

第二种是准公益型的公益诉讼制度。在准公益型的公益诉讼中,原告提起诉讼的直接目的不是公共利益,而是消费者个人利益的集合。准公益型诉讼通过救济众多消费者个人利益的方式间接维护公共利益,也可理解为间接救济型的公益诉讼。美国损害赔偿集团诉讼在消费领域的运用,即是激励消费者个人利益动机维护公共利益的结果。这与美国文化的个人利益观相关。托克维尔认为,在美国,虽然很难让一个人放弃自己去关心整个国家的命运,但是他会为了个人利益去维护整体或公共利益。② 间接救济型的公益诉讼制度能够很好地集合私益性诉讼请求,但是却无法实现对公共利益的直接救济。此外,它需要应对复杂的举证过程和赔偿分配问题,程序复杂且存在着一定的技术难题。

第三种是融合型的公益诉讼制度。巴西的公共诉讼制度很好地融合了前两类诉讼的优势。1985 年巴西在《公共民事诉讼法》中,将公共利益法定化为混合性(扩散性)权利和集合性权利,并赋予法定机关和特定团体以相应的实

---

① 参见[日]谷口安平:《程序的正义与诉讼》,王亚新、刘荣军译,中国政法大学出版社 2002 年版,第 259 页。
② 参见[法]托克维尔:《论美国的民主》下卷,董果良译,商务印书馆 2015 年版,第 689、691 页。

体请求权。法律规定的机关、团体,可以在扩散性或集合性权利受到侵害后,提起禁令型或赔偿型的诉讼请求救济消费公共利益。1990 年巴西又在《消费者保护法》中进一步追加了同种类个别性权利的诉讼制度。它主要是通过"二阶式"审理的方式,由法院在先行程序中确认债权,之后由受害者参加清算程序获得赔偿。该种诉讼形式既节约了消费者提起诉讼请求的成本,又发挥了间接维护消费公共利益的功能,与美国消费者损害赔偿集团诉讼具有一定的相似性。为此,巴西成为融合型公益诉讼制度的典型。整体来看,融合型的制度设计似乎成为发展趋势。德国在较长时间内都将团体诉讼局限于对公共利益的直接救济,但是后来的《法律咨询法》也规定了救济众多消费者个人利益的损害赔偿诉讼,具有间接救济公共利益的社会效果。在美国,除以救济众多消费者个人利益为目的的损害赔偿集团诉讼之外,也存在着能够直接维护公共利益的州主权执法集团诉讼。

三、我国消费民事公益诉讼请求的制度依托分析

与市场经济高速发展相伴而来的是消费者问题的恶化以及消费者维权意识的兴起。20 世纪 90 年代,我国司法实践中就已经出现了诸多具有公益维护效果的诉讼请求。随着 2012 年《民事诉讼法》的首次明确,我国消费民事公益诉讼请求的制度依托开始形成。

(一)我国消费民事公益诉讼请求的早期探索

1. 反射型的消费公益诉讼请求

反射型的消费公益诉讼请求并非真正意义上的公益诉讼请求,只是特定诉讼请求的提出会对公共利益的保护形成反射作用,进而产生一定的公益效果。此类具有公益效果的诉讼请求蛰伏于主要由个别公益人士,针对不合理收费现象而提出的诉讼请求中。比较典型的例子如,1998 年葛锐起诉郑州铁

路局,要求对方返还 0.3 元如厕费用并进行赔礼道歉。① 2007 年戴元龙起诉网通公司莆田分公司,要求对方返还 15 元"停机保号费"。② 此类诉讼请求虽然具有私益性,但是却具有广泛的代表意义。而且由于在结果上发挥了规范消费经济秩序的公益效果,因此在一定意义上也被称之为"公益诉讼请求"。正如公益法律援助律师所指出的那样,类似诉讼请求的提出"既是维护消费者的合理权利,也是对不合理的经济管理体制的挑战"③。在葛锐案的推动下,相关部门作出没收郑州火车站违法所得和没收全部已收如厕费的行政处罚。戴元龙诉网通公司等系列案件的提起更是推动了来电显示、国内漫游等运营商不合理收费现象的取缔。然而,类似诉讼请求的提出虽然发挥了一定的公益效果,但由于公益效果的产生只是凭借社会影响力的偶然事件,所以并不能称之为是真正意义上的公益诉讼请求。就提起诉讼请求的个人而言,因为诉讼成本与诉讼收益过度失调,所以也不具有普遍拓展的可行性。

2. 附属型的消费公益诉讼请求

附属型的消费公益诉讼请求附属于个人提起的民事诉讼请求中,是消费者个人在提起私益性诉讼请求时,附带提起的具有公益性质的诉讼请求。附属型的消费公益诉讼请求,既维护了消费者个人的合法权益,又发挥了一定的公益救济效果。实践中,此类型诉讼请求多数是以侵犯消费者知情权为理由而被提起的。例如,1997 年王英丈夫因大量饮用富平酒厂白酒而死亡。王英诉请对方赔偿相关损失 60 万元,同时附带提起具有公益性质的诉讼请求,要求对方在相关产品上标明危险警示。④ 又如,2000 年秦逸到靖江市某肯德基店就餐,在结账时发现结账单为英文。他认为肯德基店的做法侵犯了其人格

---

① 参见张惠君、马超:《为公益诉讼立法》,《法制日报》2001 年 9 月 22 日。

② 参见戴燕军、庄绮璐:《停机保号费能不能收? ——公益诉讼第一人再掀电信纠纷》,《中国审判》2008 年第 1 期。

③ 黄金荣:《一场方兴未艾的公益法实践运动》,《中国改革》2006 年第 10 期。

④ 参见张艳蕊:《民事公益诉讼与公共利益保护》,《昆明理工大学学报(社会科学版)》2008 年第 9 期。

权和知情权。于是诉请法院要求对方赔偿精神损失费 5100 元,同时请求肯德基店使用中文账单提供服务,并在国家级媒体上向全国人民赔礼道歉。① 此外,还有一些请求以侵犯消费者人格权为由而被提起。例如,2000 年大学生王勇等到某饭店就餐时,认为该饭店对公务员就餐者的优惠行为,构成了对其他就餐者的歧视。于是诉请法院要求对方按相同标准返还多收取的餐费,并附带提出公益性请求,要求撤销歧视性的收费标准。②

与反射型公益救济请求不同,附属型公益救济请求直接指向不法企业,将民事诉讼请求的单一利己功能直接扩大为对公共利益的维护效果,既节约了司法资源,又推动了消费者运动的发展。但是,附属型公益救济请求的程序难题是个人不具有提起民事公益诉讼请求的合法性。根据传统诉权理论,消费者个人基于个人利益受损提起私益性诉讼请求无可厚非,但却并不具备提起公益诉讼请求的资格。另外由于是"以小博大",消费者个人在面对优势地位的大型企业时,是否具有维护公共利益的诉讼能力也值得商榷。

3. 代表型的消费公益诉讼请求

代表型消费公益诉讼请求主要是借助代表人诉讼制度集合私益性诉讼请求并使其形成规模化,从而间接维护消费公共利益。典型的例子如,清华大学学生提起的电信案。1997 年部分清华大学学生购买了某电信卡 30 枚,但是该卡在不久后便无法在当地使用。于是他们提起诉讼,要求中国电信授予使用权,并进行赔礼道歉和赔偿损失。同时,还要求法院向不特定受害人发出公告,进行权利登记,该案也被称之为是"中国集团诉讼"。③ 相似的案件还有,歧山种子质量纠纷案。2004 年近千户农民购买的麦子种出现质量问题,引发了严重的冻死甚至绝收现象。180 多名受害农民推选 3 名代表提起诉讼,要

① 参见盛锡坤:《肯德基英文账单引发公益诉讼》,《法学天地》2001 年第 5 期。
② 参见黄金荣:《一场方兴未艾的公益法实践运动》,《中国改革》2006 年第 10 期;于飞:《基本权利与民事权利的区分及宪法对民法的影响》,《法学研究》2008 年第 5 期。
③ 参见吴飞:《从清华"200 卡"案件评中国集团诉讼》,《法学》1999 年第 10 期。

求被告歧山种子公司赔偿损失。① 代表人诉讼是我国立法明确规定的诉讼类型,类似于前述间接救济型的公益救济制度,它发挥作用的关键在于私益诉讼请求的规模化效应。然而,受制于"慎重对待"和"灵活应对"的司法政策,②此类诉讼请求大多被"化整为零",最终分别立案,合并或单个处理,难以形成规模化和普遍化效应。上述两个典型案例也是一波三折,甚至被建议个案处理。总言之,通过集合私益诉讼请求救济公共利益的诉请方案,在我国的司法实践中已经消弭为一种"理论想象"。同时也间接表明,只有消费民事公益诉讼制度才是我国消费领域公共利益救济的合理方案和可行路径。

(二) 我国消费民事公益诉讼请求的制度依托界定

2012 年《民事诉讼法》的修订正式拉开了我国民事公益诉讼的立法序幕。2015 年颁布《公益诉讼实施办法》(2020 年失效),2016 年颁布《消费公益诉讼解释》(2020 年修订),2018 年颁布《检察公益诉讼解释》(2020 年修订),2021 年颁布《公益诉讼办案规则》。随着上述一系列与公益诉讼相关的法律规范与司法解释的修订和实施,我国消费民事公益诉讼的制度类型和特点逐渐明晰。与此同时,消费民事公益诉讼请求以一种全新的方式进入了消费公共利益救济的司法实践视野中。

从程序设置来看,我国消费民事公益诉讼制度与团体诉讼制度的程序设置更具相似性。首先,通过共同诉讼践行消费公共利益的救济方式并不可行。共同诉讼需要有代表人的积极推动。如前所述,在消费公益诉讼制度建立之前,司法实践中已经出现了一些通过代表人诉讼间接救济公共利益的案例,但实践证明,此种诉讼形式并未得到有效利用。其次,我国并没有当事人选定制

---

① 参见吴英姿:《代表人诉讼制度的运作与问题调研报告》,参见章武生等:《中国群体诉讼理论与案例评析》,法律出版社 2009 年版,第 450—452 页。

② 参见吴泽勇:《群体性纠纷的构成与法院司法政策的选择》,参见章武生等:《中国群体诉讼理论与案例评析》,法律出版社 2009 年版,第 104 页。

度,而且如前所述,通过当事人选定制度救济小额分散者的利益并不具有十分的优势和动力。再次,示范诉讼对于消费公共利益的救济具有较强的效益价值,但是由于我国没有示范诉讼的制度规定,而且这种方式在经验丰富的德国也有质疑之声,①所以在积累不足的情况下直接构建示范诉讼制度尚不具备可行性。最后,集团诉讼的运行需要以律师胜诉酬金、诉权滥用预防机制的支持为保障,即便是在起步较早的欧洲国家也不敢草率引入。由此,示范诉讼和集团诉讼并不是我国公益救济的最优选择。事实上,我国采用团体诉讼的程序设置更具有妥当性。团体诉讼程序符合大陆法系的裁判构造,而且在德国、法国、日本等国家已经积累了较为成熟的经验,相对来说更具借鉴可行性。我国公益诉讼相关立法将消费公共利益明确为公益诉讼的权益保护对象,②同时也为公共利益的救济设置了专门的请求权类型,③上述立法情况说明我国消费民事公益诉讼制度与团体诉讼的制度特点基本吻合。

从提起主体来看,我国消费民事公益诉讼的起诉主体限于法定的机关和组织。首先,行政机关提起消费民事公益诉讼欠缺理论积累。而且由行政机关提起消费公益诉讼可能会带来司法权与行政权的混乱,如果没有充分的理论积累很难保障制度运作的自洽性。目前在环境公益诉讼中,存在行政机关提起的生态损害赔偿诉讼,但也同时面临着生态损害赔偿诉讼与环境公益诉讼程序的衔接问题。其次,个人提起消费民事公益诉讼并未被立法明确。个人提起消费公益诉讼的方式具有激发公益诉讼制度的相当潜力,而且不乏相

---

① 参见吴泽勇:《〈投资者示范诉讼法〉:一个群体性法律保护的完美方案?》,《中国法学》2010年第1期。

② 《中华人民共和国公益诉讼实施办法》(已失效)第1条第1款、《中华人民共和国民事诉讼法》第58条、2018年《检察公益诉讼解释》第13条第1款、《消费公益诉讼解释》第1条。具体论证详见本书第五章第一节第一部分(一)1"关于逻辑起点的立法情况"相关内容。

③ 《中华人民共和国公益诉讼实施办法》(已失效)第16条、《消费公益诉讼解释》第13条、第17条、第18条、《公益诉讼办案规则》第98条第1款、第2款第二项。具体论证详见本书第五章第一节第一部分(一)2"关于请求权类型的立法情况"相关内容。

关探讨和支持,①但可能是基于对个人能力以及程序滥用的担忧,我国立法并没有将公民或个人列为消费民事公益诉讼的适格主体。再次,由检察机关启动消费公益诉讼具有应然的合理性。检察机关是《宪法》所明确规定的法律监督机关,②提起民事公益诉讼是检察机关的法定职能。检察民事公益诉讼的重要任务即是维护社会公共利益。③ 最后,消费者协会的公益性诉权与消费者协会的公益性职责相吻合。消费者协会是维护消费者利益的半官方机构,具有维护消费公共利益的公益性职责。我国《消费者权益保护法》第37条明确规定,消费者协会应当为消费者权益发起诉讼或支持起诉。④ 该法第47条专门对消费者协会提起公益诉讼的权能作了进一步的明确。⑤ 总之,依现行立法,我国消费民事公益诉讼制度中的适格主体主要是检察机关以及符合条件的消费者协会。

　　从救济内容和方式来看,我国消费民事公益诉讼制度以公共利益的直接救济为目的,属于纯粹意义上的公益诉讼制度。不可否认的是,我国现有的代表人诉讼也具有间接救济公共利益的制度功能。尽管受各种原因的影响,代表人诉讼制度的相关功能并未充分显现,但是该制度的客观存在和应然有用性却不容置疑。因此,采用同一路径将民事公益诉讼制度设置为间接救济公

---

　　① 参见张卫平:《民事公益诉讼原则的制度化及实施研究》,《清华法学》2013年第4期;肖建国:《民事公益诉讼的基本模式研究——以中、美、德三国为中心的比较法考察》,《中国法学》2007年第5期;颜运秋、周晓明:《公益诉讼制度比较研究——兼论我国公益诉讼制度的建立》,《法治研究》2011年第11期;谢军:《论消费公益诉讼的起诉主体》,《宁夏社会科学》2015年第5期。

　　② 《中华人民共和国宪法》第134条规定,中华人民共和国人民检察院是国家的法律监督机关。

　　③ 《公益诉讼办案规则》第2条规定,人民检察院办理公益诉讼案件的任务,是通过依法独立行使检察权,督促行政机关依法履行监督管理职责,支持适格主体依法行使公益诉权,维护国家利益和社会公共利益,维护社会公平正义,维护宪法和法律权威,促进国家治理体系和治理能力现代化。

　　④ 《消费者权益保护法》第37条第七项规定,消费者协会履行下列公益性职责:(七)就损害消费者合法权益的行为,支持受损害的消费者提起诉讼或者依照本法提起诉讼。

　　⑤ 《消费者权益保护法》第47条规定,对侵害众多消费者合法权益的行为,中国消费者协会以及在省、自治区、直辖市设立的消费者协会,可以向人民法院提起诉讼。

共利益的诉讼类型，必然导致两者在功能上的重复性，造成立法资源的浪费。所以，更为妥当的做法应当是选择直接救济的方式设置消费民事公益诉讼程序，并在现有代表人诉讼制度的基础上，探寻两者的合理对接方式。如此，既能确保不同类型诉讼制度的各尽其责，又能有效激发代表人诉讼的制度功能。而且现有立法也表明，我国消费民事公益诉讼制度所救济的实体权益内容是由不特定多数消费者合法权益抽象成的社会公共利益，主要救济手段包括请求停止侵害的请求权、请求排除妨碍的请求权、请求消除危险的请求权、请求赔礼道歉的请求权以及请求确认无效的请求权等直接指向公共利益的请求权类型。① 尽管现有规定尚有不完善之处，但是我国消费民事公益诉讼制度——一种直接救济型的公益维护方式已经成形。

　　综上，我国消费民事公益诉讼制度是一种类似于团体诉讼制度，由检察机关和消费者协会作为适格主体而提起的，以维护消费公共利益为直接且根本目标的诉讼制度。本书对消费民事公益诉讼请求的研究，主要是基于我国消费民事公益诉讼的上述制度特点展开。换言之，本书语境中的消费民事公益诉讼请求专指由法律所明确赋权的适格主体，即检察机关和消费者协会提起的，直接维护消费领域公共利益的公益性诉讼请求。

第三节　消费民事公益诉讼请求的特殊之处

　　消费民事公益诉讼请求是特殊的民事诉讼请求。本节将以普通私益诉讼为基准，分析消费民事公益诉讼请求的多元特性。在此基础上，对比消费民事

---

　　①　《公益诉讼实施办法》(已失效)第 1 条第 1 款、第 16 条，《民事诉讼法》第 58 条，2018 年《检察公益诉讼解释》第 13 条第 1 款，《消费公益诉讼解释》第 1 条、第 13 条、第 17 条、第 18 条，《公益诉讼办案规则》第 98 条第 1 款、第 2 款第二项。具体论证详见本书第五章第一节第一部分(一)1、2"关于逻辑起点的立法情况"与"关于请求权类型的立法情况"相关内容。

公益诉讼请求与行政公益诉讼请求、环境民事公益诉讼请求、英烈保护民事公益诉讼请求的不同之处。根据消费民事公益诉讼请求的特殊之处,初步探讨消费民事公益诉讼请求的构造特点。

一、消费民事公益诉讼请求的多元特性

与普通私益诉讼请求相比,消费民事公益诉讼请求形成诸多特殊之处,本书将其归类为消费民事公益诉讼请求的公益性、分离性、多元性和异质性。

(一) 公益性

消费民事公益诉讼请求的公益性特点源于民事公益诉讼所具有的公益性本质。从归属来看,民事公益诉讼属于现代型诉讼,是精神文明和物质文明共同推动的产物。[①] 正是因为传统的私益诉讼无法满足公共利益的救济需求,民事公益诉讼才具有了构建的正当基础。公共利益的救济目的是公益诉讼区别于私益诉讼的根本所在。江伟教授指出,公益诉讼是民事诉讼为了保护正当利益而产生的目的导向概念,这种利益往往未能被传统的诉讼类型有效保护。[②] 公益诉讼的公益性本质得到了相关领域学者的认可。例如,有研究环境民事公益诉讼的学者,认为民事公益诉讼是具有公益性质的民事诉讼。[③] 还有学者将公益性解释为公益诉讼的最终价值追求。[④] 公益诉讼的公益性本质不仅是理论上的共识,也体现在被立法所既定的救济对象上。我国《民事

[①] 参见林剑锋:《论现代型诉讼对传统民事诉讼理论的冲击》,《云南法学》2000 年第 4 期。
[②] 参见江伟、徐继军:《将"公益诉讼制度"写入〈民事诉讼法〉的若干基本问题的探讨》,《中国司法》2006 年第 6 期。
[③] 王蓉、陈世寅:《关于检察机关不应作为环境民事公益诉讼原告的法理分析》,《法学杂志》2010 年第 6 期。
[④] 张辉:《论环境民事公益诉讼的责任承担方式》,《法学论坛》2014 年第 6 期。

诉讼法》第58条明确将民事公益诉讼的救济对象明确为社会公共利益。[①] 民事诉讼请求是民事诉讼目的和功能实现的重要载体和中心线索。如果说私益诉讼请求以个人利益的维护和救济为宗旨，那么消费民事公益诉讼请求则应以公共利益的维护为根本。综上，民事公益诉讼的公益性本质决定了消费民事公益诉讼请求维护消费公共利益的公益性特质。

具体来说，消费民事公益诉讼请求的公益性有三个方面的要求：一是目的上的公益性。有学者指出，公益诉讼的诉讼请求不是维护个人利益，而是维护公共利益，这是公益诉讼和私益诉讼的本质区别。[②] 只有能够切实且合理地维护公共利益的诉讼请求才能称之为公益诉讼请求。二是利益归属上的公益性。消费民事公益诉讼中，如果诉讼请求获得了法院实体判决的支持，那么其利益既不归属于提起诉讼的适格主体，也不归属于某一具体的受害消费者个人，而应当属于社会整体所享有。三是在诉讼的程序推进过程中，法官对于消费民事公益诉讼请求的审查、审理或裁判也应将公益性作为主要原则。与此同时，公益性特质还要求法官以公益性为中心对诉讼请求进行释明。法官应根据释明与请求的变更情况，将不能充分维护公共利益的诉讼请求排除在实体判决之外。

（二）分离性

消费民事公益诉讼请求的分离性是指民事公益诉讼请求起诉主体与利害关系主体的分离。起诉主体与直接利害关系人的分离是民事诉讼法独立于民事实体法的重要历程，促进了民事诉讼的深远发展。起初，适格主体只能是利害关系人。随着诉权理论的发展，财产代管理人等非直接利害关系人，借助诉讼担当理论成为民事诉讼程序中的原告。民事公益诉讼出现后，

---

① 《中华人民共和国民事诉讼法》（2023年修订版）第58条第1款规定，对污染环境、侵害众多消费者合法权益等损害社会公共利益的行为，法律规定的机关和有关组织可以向人民法院提起诉讼。

② 参见杨仕兵：《论消费公益诉讼的界定及其可诉范围》，《齐鲁学刊》2016年第1期。

诉权理论得到进一步发展。为化解公共利益之直接利害关系人缺失或不便起诉的救济难题,具有相对优势的非直接利害关系人基于法律规定获得原告资格。由此,消费民事公益诉讼中诉讼请求的提起主体与利害关系主体发生分离。

基于起诉主体与利害关系主体的分离,民事公益诉讼起诉主体对诉讼请求的处分权能与诉权属性也呈现出不同特性。其一,公益诉讼起诉主体对公益诉讼请求的处分权能较弱。当事人的处分权是直接利害关系人实体处分权在诉讼中的延伸。公益诉讼起诉主体并非是直接利害关系主体,其处分权应当受到立法的限制。加之公益诉讼中,法官的职权色彩较强,公益诉讼起诉主体对公益诉讼请求的处分权能也会在其与法官职权的此消彼长关系中受到牵制。所以,公益诉讼起诉主体对公益诉讼请求的实体性处分权明显弱于私益诉讼起诉主体对私益诉讼请求的实体性处分权。其二,公益诉讼起诉主体提起公益诉讼请求具有责任属性。私益诉讼中,原告提起诉讼并作权利主张是个人权利之自由处分结果。按照"理性人"假设,原告会基于个人权利的保护而作出是否提起或提起何种诉讼请求的决定。公益诉讼则有所不同,公益诉讼起诉主体并非是直接利害关系主体,原告的诉请动力主要来源于工作职责或者是使命感。可以说,公益诉讼起诉主体是被赋予了责任属性的原告,是否提起以及提起何种诉讼请求均以公共利益维护为中心依据。

(三) 多元性

消费民事公益诉讼请求的多元性主要指消费民事公益诉讼请求相关主体之间利益样态的多元化。虽然诉讼请求在形式上仅表现为原告一方的主张或是需求,但就内部利益关系来说,却牵涉原告、被告与法院之间的不同利益形态。具体来说,诉讼请求事关原告救济利益的程序满足,事关被告生活秩序的安定保障,同时也事关法院对司法资源的有效利用。可以说,民事诉讼请求融合了原告、被告和法院的不同利益元素,是一种多元利益样态的兼容体。而民事公益诉讼起诉主体与利害关系主体的分离状态,更加凸显了民事公益诉讼请求各相关主体之间的多元利益特性。

在公益诉讼中,民事公益诉讼请求不仅涉及原告利益、被告利益和法院利益,而且还涉及公共利益。如前所述,民事公益诉讼的原告与直接利害关系主体相分离。如果说民事公益诉讼的原告、被告和法院之间是一种外部利益样态,那么原告作为起诉主体与公共利益的实质享有主体之间还存在着一种内部利益样态。这种内部利益样态主要体现在原告所享有的程序权利对实质权利主体之利益保障的满足与被满足上。换言之,即原告提起的诉讼请求是否能够充分代表或真正忠实于公共利益。当原告利益与公共利益表现不一致时,就会出现内部利益关系的混乱。如此,不仅不利于公共利益的维护,同时还会间接影响外部利益关系的协调。例如,原告以自身或第三人经济利益为目的提起或处分诉讼请求,极有可能会对公共利益造成不当侵害。又如,原告在公益诉讼中只提出部分诉讼请求,必然会增大另行起诉的可能性。在浪费诉讼资源的同时,也给被告带来了额外的诉累。多元利益样态的存在要求法官应对原告所提诉讼请求施予更多的职权关注,避免诉权滥用的产生进而影响公共利益的维护。总之,消费民事公益诉讼请求的合理适用应以民事公益诉讼多元利益关系的妥善处理为前提条件。

(四) 异质性

消费民事公益诉讼请求的异质性特点集中体现在诉讼请求的实体请求权依据上。理论上,请求权是诉讼请求的内容依据,请求权的表现形态决定了诉讼请求的具体内容。受民事公益诉讼特殊性的影响,民事公益诉讼请求之请求权性质也呈现特殊之处。具体包括:其一,民事公益诉讼中的实体请求权是一种形式性的实体请求权。民事公益诉讼中的实体请求权并非直接源于利害关系人所享有的实体权利,而是源于立法的形式赋权。换言之,民事公益诉讼的起诉主体并不具备实质性的实体权利,只是在形式上享有提起公益诉讼请求的诉权。其二,民事公益诉讼中的实体请求权是一种具有利他属性的实体请求权。基于民事公益诉讼请求的公益性,消费民事公益诉讼实体请求权的适用目的是消费公共利益。与私益诉讼实体请求权的利己驱动力不同,公益诉讼实体请求权代表着一种更高层次的利他型追求。利益形态的差异以及起诉主体与利益内容之间的不同关系,决定了民事公益诉讼请求权的形态或类型不可能与私益诉讼请求权相同。其三,民事公益诉讼的实体请求权只能通过法律所特定的形式加以实现。一般而言,民事权利主体的实体权利请求既可以通过诉讼的方式得以实现,也可以通过其他合法形式实现。例如,在民事法律关系中,当物权被侵犯后,权利主体既可以提起诉讼通过司法途径解决,也可以与侵权者私下沟通并协商解决。由于民事公益诉讼中的实体请求权主体并非直接利害关系人,所以起诉主体的处分权能受到一定限制。除非是在法律规定的特定程序中,否则起诉主体不具有对该项请求权进行私自处分的权利。

二、与其他类型公益诉讼请求的区别

除与私益诉讼请求形成区别外,消费民事公益诉讼请求的特殊之处还表现在与行政公益诉讼请求、环境民事公益诉讼请求以及英烈保护民事公益诉讼请求的区别上。

(一) 与行政公益诉讼请求的区别

行政公益诉讼指向国家行政机关作出的乱作为行为以及不作为行为。[①]具体来说,包括不当履职等乱作为行为,以及不执行罚款、不履行监管义务等

---

① 参见姜涛:《检察机关提起行政公益诉讼制度:一个中国问题的思考》,《政法论坛》2015年第6期。

不作为行为。行政公益诉讼能够弥补行政管理漏洞并且提升依法行政水平。① 随着相关立法的不断完善,我国行政公益诉讼的适用规则逐渐明晰。② 近年来,我国消费领域内的行政公益诉讼案件已经形成并积累了一系列的典型案例,③推动了我国行政公益诉讼的发展。

行政公益诉讼请求是适格主体在行政公益诉讼中提出的公益性请求。消费民事公益诉讼请求与行政公益诉讼请求的区别表现在:其一,诉讼请求的主张对象不同。消费民事公益诉讼请求的权利主张对象是侵害消费公共利益的不法经营者。除通常理解的生产者、销售者与服务提供者以外,还应当包括柜台租赁者、网络服务提供者和广告经营者等。④ 行政公益诉讼请求的权利主张对象是具有执法权能的行政机关,包括市场监督管理部门、卫生行政部门、广电新闻出版局等相关部门。其二,诉讼请求的主要目的和内容不同。消费民事公益诉讼请求的提起原因是不法经营行为威胁或侵害了消费公共利益,适用目的是制止不法侵害行为、预防不法侵害结果或是损害救济。消费民事公益诉讼请求在内容上主要表现为请求停止侵害、请求排除妨碍、请求消除危险以及请求赔偿损失等。行政公益诉讼中,检察机关提起诉讼请求旨在督促行政主管部门积极履责,以整顿市场经济秩序,间接维护消费公共利益。由于

① 参见王太高:《论行政公益诉讼》,《法学研究》2002 年第 5 期。
② 例如,《检察公益诉讼解释》第 21 条第 3 款规定,行政机关不依法履行职责的,人民检察院依法向人民法院提起诉讼。《公益诉讼办案规则》第 83 条规定,人民检察院可以根据行政机关的不同违法情形,向人民法院提出确认行政行为违法或者无效、撤销或者部分撤销违法行政行为、依法履行法定职责、变更行政行为等诉讼请求。依法履行法定职责的诉讼请求中不予载明行政相对人承担具体义务或者减损具体权益的事项。
③ 例如,《第九届(2019 年度)十大公益诉讼案件之五:山东滨州市滨城区人民检察院诉滨城区食品药品监督管理局不依法履职行政公益诉讼案》,2020 年 4 月 30 日,见 https://www.pkulaw.com/pal/a3ecfd5d734f711da42cb0e6581b29cbacc85d7e433e49efbdfb.html;《广东省检察机关维护食品药品安全消费公益诉讼典型案例之六:五华县广播电视台与五华县市场监督管理局等食品药品安全行政监督案——电视台播放虚假医药广告》,2020 年 3 月 13 日,见 https://www.pkulaw.com/pal/a3ecfd5d734f711d8718287643626b9cc30ba61e2cc2ba5abdfb.html。
④ 参见杜万华主编:《最高人民法院消费公益诉讼司法解释理解与适用》,人民法院出版社 2016 年版,第 53—54 页。

是以督促为目的,所以诉讼请求一般表现为确认违法等确认请求权。其三,起诉主体和起诉程序要求不同。民事公益诉讼的起诉主体既可以是检察机关,又可以是消费者协会。而行政公益诉讼的适格主体仅局限于检察机关。检察消费民事公益诉讼请求的适用前提是消费者团体不提起公益诉讼。检察机关应在起诉前履行公告程序,30 日内没有适格主体提起诉讼时,具备向人民法院提起公益性诉讼的资格。① 检察行政公益诉讼请求的程序前提是行政机关在收到检察机关要求其积极履职的建议之后,无理由拒不整改,或是虽然进行了整改,但是整改不到位。②

(二) 与环境民事公益诉讼请求的区别

环境民事公益诉讼指向环境污染、生态破坏等环境公益侵害行为。广义上的环境民事公益诉讼包括以国家利益为中心的国益诉讼、以众多受害人利益为宗旨的众益诉讼和以环境公共利益为基础的纯粹公益诉讼。狭义上的环境民事公益诉讼仅指纯粹意义上的环境公益诉讼。环境民事公益诉讼与消费民事公益诉讼是我国典型的两种公益诉讼制度,在救济公共利益和推动公益诉讼理论发展方面发挥了非常重要的作用。与消费民事公益诉讼相比,环境民事公益诉讼的发展更加多样,专门构建了救济环境公益损害的生态损害赔

---

① 《检察公益诉讼解释》第13条规定,人民检察院在履行职责中发现破坏生态环境和资源保护,食品药品安全领域侵害众多消费者合法权益,侵害英雄烈士等的姓名、肖像、名誉、荣誉等损害社会公共利益的行为,拟提起公益诉讼的,应当依法公告,公告期间为三十日。公告期满,法律规定的机关和有关组织、英雄烈士等的近亲属不提起诉讼的,人民检察院可以向人民法院提起诉讼。

② 《检察公益诉讼解释》第21条规定,人民检察院在履行职责中发现生态环境和资源保护、食品药品安全、国有财产保护、国有土地使用权出让等领域负有监督管理职责的行政机关违法行使职权或者不作为,致使国家利益或者社会公共利益受到侵害的,应当向行政机关提出检察建议,督促其依法履行职责。行政机关应当在收到检察建议书之日起两个月内依法履行职责,并书面回复人民检察院。出现国家利益或者社会公共利益损害继续扩大等紧急情形的,行政机关应当在十五日内书面回复。行政机关不依法履行职责的,人民检察院依法向人民法院提起诉讼。

偿诉讼制度。生态环境损害赔偿诉讼是行政机关向义务主体提出的针对生态环境利益损害的赔偿诉讼,在本质上也属于环境公益诉讼。① 依现有法律规定,环境民事公益诉讼中的适格主体除检察机关以外,还包括在市级以上相关部门登记的专门从事公益保护活动且无犯罪记录的环境组织。② 环境公益诉讼具有预防功能、救济功能、执行与适用法律功能、生成权利功能、形成环境政策功能以及促进社会变革等功能。③

　　消费民事公益诉讼请求与环境民事公益诉讼请求的区别在于:其一,逻辑起点不同。消费民事公益诉讼请求的逻辑起点是消费领域的公共利益,环境民事公益诉讼请求的逻辑起点是环境领域的公共利益。尽管二者都属于公共利益,具有共享性、整体性和不可分性等公共利益属性,但是在内容上却极不相同。消费公共利益由不特定多数消费者的人身权、财产权、信息权、知情权等合法权益抽象而成。环境公共利益是一种与环境相关且区别于人身权和财产权的利益内容。环境民事公益诉讼救济环境本身的损害,而非受害者个人的人身权和财产权损害。④ 具体来说,环境公益诉讼的救济对象包括作为环境公共利益的环境要素、自然资源、生态系统的损害。⑤ 其二,诉讼请求内容不同。消费民事公益诉讼请求与环境民事公益诉讼请求在禁令型请求方面具有一致性,区别主要表现在损害赔偿请求等财产型请求方面。环境公共利益

---

　　① 参见李浩:《生态损害赔偿诉讼的本质及相关问题研究——以环境民事公益诉讼为视角的分析》,《行政法学研究》2019 年第 4 期。
　　② 《中华人民共和国环境保护法》第 58 条规定,对污染环境、破坏生态,损害社会公共利益的行为,符合下列条件的社会组织可以向人民法院提起诉讼:(一)依法在设区的市级以上人民政府民政部门登记;(二)专门从事环境保护公益活动连续五年以上且无违法记录。符合前款规定的社会组织向人民法院提起诉讼,人民法院应当依法受理。
　　③ 参见肖建国、黄忠顺:《环境公益诉讼基本问题研究》,《法律适用》2014 年第 4 期;陈虹:《环境公益诉讼功能研究》,《法商研究》2009 年第 1 期。
　　④ 参见吕忠梅:《环境公益诉讼辨析》,《法商研究》2008 年第 6 期;王小钢:《论环境公益诉讼的利益和权利基础》,《浙江大学学报(人文社会科学版)》2011 年第 3 期。
　　⑤ 参见竺效:《论环境民事公益诉讼救济的实体公益》,《中国人民大学学报》2016 年第 2 期。

的赔偿范围应当包括预防恢复费用、环境损害费用、诉讼相关费用以及后期相关研究费用。① 消费民事公益诉讼中的损害赔偿范围包括合理的预防费用、诉讼费用以及不法经营行为造成的公共利益损害。消费公共利益损失往往更加抽象,无法借助恢复原状(物理状态)等手段予以实现。

(三) 与英烈保护民事公益诉讼请求的区别

英烈保护民事公益诉讼主要适用于侵害英雄烈士名誉权、荣誉权、肖像权等侵权案件。英烈保护公益诉讼中的英雄烈士可以是被政府授予烈士证书、载入烈士名录或者是在权威报道中予以说明的烈士人物,也可以是以官方形式做出表彰和授予荣誉称号,被宣传学习的模范人物等。② 区别于一般民事主体所提起的人格权诉讼,适格主体提起英烈保护民事公益诉讼请求的根本目的在于维护公共利益,即英雄烈士所代表的英雄精神、民族精神以及国家精神中所蕴含的公共利益内容。

消费民事公益诉讼请求与英烈保护民事公益诉讼请求具有以下区别:其一,诉讼请求的提起主体不同。消费民事公益诉讼的起诉主体包括检察机关和消费者协会。英烈保护民事公益诉讼中的起诉主体是检察机关和英烈近亲属。其中,近亲属既可以提起私益性质的诉讼请求,也可以提起公益性质的诉讼请求。③ 没有或是近亲属不提起公益诉讼时,检察机关可提起公益性诉讼请求。其二,诉讼请求的逻辑起点不同。消费民事公益诉讼请求的逻辑起点是消费公共利益,而英烈保护民事公益诉讼请求的逻辑起点是英烈人格利益所辐射到的公共利益。尽管均属于公共利益,但是却具有不同的利益特点。

---

① 参见中华环保联合会课题组:《环境公益诉讼损害赔偿金研究》,《中国环境法治》2014年第2期。

② 参见康天军:《英烈保护司法实务问题探析》,《法学论坛》2018年第6期。

③ 参见黄忠顺:《英烈权益诉讼中的诉讼实施权配置问题研究——兼论保护英雄烈士人格利益的路径抉择》,《西南政法大学学报》2018年第4期。

依据 W.Leisner(莱斯纳)教授关于公共利益的分类,①消费公共利益应当属于由多数人生命权、健康权所构成的公共利益,而英烈人格利益则更类似于由少数或个别私益转化而形成的公共利益。前者主要涉及小额分散型利益,不具有通过私益诉讼获得救济的期待性。后者是蕴含英雄精神以及民族与国家精神的公共利益。其三,诉讼请求的本体内容不同。消费民事公益诉讼请求之本体内容较为多样,既包括适用于绝对权的停止侵害、排除妨碍、消除危险、赔礼道歉等请求权,也包括适用于合同权利的确认无效请求权。而英烈保护民事公益诉讼请求则更多地涉及人格类请求权。

三、消费民事公益诉讼请求的构造特点

从内部逻辑构造来看,消费民事公益诉讼请求在逻辑起点、请求权类型和实体判决要件三方面具有独特之处。

(一) 消费民事公益诉讼请求之逻辑起点

消费民事公益诉讼请求的逻辑起点是公共利益。如前所述,诉讼请求的逻辑起点是民事权利体系中的基础性权利,基础性权利的侵害行为和侵害结果是原告提起民事诉讼请求的原因所在。如果说私益诉讼中诉讼请求的逻辑起点是消费者的个人权利,那么消费民事公益诉讼请求的逻辑起点就是消费领域内的公共利益。一般而言,利益获得诉讼救济的前提是利益的权利化,即利益通过立法的方式升级为权利。随着消费者立法的发展和完善,消费者个人利益的救济可以借助现有的实体法律规范探寻特定的权利基础,顺利进入

---

① W.Leisner 教授认为三种私益可以上升为公益:1.不确定多数人之利益;2.生命、健康等体现某些品质的利益;3.少数的特别数量的私益。参见陈新民:《德国公法学基础理论》(增订新版)上卷,法律出版社 2010 年版,第 252—253 页。

诉讼通道,并获得司法保障。现行《消费者权益保护法》中规定的实体权利,①基本能够满足消费者个人利益的司法救济需要。而消费公共利益却不同。在传统观念下,消费公共利益通过职能部门对市场秩序的监管和维护间接实现。由于主要是依赖于行政执法手段加以救济,所以相比消费者个人权利而言,消费公共利益的权利化基础明显薄弱。确切地说,消费公共利益目前尚未被立法赋予权利内涵。尽管如此,消费公共利益也应该是不容置疑的法益保护对象。我国民事公益诉讼制度的设立初衷即是为了对环境、消费领域等众领域的公共利益进行保护。《民事诉讼法》(2023 年修订版)第 58 条第 1 款、《检察公益诉讼解释》第 13 条第 1 款以及《消费公益诉讼解释》第 1 条第 1 款等诸多关于公益诉讼的法律规定,均将消费领域的公共利益明确为法律保护对象。②

然而,不可否认的是,消费公共利益是一个内涵丰富的概念。特别是现有立法中并没有关于公共利益的准确界定,相关内容也只是一种抽象的表达。正因为如此,如何界定消费公共利益,成为适格主体提起诉讼请求和法官对诉讼请求作出实体审理和判决的先决问题。在立法不完善和理论不成熟的现实情况下,法官只能根据个案实际情况,对消费公共利益作抽象化或扩大化的适用解释,以此确定消费公益诉讼请求的逻辑起点。对于消费公共利益的错误认识或者偏差理解,将直接影响消费民事公益诉讼请求的适用根基。如果适用错误,不仅会导致消费民事公益诉讼制度的虚无化,还可能会造成现有法律秩序的混乱。因此,消费公共利益的正当性以及消费公共利益的抽象性要求立法进一步明确消费公共利益的权利内涵和权利属性,抑或是为法官提供个案适用的法解释思路,以此确保消费民事公益诉讼请求的合理化

---

① 相关权利立法内容参见《中华人民共和国消费者权益保护法》第 7—15 条。具体包括:1.人身、财产安全的权利;2.知情的权利;3.自主选择的权利;4.公平交易的权利;5.获得求偿的权利;6.结社的权利;7.受教育的权利;8.受尊重的权利;9.监督、批评、建议的权利。

② 《中华人民共和国民事诉讼法》第 58 条第 1 款、2018 年《检察公益诉讼解释》第 13 条第 1 款、《消费公益诉讼解释》第 1 条第 1 款。具体论证详见本书第五章第一节第一部分(一)1"关于逻辑起点的立法情况"相关内容。

适用。

（二）消费民事公益诉讼请求之请求权类型

消费民事公益诉讼中的各类请求权应当满足公共利益的救济需求。请求权是民事诉讼请求的本体内容,是救济基础性权利的手段性权利。消费民事公益诉讼中的请求权应当区别于私益诉讼中的请求权。私益诉讼中的请求权以救济消费者个人利益为直接目的。我国《民法典》《消费者权益保护法》《产品质量法》《食品安全法》《广告法》《合同法》等相关立法对消费者个人权利的保障提供了较为全面的请求权类型。以《消费者权益保护法》为例。在人身安全受到侵害的情况下,消费者可以根据该法第 49 条的规定提起相应的赔偿请求。[1] 在人格权、自由权或信息权受到侵害的情况下,消费者有权提起该法第 50 条规定的停止侵害等请求。[2] 在财产权受到侵害的情况下,消费者可以提起该法第 52 条规定的补救请求或者赔偿请求。[3] 因欺诈而侵犯消费者知情权的,受害消费者可以提起该法第 55 条规定的惩罚性赔偿请求。[4] 《消费公益诉讼解释》《公益诉讼办案规则》《公益诉讼实施办法》(已失效)对于

---

[1] 《中华人民共和国消费者权益保护法》第 49 条规定,经营者提供商品或者服务,造成消费者或者其他受害人人身伤害的,应当赔偿医疗费、护理费、交通费等为治疗和康复支出的合理费用,以及因误工减少的收入。造成残疾的,还应当赔偿残疾生活辅助具费和残疾赔偿金。造成死亡的,还应当赔偿丧葬费和死亡赔偿金。

[2] 《中华人民共和国消费者权益保护法》第 50 条规定,经营者侵害消费者的人格尊严、侵犯消费者人身自由或者侵害消费者个人信息依法得到保护的权利的,应当停止侵害、恢复名誉、消除影响、赔礼道歉,并赔偿损失。

[3] 《中华人民共和国消费者权益保护法》第 52 条规定,经营者提供商品或者服务,造成消费者财产损害的,应当依照法律规定或者当事人约定承担修理、重作、更换、退货、补足商品数量、退还货款和服务费用或者赔偿损失等民事责任。

[4] 《中华人民共和国消费者权益保护法》第 55 条规定,经营者提供商品或者服务有欺诈行为的,应当按照消费者的要求增加赔偿其受到的损失,增加赔偿的金额为消费者购买商品的价款或者接受服务的费用的三倍;增加赔偿的金额不足五百元的,为五百元。法律另有规定的,依照其规定。经营者明知商品或者服务存在缺陷,仍然向消费者提供,造成消费者或者其他受害人死亡或者健康严重损害的,受害人有权要求经营者依照本法第四十九条、第五十一条等法律规定赔偿损失,并有权要求所受损失二倍以下的惩罚性赔偿。

民事公益诉讼的请求权类型均有相关涉及。① 《消费公益诉讼解释》是关于消费民事公益诉讼的专门性解释。该法第 13 条通过"列举+概括"的方式对消费民事公益诉讼的请求权作了特别规定。其中，明确规定的请求权包括请求停止侵害、请求排除妨碍、请求消除危险的禁令型请求权，请求赔礼道歉的人格型请求权，请求确认无效的确认型请求权。此外，该条以"等"字作为兜底性概括规定。② 从积极的意义上来看，该种立法形式既为诉讼请求的具体适用提供了明确的适用依据，又为请求权类型的合理拓展留出空间。从消极的意义上来看，一方面是该条内容过于概括和简单，未能作出细致规定。另一方面是"等"字收尾的概括规定，还容易引发争议。赔偿请求权是否能适用于消费民事公益诉讼中，在理论和实践中的争议最大。③

现有公益诉讼立法中关于请求权的规定，是在消费公共利益尚不完全明确或是尚未具体化的情况下，为满足消费公共利益的救济需求和消费公益诉讼制度的运转需求而作出的权宜规定。为确保公共利益的充分救济，消费民事公益诉讼请求的请求权类型既不能套用私益诉讼的规定，也不能脱离消费公共利益的利益特性作扩大解释。而应当在消费公共利益具体化的前提下形成有针对性的适用规定，这也符合法律的统一适用要求。

（三） 消费民事公益诉讼请求之实体判决要件

消费民事公益诉讼请求获得法院实体判决应满足特殊的要件要求。学理上来讲，只有符合判决之必要性和实效性的诉讼请求才具有获得法院实体判

---

① 关于公益诉讼请求权类型的规定，可参见本书第五章第一节第一部分（一）2"关于请求权类型立法情况"相关内容。

② 《消费公益诉讼解释》第 13 条规定，原告在消费民事公益诉讼案件中，请求被告承担停止侵害、排除妨碍、消除危险、赔礼道歉等民事责任的，人民法院可予支持。经营者利用格式条款或者通知、声明、店堂告示等，排除或者限制消费者权利、减轻或者免除经营者责任、加重消费者责任，原告认为对消费者不公平、不合理主张无效的，人民法院应依法予以支持。

③ 相关争议详见本书第三章第一节"请求权类型的比较考察与争议梳理"相关内容。

决的资格。传统民事诉讼主要依据私权救济理念而设计。私益诉讼中,立法虽然没有明确实体判决要件的概念,但是相关内容也均有所涉及。① 此外,关于实体判决要件的理论研究也形成了一定的积累。② 在私益诉讼中,法官只需要根据既有规定和裁判规则作统一审查即可。然而公益诉讼却有所不同。由于消费民事公益诉讼请求呈现诸多的特殊性,因而不能与私益诉讼中的相关规则完全适配。另外,消费民事公益诉讼制度尚处于构建与完善阶段,现有相关立法内容多数是零散笼统的规定,完整度与细致度相对不足。消费民事公益诉讼请求之实体判决要件的设置需要协调好内部和外部两个维度的问题。

从内部维度来看,消费民事公益诉讼请求的公益性本质、诉讼请求与直接利害关系人的分离性、诉讼请求中相关主体的多元利益样态以及公益诉讼请求权的异质性等特点对消费民事公益诉讼请求的实体判决提出了特殊要件要求。相比私益诉讼请求而言,消费民事公益诉讼请求的提起和处分需要更多的程序保障和职权干预。法院在对诉讼请求作出实体判决之前,应当对诉讼请求是否具有公益性,是否能够充分维护公共利益等内容进行全面审查并作出相应的释明。如果原告所提诉讼请求不利于或不能全面维护公共利益,法院应当通过释明要求原告进行更正,否则将不能作出实体判决。另外由于原告并非直接利害关系起诉主体,而且具有原告资格的适格主体又具有多元性,为了确保程序适用的正当性,法院还应对原告诉权滥用以及重复诉讼等问题给予更多的职权关注。

---

① 相关规定如,《中华人民共和国民事诉讼法》(2023 年修订版)第 122 条、第 127 条,《民事诉讼法解释》第 215 条、第 216 条、第 247 条。我国立法中虽然存在关于实体判决要件的相关内容,但是却将实体判决要件当作起诉要件加以理解和适用。

② 相关研究如,张卫平:《起诉条件与实体判决要件》,《法学研究》2004 年第 6 期;毕玉谦:《民事诉讼起诉要件与诉讼系属之间关系的定位》,《华东政法学院学报》2006 年第 4 期;郑金玉:《我国民事诉讼实践中的诉讼要件问题》,《甘肃政法学院学报》2009 年第 3 期;闫宾:《民事诉讼要件论》,西南政法大学 2012 年博士学位论文;孟涛:《民事诉讼要件理论研究》,重庆大学 2009 年博士学位论文。

从外部维度来看,消费民事公益诉讼请求的实体判决需要处理好与私益诉讼、行政执法以及行政公益诉讼等各类救济方式的不同顺位关系。如果处理不当,极易造成对原有救济秩序的破坏。其一,民事公益诉讼请求与私益诉讼请求是不同性质的诉请类型,二者归属于不同的诉权主体。如果适格主体在民事公益诉讼中提起私益性赔偿请求或是将赔偿金直接分配给私益主体,不仅是对私益性诉权的破坏,也是对被告平等对抗之程序权利的侵害。其二,消费民事公益诉讼请求的实体判决应当以穷尽其他公益性救济手段为前提。行政执法具有救济公共利益的应然优势。事实上,相比民事公益诉讼而言,警告、罚款、没收违法所得等行政执法手段能够更为直接、高效且有力地维护公共利益。其三,在公益诉讼内部,行政公益诉讼请求通常应当优先于民事公益诉讼请求。适格主体提起行政公益诉讼请求的主要目的在于发挥监督或督促作用,促使行政部门积极履责,妥当且充分地维护公共利益。如果行政公益诉讼的提起可以更为快捷地制止不法侵害行为并且达到公益维护目标,那么行政公益诉讼请求就应优先提起。在行政公益诉讼请求不发挥作用或不能全面救济公共利益时,适格主体才具有启动民事公益诉讼的合理性。

综上,合理设置消费民事公益诉讼请求的实体判决要件是消费民事公益诉讼请求适法性的基本保障,也是消费民事公益诉讼程序价值的理性要求。

小　　结

民事诉讼请求是民事诉讼的核心内容。对于民事诉讼请求的理解应从两方面展开:一是原告以基础性权利为逻辑起点,指向被告的一种请求权主张;二是原告向法院提出的实体判决要求。学理上,诉讼请求是逻辑自洽的理论体系。从结构上来看,作为逻辑起点的基础性权利,作为本体内容的请求权和作为程序要求的实体判决要件是民事诉讼请求的完整表达。从功能上来看,诉讼请求的法律和社会效果使其具有实用价值。从要求上来看,诉讼请求的实体理性与程序理性表明诉讼请求应符合特定的伦理或价值理念。

我国消费民事公益诉讼是由检察机关和消费者协会作为适格主体提起的,以消费公共利益为根本救济目标的诉讼制度,与德国的团体诉讼制度具有相似性。在消费民事公益诉讼的制度定位内,消费民事公益诉讼请求特指由法律所明确赋权的适格主体,即由检察机关和消费者协会提起的,旨在维护和救济消费公共利益的公益性诉讼请求。

消费民事公益诉讼请求是特殊的民事诉讼请求。区别于一般的民事诉讼请求,消费民事公益诉讼请求呈现公益性、分离性、多元性和异质性。与行政公益诉讼请求和其他类型的民事公益诉讼请求相比,消费民事公益诉讼请求呈现不同特点。特殊之处的存在致使消费民事公益诉讼请求具有区别于其他民事诉讼请求的逻辑起点、请求权类型和实体判决要件。根据我国消费民事公益诉讼的制度特点,消费民事公益诉讼请求的逻辑起点应是消费领域内的公共利益,请求权类型应满足消费公共利益的直接救济需求。与此同时,消费民事公益诉讼请求的实体判决也应契合于民事公益诉讼的程序特点。

第二章　消费民事公益诉讼请求之逻辑起点的具体化表达

　　逻辑起点是诉讼请求的源头与目的。消费民事公益诉讼请求之逻辑起点的具体化表达，是探究适格主体可以根据何种实体权益内容提起诉讼请求的问题。明确消费民事公益诉讼请求的逻辑起点是对消费民事公益诉讼请求进行理论研究的先决条件。

　　本章主要结合现有相关研究资料，认识公共利益并提炼公共利益的基本特点。在此基础上，剖析消费公共利益的相关争议，并尝试借助消费者权利概念对消费公共利益进行具体化解释，以明确消费民事公益诉讼请求之逻辑起点。

第一节　消费公共利益的基本认识

　　消费民事公益诉讼请求的主要目标是救济消费公共利益。消费公共利益属于公共利益的一种类型。本节内容主要根据现有公共利益相关研究成果，提炼公共利益的基本特征。在此基础上，对消费公共利益展开分析，并提出"公共利益具体化"解释思路。

一、公共利益的内涵与特征

从语源上分析,"公"和"私"最初是罗马法规定中的范畴。公共领域建立在讨论和诉讼形式的对谈之上,建立在战争、竞技的共同实践活动上。而私人领域则主要体现在生的欲望和生活必需品的获得上。① 自有"公""私"之分以来,公共利益一直备受学界关注。在亚里士多德的《政治学》中,公共利益即为公利,是原型的政体。具言之,公共利益是君主政体(Kingship)、贤能政体(Aristocracy)、混合政体(Polity)之主要目的。② 在《阿奎那政治著作选》中,阿奎那认为公共利益即公共福利和公民普遍利益,是法律制定时所应考虑的不同要素。③ 在《利维坦》一书中,霍布斯认为个人利益与公共利益并不存在分歧。公共利益和个人利益一致的情况中,公共利益就最大。④

近现代以来,亦有不少学者对公共利益进行分析。以边沁为代表的"个人利益总和说"将公共利益视为是共同体成员的利益总和。⑤ 以哈耶克为代表的"普遍利益说"认为在大多数情况中,相比政府组织提供的特定服务,自发社会秩序为普遍利益提供的东西更为重要。⑥ 以庞德为代表的"政治社会请求说",认为法律中的利益是人类社会个人所提出的请求。公共利益是作为法律实体的有组织的政治社会的请求。⑦

---

① 参见[德]尤尔根·哈贝马斯:《公共领域的结构转型》,曹卫东等译,学林出版社 1999 年版,第 3—4 页。

② 参见邓正文:《细读〈政治学〉》,生活·读书·新知三联书店 2019 年版,第 239—240 页。

③ 参见何勤华主编:《西方法学名著述评》,武汉大学出版社 2007 年版,第 52 页;李龙:《西方法学名著提要》,江西人民出版社 2005 年版,第 86 页。

④ 参见[英]霍布斯:《利维坦》,黎思复、黎廷弼译,商务印书馆 1985 年版,第 130 页。

⑤ 参见[英]边沁:《道德与立法原理导论》,时殷红译,商务印书馆 2000 年版,第 58 页。

⑥ 参见[英]弗里德利希·冯·哈耶克:《法律、立法与自由》第一卷,邓正来等译,中国大百科全书出版社 2000 年版,第 219 页。

⑦ 参见[美]庞德:《法理学》第三卷,廖德宇译,法律出版社 2007 年版,第 18 页。

在我国,关于公共利益的研究也是众说纷纭。一部分学者力图对公共利益作出一般化的阐释。如,有的学者认为,公共利益是由社会成员所共同享有的,符合伦理正当性且以非营利为目的的利益。① 有学者认为,公共利益即所有的私人利益总和。② 有学者认为,公共利益是体现社会全体或大多数成员需要和共同意志,并使之共同受益的利益。③ 有学者认为,公共利益是内容不确定的,社会成员所共享的公共服务。④ 有学者认为,公共利益是全社会范围的共同利益。⑤ 另外一部分学者尝试构建公共利益的认定标准。有的学者借用"量广质高"的理论,主张应通过数量多寡(受益人数量)和质量高低(生活需求强度)之实体标准来判断公共利益的层次。⑥ 有的学者依托"需求溢出理论",主张应通过利益冲突、法律途径和价值比较的标准来认定公共利益。⑦ 还有学者主张应通过实体和程序两方面明确公共利益的认定。在实体方面将价值位阶、比例原则确立为公共利益的认定原则,在程序方面制定具有形式公正和程序公正的公共利益公开机制。⑧

总体上来说,以上观点莫衷一是。鉴于公共利益内涵丰富且呈现多元面

---

① 参见王德新:《法哲学视野下"公共利益"概念之辨析》,《中国农业大学学报(社会科学版)》2011 年第 3 期。

② 参见张千帆:《"公共利益"是什么? ——社会功利主义的定义及其宪法上的局限性》,《法学论坛》2005 年第 1 期。

③ 参见周义程:《公共利益、公共事务和公共事业的概念界说》,《南京社会科学》2007 年第 1 期。

④ 参见冉克平:《论"公共利益"的概念及其民法上的价值——兼评〈合同法〉第 52 条之规定》,《武汉大学学报(哲学社会科学版)》2009 年第 3 期。

⑤ 胡小红:《公共利益及其相关概念再探讨》,《学术界》2008 年第 1 期。

⑥ "量高质广"理论由德国学者 W.Klein 提出,陈新民教授在《德国公法学基础理论》中引用该理论分析公共利益。参见陈新民:《德国公法学基础理论》(增订新版)上卷,法律出版社2010 年版,第 256 页。

⑦ 在"需求溢出"理论下,公共利益的认定标准包括:1.利益冲突标准。只有在一项利益与其他利益存在冲突的情况下,该项利益才可能构成公共利益;2.法律途径标准。只有当适用公共利益是解决该利益冲突的最佳法律途径时,才可能存在公共利益问题;3.价值比较标准。只有一方利益具有压倒性的正义优势时,才能构成公共利益。参见刘太刚:《公共利益法治论——基于需求溢出理论的分析》,《法学家》2011 年第 6 期。

⑧ 高志宏:《公共利益观的当代法治意蕴及其实现路径》,《政法论坛》2020 年第 2 期。

貌,笔者认为,很难对公共利益作出统一性的概念界定。而分析特征的方法则能对公共利益形成更为全面的认识。对此,笔者在本书研究资料范围内,整理了我国学者对公共利益特征的相关论述,尝试在此基础上分析并总结公共利益的基本特征。

通过整理发现,公共利益特征的相关表述包括:"共享性""多数性""不可分割性""广泛性""不明确性""外部性""社会进步性""优先保障性""区域性""时段性""非营利性""不特定性""私益相对性""正当性""普遍性""重要性""非营利性""开放性""非排他性""层次性""价值性""正当程序性""超越个体性""现实性""道德正当性",综合上述表述,笔者认为公共利益的特征至少包括以下几点:

1. 共享性

公共利益是一定范围内的群体所共同享有的一种整体利益。共享性意味着公共利益是一种非排他的且不可分割的利益内容。确切地说,只要是特定群体范围内的个体,都可以平等、合理、开放地享有公共利益的利益内容。

2. 广泛性

公共利益具有对象上和内容上的广泛性。对象上的广泛性是指公共利益的受益主体具有不特定性和多数性的特点。内容上的广泛性是指公共利益包含了众多且广泛的利益内容或是好处。

3. 不确定性

公共利益是不断发展和变化的利益内容。公共利益的不确定性不仅体现在特定时空范围内的不统一认识上,更体现在社会历史的发展变化上。在不同时代,抑或是同一时代不同地域中,对公共利益的认识都可能形成不同的判断标准。

4. 正当性

公共利益是在某一社会历史范围内,被公众或社会所公认的一种正当利益内容。具体来说,公共利益的正当性可能是公众和社会所共同形成的道德上的认可,也可能是法律上的认可,还可能是政策上的认可等。

5. 外部性

公共利益是某一社会领域中的公共物品,具有外部性。公共利益的外部效应主要表现为:(1)虽不属于任何一个人所独自享有,但可以使每一个人获得满足;(2)在公共利益遭到破坏之后,任何的个体利益都会受到牵连。

6. 重要性

公共利益是社会生活中的重要利益内容。公共利益是超越个人利益的一种较高价值位阶的利益,它对个人、社会甚至是国家利益都有重要影响。正是由于公共利益具有重要的价值,所以应当在社会生活中给予特殊的保护。

7. 层次性

公共利益的内容具有一定的层次性。公共利益的层次性表现为不同价值位阶、不同性质表现、不同紧迫程度的公共利益内容。内容上的层次性使得公共利益形成丰富的利益体系,同时也决定了公共利益保障的层次性或顺位性。

二、消费公共利益的相关争议

消费公共利益是公共利益的一种特殊类型,具有公共利益的一般特性。根据消费公共利益的认定应以受害消费者人数为标准,还是以利益内容属性为标准,形成了"众多说""不特定多数说""综合说"和"主观利益说""客观利益说"的不同认识。

(一) 关于受害者人数的争议

在受害者人数标准框架内,以受害者是"数量众多",还是"不特定多数"为标准,形成三种观点,即"众多说""不特定多数说"和"综合说"。

1. 众多说

"众多说"认为消费公共利益应以人数众多为认定标准,只要受害消费者人数众多,不论人数是否能够特定,都应当认定为消费公共利益,并可以此为基础提起消费公益诉讼。该观点中,以人数多寡的不同,又形成"十人说"和"二百人说"。"十人说"认为"众多"等同于数量多,即受害消费者数量不少于 10 人。① "二百人说"认为"众多"也即数量多,主张应以 200 人作为认定标准。②

2. 不特定多数说

"不特定多数说"认为消费公共利益应以不特定多数消费者合法权益受损为认定标准,只有不特定多数消费者合法权益受损才可以适用消费公益诉讼。在本书研究资料范围内,多数学者持此观点。列举如下:(1)张卫平教授明确指出,不特定消费者的合法利益构成了社会公共利益,众多特定消费者损害不一定是公共利益损害。③(2)苏号朋教授认为,众多消费者合法权益的标准易使公益诉讼和私益诉讼发生混淆,应按照不特定消费者合法权益且公共利益受损的标准加以认定。④ 此外,2016 年《消费公益诉讼解释》中也进一步将"众多"明确为"不特定多数"。⑤

3. 综合说

"综合说"认为,消费公共利益的认定应当区分人数特定和人数不特定两种情况。综合说以刘俊海教授的观点为代表。他认为,如果受害消费者人数

---

① 参见杜万华主编:《最高人民法院民事诉讼法司法解释逐条适用解析》,法律出版社 2015 年版,第 518 页。

② 参见程新文等:《我国消费民事公益诉讼制度的新发展——〈最高人民法院关于审理消费民事公益诉讼案件适用法律若干问题的解释〉的理解与适用》,《法律适用》2016 年第 7 期。

③ 参见张卫平:《民事公益诉讼原则的制度化及实施研究》《清华法学》2013 年第 4 期。

④ 参见苏号朋:《消费维权公益诉讼制度实践及发展》,《中国国情国力》2015 年第 10 期。

⑤ 《消费公益诉讼解释》第 1 条第 1 款规定,中国消费者协会以及在省、自治区、直辖市设立的消费者协会,对经营者侵害众多不特定消费者合法权益或者具有危及消费者人身、财产安全危险等损害社会公共利益的行为提起消费民事公益诉讼的,适用本解释。

特定,那么超过 200 人以上就应视为消费公共利益受损。如果受害消费者人数不特定,那么本身就构成消费公共利益受损。①

上述几种观点都是围绕受害消费者人数对消费公共利益所作的解释。"众多说"尝试为受害消费者数量界定一个标准。"不特定多数说"否定数量标准的说法,主张只有在受害消费者人数不特定时才能构成消费公共利益损害。"综合说"融合了上述两种不同观点来解释消费领域的公共利益。

笔者认为,就上述三种观点而言,"不特定多数说"更具有合理性。因为如果受害消费者人数是特定的,不论是 10 人,还是 200 人,其本质上都属于众多消费者的个人利益,应当通过共同诉讼或是代表人诉讼的方式予以解决。而只有当受害消费者人数不特定时,才具有了公共利益属性。但是必须注意到的一种情况是,当受害消费者人数在理论上是特定的,但是基于现有技术手段或者资金能力等原因而难以实现特定化,而且众多受害消费者又不具有救济可期待性时,也应当视为是消费公共利益损害。因为上述情况的存在很可能意味着"市场失灵"和"行政失灵"的境况已经发生,所以必须通过专门的公益诉讼程序予以填补,从而对受损的利益内容进行专门救济。

(二) 关于内容属性的争议

围绕消费领域的公共利益是消费者所享有的主观利益,还是市场经济秩序所代表的客观利益形成两种观点,即"消费者主观利益说"和"市场经济秩序客观利益说"。

1. 消费者主观利益说

"消费者主观利益说"即是将消费公共利益与作为市场主体的消费者建立联系,主张消费公共利益是消费者主体权益层面的公共利益。代表性的观点有:"众多消费者易腐蚀合法权益说"和"消费者剩余说"。前者以赵红梅教

---

① 参见刘俊海:《完善司法解释制度 激活消费公益诉讼》,《中国工商管理研究》2015 年第 8 期。

授为代表。她通过"众多消费者易腐蚀合法权益"解释消费公共利益。易腐蚀合法权益是指众多消费者享有的,容易被受害消费者所忽略的,往往采取理性漠不关心的态度加以对待的利益内容。① 后者以陈云良教授为代表。他从经济学的角度,利用"消费者剩余"的概念来解释消费公共利益。消费者愿意支付的最高价款减去商品的实际价款之后的差额即为消费者剩余。在良好的市场秩序中,消费者能够享受质优价廉的商品,消费者剩余和消费者福利较大。消费者剩余减损时,消费者福利也将减损,意味着消费者整体利益和不特定多数消费者的权益受损。② 以上两种观点均从消费者主体视角解释公共利益,所以归入"主观公共利益说"。

2. 市场经济秩序客观利益说

"市场经济秩序客观利益说"是在市场经济秩序层面,将消费公共利益与消费者的生存环境建立联系,主张消费公共利益的内容就是市场经济秩序利益。在较早的公益诉讼研究中,有学者将公益诉讼解释为客观诉讼。认为公益诉讼与个人利益无关,是维护客观公法秩序,纠正违法行为的客观诉讼。③ 随着研究的不断深入,学者在论述惩罚性赔偿公益诉讼、不正当竞争公益诉讼的正当性时,往往会采用广义解释,将经济秩序视为消费公共利益并展开相关论证。如,有学者将消费公共利益解释为交易秩序中的特定好处。④ 还有学者将消费领域中的公共利益之外延扩展至和平、安全等公共秩序和经济秩序领域中。⑤ 上述论证均是从经济秩序层面对消费公共利益的解读。

综上,"消费者主观利益说"主张从消费者主体视角对消费公共利益进行

---

① 参见赵红梅:《有关消费者公益诉讼的三个关键性问题》,《中国审判》2013 年第 6 期。

② 参见陈云良:《反垄断民事公益诉讼:消费者遭受垄断损害的救济之路》,《现代法学》2018 年第 5 期。

③ 参见颜运秋:《公益经济诉讼:经济法诉讼体系的构建》,博士学位论文,中南大学,2006年第 41 页。

④ 参见刘水林:《消费者公益诉讼中的惩罚性赔偿问题》,《法学》2019 年第 8 期。

⑤ 参见赵祖斌:《反不正当竞争公益诉讼:消费者权益保护的另一途径》,《中国流通经济》2020 年第 11 期。

解释,认为消费公共利益是消费者主体权益层面的公共利益。"市场经济秩序客观利益说"主张通过经济秩序界定消费公共利益,认为市场经济秩序层面的公共利益才是消费公共利益。

　　笔者认为,不论是消费者主体权益层面的消费公共利益,还是市场经济秩序利益层面的消费公共利益,都具有不可否认的公共利益属性。此种公共利益的分类,具有一定理论基础。德国学者 Neumann(诺伊曼)认为,主观公共利益可以理解为不确定多数(成员)所涉利益。而客观公共利益则应理解为国家和社会的重要目的。因此,可将客观公共利益等同于国家目的(任务)。①
Hans J. Wolff(汉斯.J.沃尔夫)教授将"不确定人群"的利益称为多元利益,属于特殊的公共利益。将和平的社会秩序等需要经过正确认识的共同利益,称之为是客观的一般公共利益。② 胡锦光教授指出,主观的利益是能被主体感受和认同的利益,客观的利益是不为主体感受到的利益。③ 尽管此种分类具有法理基础,但并不是所有的主观和客观公共利益都可以作为消费民事公益诉讼请求的逻辑起点。消费民事公益诉讼中的公共利益内容应当根据现有公共利益救济手段,以及消费公益诉讼的程序特点作综合判断。总体而言,笔者认为将消费民事公益诉讼请求之逻辑起点限定为主观公共利益更为合理。一方面是因为客观公共利益等同于国家目的或任务,其主要维护者是国家行政职能部门。另一方面,将消费公共利益置于民事公益诉讼中予以救济,更应当尊重民事诉讼程序对于民事主体权利进行救济的初衷和传统。④

---

　　① 参见陈新民:《德国公法学基本理论》(增订新版)上卷,法律出版社 2010 年版,第 233 页。
　　② 参见[德]汉斯·J.沃尔夫等:《行政法》第一卷,高家伟译,商务印书馆 2002 年版,第 326、328 页。
　　③ 参见胡锦光、王锴:《论公共利益概念的界定》,《法学论坛》2005 年第 1 期。
　　④ 具体可参见本章第二节第三部分"主观公共利益属性的消费者权利"相关内容。

三、消费公共利益解释思路的选择

对消费民事公益诉讼请求之逻辑起点形成了两种解释思路,即:"泛公共利益化"和"去公共利益化"。从法律适用和制度发展的角度来看,"公共利益具体化"的解释思路应当是解决消费民事公益诉讼请求之逻辑起点问题的理性方案。

(一)"泛公共利益化"和"去公共利益化"的解释思路

论及消费民事公益诉讼请求之逻辑起点时,学理上对公共利益形成两种解释思路,在此将其归类为"泛公共利益化"和"去公共利益化"。"泛公共利益化"主张在确认消费民事公益诉讼请求之逻辑起点时应当对消费公共利益作泛化解读。该观点认为公共利益包括社会公共利益,以及国家利益两个层次的含义。[①] 公益诉讼的目的是国家和社会公共利益,当经营者的不法侵害行为侵害了国家利益和社会公共利益时,公益诉讼起诉主体就可以提起公益诉讼。[②]"去公共利益化"认为在确定消费民事公益诉讼请求之逻辑起点时,应当去除公益化之绝对要求,主张将不特定消费者个人利益也纳入到公益诉讼的范畴内。杨会新教授建议在团体诉讼的框架内进行类型化设计,认为无论是损害赔偿之诉所救济的小额多数利益损害,还是不作为之诉所救济的一般性公共利益,都是结果意义上的公共利益。[③]"泛公共利益化"和"去公共利益化"是我国立法对消费公共利益作模糊化规定的法律解释结果。前者说明了消费公共利益与国家利益的密切关系,后者以结果意义上的公共利益为目的,

---

① 参见颜运秋:《公益诉讼法律制度研究》,法律出版社 2008 年版,第 26—27 页。

② 参见颜运秋:《经济法与公益诉讼的契合性分析》,《北方法学》2007 年第 3 期。

③ 参见杨会新:《去公共利益化与案件类型化——公共利益救济的另一条路径》,《现代法学》2014 年第 4 期。

将小额分散型损害利益纳入消费公益诉讼的范围之内。总的来说,上述两种观点都遵循了消费公共利益扩大化的解释思路。

笔者认为,尽管国家利益与公共利益密切相关,但是在论及消费民事公益诉讼请求之逻辑起点时,将国家利益囊括在内似乎不太妥当。消费民事公益诉讼出现的一个很重要的原因就在于公共利益缺乏适合起诉的直接利害关系主体,因而无法依传统诉权理论提起诉讼。此时就需要通过特殊的诉权赋予和程序设计对公共利益进行特别救济。但是国家利益却不然,国家利益的主体即国家,而国家显然拥有对其权利进行救济的能力和方式。在这个意义上,对消费公共利益作泛化解读,将国家利益作为消费民事公益诉讼请求之逻辑起点不具有必然的合理性。就小额分散性利益来说,如果呈现出不特定性且不具有救济可期待性,那么就发展为一种实际性的消费公共利益,①可以作为消费民事公益诉讼请求之逻辑起点。但是公益诉讼的救济应仅限于公共利益层面,也即是对小额分散性利益受损所引发的公共利益危害进行救济。而非是从个人角度,对受损者的个人利益进行救济。在此需要强调的是,笔者并非否定在消费民事公益诉讼程序中对消费者的个人利益进行救济,只是这一问题关乎消费民事公益诉讼的制度设计,涉及消费民事公益诉讼与消费民事私益诉讼的衔接程序,需要通过特别的制度或程序设置予以实现。②

(二)"公共利益具体化"的解释思路

基于前述对于公共利益和消费公共利益的分析,可知:其一,公共利益是一个极为抽象且内涵丰富的概念。正因如此,学界对于公共利益或是消费公共利益很难形成统一认识,只能是在宏观层面寻求大概的一致。其二,理论界

---

① 关于实际性消费者的公共利益的解释详见本章第二节第二部分(二)1"实际性消费者权利与公共利益"相关内容。
② 关于"消费民事公益诉讼请求与私益诉讼请求的衔接"详见本书第五章第三节"私益支持平台"相关内容。

对于消费公共利益形成诸多层面的争议。相关争议会对消费公共利益的正确认识和准确把握产生影响。其三,消费公共利益作为消费民事公益诉讼请求之逻辑起点形成"泛公共利益化"和"去公共利益化"的解释倾向。由此不难看出,关于消费民事公益诉讼请求之逻辑起点,理论上并未达成一致。而且相关研究成果主要集中于对消费公共利益进行宏观或是抽象化的解读。宏观层面的解读能够在认知论上对消费公共利益产生更为全面的认知,但是却无法在实践论上为消费民事公益诉讼请求之逻辑起点的解释提供直接明确的操作指导。

从司法实践的视角来看,作为消费民事公益诉讼请求之逻辑起点的消费公共利益需要进一步分解。某种意义上,如果不能在理论供给或是立法规定上对消费公共利益作出具体化、明确化的解读,必然导致司法实践中的困惑,抑或是混乱。因此,在现有立法框架下,从理论上对消费公共利益作具体化解释,并提供可操作性的适用解释是解决消费民事公益诉讼请求之逻辑起点问题的理性方案。

笔者认为,对消费公共利益的正确认识离不开对消费者权利的深入分析。按照大陆法系规范出发型的裁判构造,分析某一项利益内容是否具有司法保护的应然价值时,首先是要寻找这一利益内容的具体权利归属,进而才能作出判断。消费公共利益只是消费民事公益诉讼请求之逻辑起点的抽象表达,应当作出具体化的解读。对消费公共利益的具体化解读可以借助消费者权利的概念,并将其与消费者的具体权利建立对应关系。为此,本书将借助消费者权利的概念尝试对消费公共利益作具体化解读。

第二节　消费公共利益的具体化解释

借助消费者权利分析消费公共利益的前提是对消费者和消费者权利

进行整体上的分析。在此基础上,提炼具有公共利益属性的消费者权利内容,为消费民事公益诉讼请求之逻辑起点的具体化解释提供权利内容上的支撑。

一、消费者权利的内容与性质

作为一个权利束概念,消费者权利的数量和种类经历了不断发展和演变的过程。对于消费者权利性质的认识,学理上形成了"民法权利说""经济法权利说""民法与经济法二元权利说""公民权说"等不同的观点。根据多元视角和多元价值的解释方法,消费者权利既具有私人利益的民事私法属性,又应具有公共利益的社会法属性。

(一) 消费者权利内容的发展演化

消费者权利是消费者基于身份所应当享有的各项权利之总和。具体来说,包括自己行为的权利和要求经营者行为的权利。[①] 在消费者运动的推动下,美国总统肯尼迪于 1962 年在《消费者权利国情咨文》中,将安全、了解、选择和表达共四项权利列为消费者的基本权利。[②] 1985 年的《联合国消费者保护准则》又从国际层面对消费者权利进行了规范。之后,为了适应不断发展变化的消费需求,该准则于 1999 年、2015 年进行过修订。根据最新修订,消费者享有获得基本商品和服务的权利、(弱势消费) 获得保护的权利、健康权和安全权、经济权利、知情权、获得教育的权利、通过有效的争议解决与补救机制获得救济的权利、成立团体或组织的权利、可持续消费的权利、电子商务消

---

① 参见毛光玉主编:《消费者权益损害赔偿》,人民法院出版社 2000 年版,第 203 页。

② 参见林益山:《消费者保护法》,台湾五南图书出版股份有限公司 2008 年版,第 7 页。

费获得保护的权利、隐私权和全球信息流动自由权。① 发展至今,多数国家都关注并重视对消费者权利的保护。从产生到发展,消费者权利发生了重大的变化,不仅体现在清晰可见的权利数量上,也体现在不断创新的权利内容上。

1. 注重电子商务中的消费者权利

信息时代,消费者通过互联网平台利用电脑、手机等通讯设备进行交易的情形越来越多。此时,消费者权利受到侵害的可能性也就越来越大。近年来,电子商务中的消费者权利受到了更多的关注和重视。相比 1999 年扩大版,2015 年修订的《联合国消费者保护准则》第 5 条 j 项内容特别增加了电子商务消费获得保护的权利。2016 年 3 月,经合组织就电子商务消费者保护提出建议,要求为电子商务消费者提供不低于其他商业形式的保护。同时该建议还要求经营者必须就企业信息、商品或服务信息、交易信息履行信息披露义务。② 可以说,电子商务消费者权利成为消费者权益保护的重要领域。

2. 注重消费者的救济权

随着经济的发展和技术的革新,消费者权益的相关立法开始更多地关注消费者的救济权。围绕消费者的救济权形成了包括私力救济权、司法救济权在内的多种救济权体系。2015 年《联合国消费者保护准则》第 5 条 g 项要求

---

① 《联合国消费者保护准则》(A/RES/70/186)第 5 条规定,本《准则》旨在满足以下合理需求:a.消费者能够获得基本商品和服务;b.保护弱势和处于不利地位的消费者;c.保护消费者的健康和安全免遭危害;d.促进和保护消费者的经济利益;e.消费者能获得充足信息,使他们能根据个人愿望需要作出知情选择;f.开展消费者教育,包括关于消费者所作选择的环境、社会和经济后果的教育;g.提供有效的消费者争议解决与补救机制;h.可自由成立消费者组织和其他有关团体或组织,且这些组织有机会在影响他们的决策过程中表达观点;i.促进可持续消费模式;j.为使用电子商务的消费者提供保护,其程度不低于使用其他形式商务的消费者得到的保护;k.保护消费者隐私和全球信息自由流动。

② 国际经济合作与发展组织:《电子商务中的消费者保护:经合组织建议》,经合组织出版社 2016 年版,第 10—18 页。

为消费者保护"提供有效的消费者补救机制"。① 2011 年《欧盟消费者权利指令》第 9 条规定,应允许消费者在 14 天内通过撤销权进行私力救济。② 2013 年开始,我国《消费者权益保护法》允许消费者通过无理由退货进行自救。③ 2016 年经合组织在关于电子商务消费者保护的建议中,强调了消费者权利的替代性纠纷解决机制。④此外,越来越多的国家和地区构建了新型的诉讼救济制度,团体诉讼、集团诉讼、公共诉讼等诸多诉讼形式都被用于消费者权利的救济。上述情况说明消费者救济权受到了足够的重视并且获得了较大的发展。

3. 注重弱势消费者的受保护权利

在现代化和规模化生产的推动下,经营者与消费者的力量悬殊愈加凸显。弱势消费者,特别是儿童、未成年人、老年人以及贫困人口等弱势消费者的权利保护尤其值得关注。2015 年《联合国消费者保护准则》第 5 条 b 项增加"保护弱势和处于不利地位的消费者"规定。⑤该准则第 42 条要求政府和社会对消费者进行宣传、教育 和培训以提高其消费鉴别能力,使消费者明确自己的权利和责任。同时还强调要特别满足农村地区等处于弱势、不利地位消费者的需求。⑥上

---

① 《联合国消费者保护准则》(A/RES/70/186)第 5 条 g 项规定,会员国应满足"提供有效的消费者补救机制"的合理要求。

② 参见张学哲:《欧盟消费者权利指令(2011/83/EU 指令)》,《中德私法研究》2013 年第 1 期。

③ 《中华人民共和国消费者权益保护法》第 25 条规定,经营者采用网络、电视、电话、邮购等方式销售商品,消费者有权自收到商品之日起七日内退货,且无需说明理由。消费者定作的、鲜活易腐的、在线下载或者消费者拆封的音像制品、计算机软件等数字化商品以及交付的报纸、期刊除外。

④ 国际经济合作与发展组织:《电子商务中的消费者保护:经合组织建议》,经合组织出版社 2016 年版,第 17 页。

⑤ 《联合国消费者保护准则》(A/RES/70/186)第 5 条 b 项规定,会员国应满足"保护弱势和处于不利地位的消费者"的合理要求。

⑥ 《联合国消费者保护准则》(A/RES/70/186)第 42 条规定,会员国应拟订或鼓励拟订普通消费者教育和宣传方案,包括传播信息,说明消费者所作选择和行为对环境的影响,消费改变可能造成的后果,包括益处和代价为何,同时铭记相关民众的文化传统。这些方案的宗旨应为:帮助人们成为有鉴别力的消费者,使他们能够对产品和服务作出知情选择,并意识到自身的权利和责任。在制定这类方案时,应特别重视满足农村和城市地区弱势和处于不利地位的消费者的需求,包括满足低收入、文盲和半文盲消费者的需求。消费者团体、企业和其他相关民间社会组织都应当参与这些教育工作。

述规定的目的在于加强对弱势群体的权利保障,帮助弱势消费者群体提高消费能力和权利意识。

我国于 2013 年修订《消费者权益保护法》时,规定了九类消费者的权利内容。具体法条与内容分别为:(1)第 7 条规定的人身、财产安全权;(2)第 8 条规定的知情权;(3)第 9 条规定的自主选择权;(4)第 10 条规定的公平交易权;(5)第 11 条规定的求偿权;(6)第 12 条规定的结社权;(7)第 13 条规定的受教育权;(8)第 14 条规定的受尊重权和信息保护权利;(9)第 15 条规定的监督、批评建议权。① 以上权利内容构成了我国现行消费者权益保护立法中的消费者权利内容。其中,第一项、第二项、第三项、第四项、第八项权利是消费者在交易过程中享有的实体权利内容。第五项权利属于救济权。第六和第七项权利属于国家或社会应当予以保障的权利,第九项是消费者对于侵害行为和国家工作人员的一种批评建议权。由于本部分仅研究作为消费公益诉讼请求之实体权益基础的实体权利内容,所以研究范围并不包括第五项、第六

---

① 详见《中华人民共和国消费者权益保护法》第 7—15 条。(第 7 条规定,消费者在购买、使用商品和接受服务时享有人身、财产安全不受损害的权利。消费者有权要求经营者提供的商品和服务,符合保障人身、财产安全的要求。第 8 条规定,消费者享有知悉其购买、使用的商品或者接受的服务的真实情况的权利。消费者有权根据商品或者服务的不同情况,要求经营者提供商品的价格、产地、生产者、用途、性能、规格、等级、主要成份、生产日期、有效期限、检验合格证明、使用方法说明书、售后服务,或者服务的内容、规格、费用等有关情况。第 9 条规定,消费者享有自主选择商品或者服务的权利。消费者有权自主选择提供商品或者服务的经营者,自主选择商品品种或者服务方式,自主决定购买或者不购买任何一种商品、接受或者不接受任何一项服务。消费者在自主选择商品或者服务时,有权进行比较、鉴别和挑选。第 10 条规定,消费者享有公平交易的权利。消费者在购买商品或者接受服务时,有权获得质量保障、价格合理、计量正确等公平交易条件,有权拒绝经营者的强制交易行为。第 11 条规定,消费者因购买、使用商品或者接受服务受到人身、财产损害的,享有依法获得赔偿的权利。第 12 条规定,消费者享有依法成立维护自身合法权益的社会组织的权利。第 13 条规定,消费者享有获得有关消费和消费者权益保护方面的知识的权利。消费者应当努力掌握所需商品或者服务的知识和使用技能,正确使用商品,提高自我保护意识。第 14 条规定,消费者在购买、使用商品和接受服务时,享有人格尊严、民族风俗习惯得到尊重的权利,享有个人信息依法得到保护的权利。第 15 条规定,消费者享有对商品和服务以及保护消费者权益工作进行监督的权利。消费者有权检举、控告侵害消费者权益的行为和国家机关及其工作人员在保护消费者权益工作中的违法失职行为,有权对保护消费者权益工作提出批评、建议。)

项、第七项和第九项权利。

（二）消费者权利性质的学说争论与本书观点

在消费者权利内容的发展过程中,学理上对于消费者权利的性质形成不同认识。

1. 关于消费者权利性质的学说争议

第一种观点是以张严方教授为代表的"民法权利说"。该观点认为消费者权利是私人利益的表达。尽管消费者权益保护法与经济法有一定的交叉,但根本上属于民事特别法,是保护私人利益的法律。而且消费者与经营者之间是依赖关系,并非对抗关系,二者在根本上具有利益的一致性,是一种平等的民事法律关系。当前《消费者权益保护法》片面保护消费者利益的做法应予以纠正,合适的做法是将该法列入民法体系。[①]

"民法权利说"淡化了消费者权利的特殊性,将消费者权利归入民法的权利范畴内。对权利性质的不同认识将直接影响消费者权利的救济方式。消费者权利的私法认识意味着消费者权利应采取私益诉讼的救济方式,由消费者个人依靠自身力量提起诉讼,并在平等对抗且自我负责的诉讼程序中与经营者进行博弈。由此,依"民法权利说",消费者权利应为私益诉讼的权利基础,而非消费公益诉讼请求之逻辑起点。

第二种观点是以钱玉文教授为代表的"经济法权利说"。钱玉文教授认为消费者权已经脱离民法权利范畴,发展成为经济法中的特异性权利或者是社会权利。该种观点主张以社会整体利益为视角,对消费者权进行考量并总结了现阶段消费者权的四种特性,分别为:整体性、人权性、规制性和不对等性。整体性是指在消费型社会中,消费者个人利益会被放大为群体性的消费利益。对消费者权的保护已经不是个体私人领域的问题,而是一个群体性领

---

① 参见张严方:《消费者保护法研究》,中国社会科学院研究生院 2002 年博士学位论文,第 277 页。

域的问题,具有整体性。人权性是指消费者权属于一种具有普遍性,且能够改善社会生活和免受政府危害的权利,因而具有人权潜质。规制性是指消费者权能够有效弥补市场和政府的失灵,起到私人规制的作用。不对等性主要是基于消费者与经营者的不对等关系而言,强调对消费者的倾斜性保护。①

"经济法权利说"洞察了消费者权的社会整体性特质,把消费者权视为一种社会整体性利益,间接证成了消费者权利与消费公共利益的内在联系,是消费民事公益诉讼的重要理论支撑。但是,只强调社会权利属性的做法,可能会在权利保护的过程中忽略消费者权利中的个人利益属性。在这一认识下,将消费者权利确定为消费民事公益诉讼之逻辑起点,也同时意味着消费者权利与消费公共利益的完全等同,不具有完全的妥当性。

第三种观点是以刘水林教授为代表的"二元说"。该种观点认为消费者权益包括民法范式的私人利益和经济法范式的公共利益。私人利益建立于私人物品之上,公共利益建立于公共物品之上。对于私人利益的保护应以私人诉讼为主导,主要是通过事后责任规则的方式加以保护。对于公共利益的保护则不然。公共利益应以行政执法为主导,以公益诉讼、团体诉讼等为辅助,通过特定的事前预防规则加以保护。②

"二元说"以类型化为视角认识消费者权益。该观点将消费者权益分为私人利益属性的消费者权益和公共利益属性的消费者权益。私人利益属性的消费者权利由消费者个人提起私益性诉讼救济,公共利益属性的消费者权利由特定机关和组织提起消费公益诉讼救济。按此分类,具有公共利益属性的消费者权利构成消费公益诉讼请求之逻辑起点。但是该观点只是对利益属性作了分类,未详细例证何为具有公共利益属性的消费者权利,所以消费公益诉

① 参见钱玉文:《消费者权的经济法表达——兼论对〈民法典〉编纂的启示》,《法商研究》2017 年第 1 期。

② 参见刘水林、芦波:《消费者权益保护法范式转化的经济学解释》,《上海财经大学学报》2016 年第 6 期。

讼请求之逻辑起点的具体化还需要作进一步证成。

第四种观点是以林晓珊教授为代表的"公民权说"。该种观点认为消费者权利是公民权,有三个权利维度。在民事权维度,即在消费者与市场关系维度中,消费者公民权是消费者所享有的安全权、知情权等民事权益。在政治权维度,即在消费者与国家关系维度中,消费者公民权是消费者受国家保障的合法性权益。在社会权维度,即在消费者与社会关系维度中,消费者公民权是消费者成立社团的权益以及进行监督的权益。①

"公民权说"从市场、国家、社会三个层次对消费者权利作了全面的分析。这一观点可以说明消费民事公益诉讼请求具有被国家保障的正当性,亦可以说明消费民事公益诉讼请求之逻辑起点具有获得司法保护的应然价值。

2. 本书的观点

综合上述消费者权利的不同学说,笔者认为不同观点的差异根源在于分析视角和价值路径的不同。

从认识论来看,上述观点中包括了两种不同的分析视角。单一视角的分析方法,将单一属性或是占主导地位的属性作为消费者权利性质的判断标准。多元视角的分析从整体上对消费者权利作不同层面的性质剖析。单一视角的分析结果是消费者权利或者属于民事权利,或者属于经济法权利。多元视角的分析结果是消费者权利兼具有民事权利属性、经济法权利属性,抑或是社会权利属性。

从价值论来看,上述不同观点实际隐含了"个人价值取向"与"社会价值取向"两种不同的价值观。"个人价值取向"主要是以市场交易中的自由、平等精神为分析工具,对消费者与经营者之间的个体权利义务关系进行解释。"社会价值取向"主要是以市场交易中的公平、秩序价值为分析工具,对消费者群体的社会权利和经营者的社会责任、国家的监管责任等进行解读。依

---

① 参见林晓珊:《消费维权运动中的市场、国家与消费者组织:消费公民权的一个分析框架》,《学术研究》2012 年第 7 期。

"个人价值取向"的解释来看,消费者权利是消费者作为市场交易主体一方当事人,所应当享有的基本民事主体权利。依"社会价值取向"的解释来看,消费者是一个具有社会属性的概念,消费者权利是消费者作为一个社会群体所共同享有的集体性权益,以及良好的消费秩序等客观利益。

本书认为,事物具有多面性,采单一视角和单一价值的做法都具有一定的片面性。消费者既是民事交易中的消费者个体,也是社会视角下的消费者群体。消费者权利不仅包括个人属性的内容,还包括公共利益属性的内容。无论何种一元论观点都无法将消费者权利中的另一类属性剔除出去。本书认为在理解消费者权利时,采取多元视角和多元价值的解释方法更具合理性。也只有这样,才能为消费者诉讼提供更为合理的权益基础,并据此设置不同的司法救济路径,以实现对消费者权利的充分救济和维护。综上,在消费领域内,具有个人利益属性的消费者权利应当通过私益救济的方法予以保护,具有公共利益属性的消费者权利应当通过公益救济的方法予以保护。总言之,消费民事公益诉讼请求之逻辑起点应当是具有公共利益属性的消费者权利。

二、公共利益属性的消费者权利

对消费民事公益诉讼请求之逻辑起点作具体化解释,需要从消费者权利中析出具有公共利益属性的消费者权利内容。为此,有必要对消费者权利进行分层次解读。

(一) 对消费者的分层解读

根据《消费者权益保护法》的规定,法律所保护的消费者是因生活而购买、使用商品或接受服务的人。[①] 按层次化的思路,可将消费者概念分为3个

---

① 《中华人民共和国消费者权益保护法》第2条规定,消费者为生活消费需要购买、使用商品或者接受服务,其权益受本法保护。

层次。

第一层次是实际性的消费者。实际性的消费者是已经发生购买、使用等消费行为的,具有现实意义的消费者。通常来讲,此类消费者或者处于合同的订立、履行阶段,或者是已经完成了交易行为,抑或者是已经完成了实质性的使用行为。对比第二层次和第三层次的消费者,实际性的消费者是最狭义的现实意义上的消费者概念。

第二层次是潜在性的消费者。在具体经营过程中,经营者的生产和经营行为通常面向全体的潜在性消费者。这一类消费者虽然暂未发生实际购买和使用行为,但是作为潜在的消费者,已经成为经营者广告宣传或推广销售的营销对象。而且在生活需求和营销广告的促动下,他们又会变成将来的实际性消费者。从这一意义上来看,潜在性的消费者是作为营销对象的消费者和具有消费可能性的消费者。

第三层次是整体性的消费者。自消费者与经营者两大阵营形成后,消费者就具有了整体意义,代表着同一利益阶层的消费者群体而存在。随着生产、消费方式的变革与发展,消费者面对和需要解决的问题,不再是个体式的困扰,而是以整体形式出现的消费者问题。消费者作为一个整体性事物,已经在20 世纪 50 年代以来不断发展的消费者运动中逐渐成长壮大。在消费者运动的推进下,不仅形成了具有完整架构的消费者组织,而且还制定了一系列以消费者权益保护为目的的法律和政策。从整体意义上来看,消费者已经发展成为一类具有共同目标和专门组织的社会群体或者是共同体。

(二) 对消费者权利与公共利益的分层解读

基于消费者外延范畴的不同,从不同层次的消费者权利着手,还可以对消费者权利中的公共利益属性进行分层解读。

1. 实际性消费者权利与公共利益

实际性消费公共利益是由不特定多数实际性消费者的个体权利抽象而成

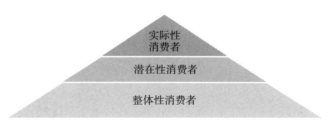

图 2-1　消费者分层解读图示

的公共利益。如前所述,实际性消费者是实际购买、使用商品或者实际接受服务的消费者。推理可知,实际性消费者权利即是消费者因为实际的购买、使用行为而享有的人身安全权、财产安全权、知情权、自主选择权、公平交易权、受尊重权、信息保护权利等具体权利。由于是个人所具有的权利内容,所以严格意义上的实际性消费者权利不是消费公共利益。但是在特殊情况下,消费者权利可以转化为消费公共利益。特殊情况即:众多消费者权利受损,但是确定或特定实际性消费者具有技术困难或是成本劣势,在结果上表现为不特定多数消费者权益受损。由于利益微小,私人救济成本与救济收益严重不成比例,所以不具有私益救济的可期待性。以上情况中,实际性的消费者权利就不再具有消费者个人利益属性,而是转化为了消费者的公共利益。综上,实际性消费公共利益是由不特定多数消费者的人身安全权、财产安全权、知情权、自主选择权、公平交易权、受尊重权、信息保护权利等权利内容所抽象而成的公共利益。为方便论述,此处将上述具有公共利益属性的消费者权利称为"不特定多数实际性消费者的公共性权利"。具体包括:公共性人身安全权、公共性财产安全权、公共性知情权、公共性自主选择权、公共性公平交易权、公共性受尊重权、公共性信息保护权利。

2.潜在性消费者权利与公共利益

潜在性消费公共利益是由潜在性消费者的个体权利抽象而成的公共利益。如前所述,潜在性消费者一方面是经营者对商品或服务进行推广宣传的对象,另一方面是具有购买潜力或购买可能的将来消费者。

在前一种情况下,消费者是经营者的现实相对人。事实上,经营者对商品或服务所进行的广告宣传、说明告知等行为,其本质即是针对社会上不特定消费者群体所进行的邀约行为。由于相对人是社会上不特定的消费群体,所以社会上不特定消费群体就成为一类共同性的群体,并共同的享有获得真实信息的公共性的权利,即公共性知情权。经营者必须提供真实可靠、童叟无欺的商品或服务信息,以保障消费者的公共性知情权。如果经营者提供虚假信息或是隐瞒事实真相,致使消费者处于不真实的消费认知状态,就侵犯了不特定多数潜在性消费者的公共知情权,抑或是与此相关的其他权利。

在后一种情况下,消费者是经营者的可能相对人。此时,虽然消费者与经营者尚未发生实际的交换行为,但是经营者提供商品或服务的安全、质量与环境等情况已经与消费者产生关联。在公平的交易环境中,提供质量完好、符合安全标准的商品和服务,并在交易过程中保障消费者的信息安全和自主选择权是经营者应尽的责任,而获得公平的交易机会、享受安全的消费品,也是消费者应然享受的权利。这一权利的享有者既包括已经购买商品的实际性消费者,也包括即将进行交易的潜在性消费者。商品或服务存在质量或安全问题,不仅会给实际性消费者的合法权益造成现实损害,还会对潜在性消费者的合法权益产生威胁。当经营者以格式条款或其他不法经营行为侵害实际性消费者公平交易权等合法权益时,也会对潜在性消费者的相关权益构成侵害危险。

综上,就潜在性的不特定多数消费者面议,公共性人身安全权、公共性财产安全权、公共性知情权、公共性自主选择权、公共性公平交易权、公共性受尊重权、公共性信息保护权利即是具有公共利益属性的消费者权利。

3. 整体性消费者权利与公共利益

整体性消费公共利益是整体性消费者所享有的公共利益内容。整体性消费者是具有共同利益指向的同一阶层的消费者的结合体。在这一层次中,整体性消费者权利表现为消费者在消费过程中所共同享有的整体性的经济利益、市场秩序利益或是由市场秩序作用而产生的其他相关利益。从内容来看，整体性消费公共利益包括三个方面的内容，分别为外部性财产利益、消费环境利益和消费精神利益。

一是公共性（外部性）财产利益。在市场交易中，经营者为获得利润的最大化，很可能通过生产销售假冒伪劣商品等不法经营行为降低生产成本。这种情况下，本应由不法经营者自己承担的生产成本，转而外化到社会中，成为由他人和社会共同承担的外部性公益损失。对外部性公益损失的预防和救济还会产生额外的预防或救济费用，造成外部性财产利益的二次损失。经济学家鲍莫尔和奥肯将外部性分为两种类型，即公共的外部性与私人的外部性。简单来说，前者是指很难通过谈判来解决的外部问题。后者是可以通过谈判得到解决的外部性问题。① 由于消费领域中的外部性公益损失具有明显的公共物品特征，且无法通过个人谈判获得解决，所以应归属于公共的外部性问题。

二是消费环境利益。消费环境是由一定范围内的消费者、经营者以及市场监督等职能部门所共同运作的市场交易环境。在这一环境下，消费者、经营者和市场监督等职能部门各自承担着不同的功能。具体来说，消费者是购买者和使用者，经营者是生产者和销售者，市场监督等职能部门是监管者，三者共同维护并推动着消费市场的正常运转。如果说消费环境就是"市场交易环境"②，那么对于整体性消费者来说，市场环境中的良好消费条件和可持续消费状态等市场经济秩序层面的利益就属于消费环境利益。

三是消费精神利益。消费精神利益客观存在。我国《消费者权益保护

---

① 参见张宏军:《西方外部性理论研究述评》,《经济问题》2007 年第 2 期。
② 参见陈伟伟:《我国消费环境的薄弱环节与改进方向》,《中国经贸导刊》(中)2020 年第 2 期。

法》中关于受尊重权和精神损害赔偿金的规定,①隐喻了消费者精神利益的客
观存在。整体性的消费精神利益与消费者个人的精神利益有所不同。整体性
的消费精神利益不是个体消费者在具体交易过程中享有的精神利益,而是整
体性消费者在特定的消费环境中,基于市场经济秩序而产生的精神利益。如
果说消费环境利益是市场经济秩序层面的客观公共利益,那么消费精神利益
就是市场经济秩序作用于整体性消费者而产生的主观公共利益。总言之,整
体性消费者的消费精神利益,是指受市场经济秩序影响,归属于整体性消费者
的消费愿望和消费信心等具有精神属性的公共利益。

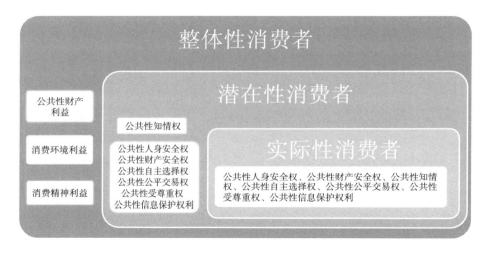

图 2-2　公共利益属性之消费者权利的分层解读图示

三、主观公共利益属性的消费者权利

由上文分析可知,消费者权利蕴含着不同层次的消费公共利益。但是需

---

① 《中华人民共和国消费者权益保护法》第14条规定,消费者在购买、使用商品和接受服
务时,享有人格尊严、民族风俗习惯得到尊重的权利,享有个人信息依法得到保护的权利。第51
条规定,经营者有侮辱诽谤、搜查身体、侵犯人身自由等侵害消费者或者其他受害人人身权益的
行为,造成严重精神损害的,受害人可以要求精神损害赔偿。

要说明的是,并不是所有具有公共利益属性的消费者权利都可以作为消费民事公益诉讼请求之逻辑起点。这不仅因为消费公共利益具有主、客观属性之分,同时也源于公共利益救济制度的不同分工。

消费民事公益诉讼请求之逻辑起点仅限于具有主观公共利益属性的消费者权利。如本章第一节所论述,按照利益属性的不同,可将具有公共利益属性的消费者权利分为消费主观公共利益和消费客观公共利益。不特定多数实际性消费者所享有的公共性人身安全权、公共性财产安全权、公共性知情权、公共性自主选择权、公共性公平交易权、公共性受尊重权、公共性信息保护权利,潜在性消费者所享有的公共性人身安全权、公共性财产安全权、公共性知情权、公共性自主选择权、公共性公平交易权、公共性受尊重权、公共性信息保护权利,以及整体性消费者所享有的公共性财产利益、消费精神利益是与消费者主体相关的主观性利益,归属于消费主观公共利益范畴。而消费环境利益则等同于市场经济秩序层面的客观性利益,归属于具有客观公共利益属性的权益范畴。

秩序层面的客观消费公共利益可以通过行政执法和刑事诉讼获得救济,而消费者主体层面的主观消费公共利益主要借助民事公益诉讼请求在民事诉讼程序中予以救济。

首先,行政执法手段主要救济整体性的消费环境利益。行政执法权是法律所明确赋予行政主体的一项强制性权力。行政执法的主要目的是"维护社会秩序和公共利益"。[①] 依据强制性的行政执法权力,借助行政执法手段对公共利益进行救济是行政执法的主要功能之一。在消费领域,对市场经济秩序和公共利益的维护主要由市场监督管理等职能部门,通过警告、罚款、没收违法所得、责令停业整顿、吊销营业执照等执法手段予以实现。可以说,行政执法具有应然的公共利益救济职责。从救济内容来看,行政执法手段所救济的

---

① 刘平:《行政执法原理与技巧》,上海人民出版社 2015 年版,第 10 页。

主要是市场经济秩序利益,也即客观消费公共利益。尽管如此,不可否认的是,行政执法手段在对经济秩序利益进行救济时,也同时会对不特定多数实际性消费者、潜在性消费者和整体性消费者所享有的主观公共利益产生积极影响。

其次,刑事诉讼中的刑罚手段间接救济整体性消费者的消费环境利益。刑事诉讼主要维护国家利益,调整国家与公民之间的关系。刑事诉讼的实施不可避免地要将公共利益考虑在内,并在结果上对公共利益产生积极的影响。[①] 在消费领域内,刑事诉讼程序与消费公共利益的关系可以从两方面理解:一是需要由刑事诉讼程序审理的食品安全、产品质量等与消费者权利相关的犯罪行为,对消费公共利益有着极为恶劣的影响。二是刑事诉讼对上述犯罪行为的惩处会对消费公共利益产生间接的积极影响。然而,由于刑事诉讼程序适用标准较高,所以并非所有受损的消费公共利益都能够受到刑事诉讼的间接影响。从法益大小的角度来看,只有对消费公共利益产生较大之法益影响的犯罪行为才会进入刑事诉讼程序。此种情况下,消费公共利益往往表现为整体性消费者所具有的消费环境利益,也即市场经济秩序利益,不是主观的消费公共利益。

最后,消费民事公益诉讼主要救济不特定多数实际性消费者、潜在性消费者的公共性权利以及整体性消费者的外部性财产利益和消费精神利益。顾名思义,民事公益诉讼程序是借助民事诉讼程序救济公共利益的特殊诉讼程序。民事诉讼程序所直接救济的是民事主体权益,而非社会秩序利益。只有主观层面的消费公共利益才能通过民事公益诉讼程序予以救济。市场经济秩序层面的消费公共利益,虽然也属于消费公共利益,但是由于其并非消费者主体层面的主观公共利益,所以应当主要通过行政执法手段或刑事诉讼予以救济。与市场经济秩序层面的消费公共利益不同,消费者主体层面的主观公共利益与消费者个人的民事权利紧密相关,是消费者民事权利在特定情况下转换而

---

① 参见杨航:《认罪认罚案件中如何考量公共利益——2017 年"美国诉沃克案"的启示》,《中国石油大学学报(社会科学版)》2020 年第 5 期。

成的消费公共利益。结合上文中对消费者权利和消费公共利益的分层解读，具有主观公共利益属性的消费者权利包括：1.不特定多数的实际性消费者所享有的公共性人身安全权、公共性财产安全权、公共性知情权、公共性自主选择权、公共性公平交易权、公共性受尊重权、公共性信息保护权利；2.潜在性消费者所享有的公共性人身安全权、公共性财产安全权、公共性知情权、公共性自主选择权、公共性公平交易权、公共性受尊重权、公共性信息保护权利；3.整体性消费者所享有的公共性财产利益和消费精神利益。总之，消费民事公益诉讼请求之逻辑起点应当是具有主观公共利益属性的消费者权利。

在此需要说明的是，上述消费公共利益的救济方式虽有不同，但也具有很强的关联性。一方面，如果行政执法手段和刑事诉讼程序所救济的市场经济秩序层面的消费公共利益能够得到很好的维护，消费者主体层面的主观公共利益损害就可以避免。当市场经济秩序层面的消费公共利益出现救济漏洞时，不法经营者所实施的不法经营行为就有机会侵害具有主观公共利益属性的消费者权利。另一方面，如果民事公益诉讼程序所救济的主观公共利益能够得到很好的维护，也会对市场经济秩序层面的消费公共利益起到很好的补充作用。为此，有学者将民事公益诉讼视为"行政机关执法体系之辅助和补充机制"①。

综上，市场经济秩序层面的客观消费公共利益和消费者主体层面的主观消费公共利益并不是完全对立的事物。二者是既具有对立性，又具有统一性的利益存在。

第三节　主观公共利益属性之消费者
权利的相关范畴

随着市场经济和信息技术的不断发展，现代社会中消费公共利益的侵害

---

① 周翠：《民事公益诉讼的功能承担与程序设计》，《北方法学》2014 年第 5 期。

情形既具有广泛性,又具有复杂性。这不仅体现在不法经营行为的发生领域上,而且还体现在造成公共利益损害的原因行为上。在明确了主观公共利益属性之消费者权利的具体内容后,还需要对消费民事公益诉讼请求之逻辑起点的存在领域和侵害行为作进一步分析。

一、主观公共利益属性之消费者权利的领域范畴

伴随着市场经济的发展以及科技手段的革新,消费者的消费领域和消费方式趋于多样化。消费行为遍布于食品、药品、旅游、文化、教育、健康、养老、美容、金融、娱乐等众多领域。而且在消费对象的非物质化发展趋势中,消费结构也发生了显著变化。据统计,当前食品和衣着等领域的消费比例明显下滑,而交通通信和文教娱乐等领域所占的消费比例却在持续上升。① 与此同时,消费者的消费方式也发生了根本性变化,从原来的"面对面"消费为主转换为更多地使用"网对网"进行消费。在网络便利及电商发展的共同推动下,人们更愿意选择网络、微信等方式进行购物。与消费社会的加速发展相随而来的是消费领域民事纠纷的愈加繁杂。近年来,新型消费领域的消费者维权越来越难,为消费者维权带来新的课题。②

主观公共利益属性之消费者权利的存在领域与消费民事公益诉讼的适用范围直接相关。理论上来讲,不法经营行为可能发生在任何消费领域,主观公共利益属性之消费者权利的侵害也可能存在于任何消费领域中。但是由于各国实际情况不同,对消费者和消费者权利等相关要素的认识也不尽相同,所以消费民事公益诉讼的适用范围不可一概而论。

多数国家对于消费民事公益诉讼的适用范围没有严格的限制。德国不作为之诉涵盖了日常消费品、房屋、金融、旅游、电子商务、教育保护、药品、投资、

---

① 参见张子麟:《消费的政治经济学分析》,经济科学出版社 2019 年版,第 190 页。
② 参见郝俊升、祝邈:《3·15 访谈:关注新型消费领域维权》,《民心》2021 年第 3 期。

证券、能源、护理等众多消费领域。① 巴西基于公共利益提起的公共诉讼存在于食品、保险、金融、医疗、交通、电力等众多领域。② 法国禁止格式条款诉讼可以适用于、金融、电视播放、旅行度假、药品广告、不动产、电子交易、金融和通信等众多领域。③ 欧盟 EU2020/1828 指令反映了欧洲消费者保护领域的最新发展动向。该指令在立法理由中强调,由于消费者在更加广泛且日益数字化的市场中开展业务,所以消费者应当得到更高水平的保护。消费者保护涉及数据保护、金融服务、旅游、能源和电信以及数字服务等多个消费领域。而且随着消费需求和消费领域的变化,要特别加强金融、投资以及数字领域中的消费者保护。④

在我国,消费者协会提起消费民事公益诉讼的领域没有明确限制。但是立法对于检察机关提起消费民事公益诉讼的领域却作了严格的限制。《民事诉讼法》第 58 条第 2 款将检察消费民事公益诉讼的适用领域限定在食品、药品安全领域中。⑤ 对此,肖建国教授认为上述限制的主要原因在于:一是食品、药品涉及生命权、健康权,具有重要的价值。基于价值考量应当对生命权

---

① 参见刘学在:《民事公益诉讼制度研究——以团体诉讼制度的构建为中心》,中国政法大学出版社 2015 年版,第 129 页。

② 参见李锐、陶建国:《巴西消费者集团诉讼制度及其启示》,《人民论坛》2012 年第 26 期。

③ 参见陶建国、石磊:《法国消费者团体诉讼制度对我国的启示》,《山东工商学院学报》2012 年第 4 期。

④ EU2020/1828 指令立法理由第 13 条［The European Parliament and the Council Directive (EU)2020/1828 on representative actions for the protection of the collective interests of consumers and repealing Directive 2009/22/EC(2020)OJ L 409/1 whereas.13］指出,本指令的范围应反映消费者保护领域的最新发展。由于消费者是在更加广泛且日益数字化的市场中开展业务,所以应当获得更高水平的消费者保护。为此,除了一般的消费者法之外,对消费者的保护还需要涵盖数据保护、金融服务、旅行和旅游、能源和电信等领域。特别是,随着消费者对金融和投资服务的需求不断增加,在这些领域加强消费者法的执行就显得尤为重要。消费者市场在数字服务领域也发生了变化,越来越需要更有效地执行消费者法律,包括在数据方面的消费者保护。

⑤ 《中华人民共和国民事诉讼法》(2023 年修订版)第 58 条第 2 款规定,人民检察院在履行职责中发现破坏生态环境和资源保护、食品药品安全领域侵害众多消费者合法权益等损害社会公共利益的行为,在没有前款规定的机关和组织或者前款规定的机关和组织不提起诉讼的情况下,可以向人民法院提起诉讼。

和健康权给予优先保障;二是检察机关职权主要涉及公法领域。消费领域的问题既复杂,又深入。扩大检察机关提起的消费公益诉讼的领域,不仅会增加检察机关的负担,也不利于检察机关办案质量的提高。[①] 基于立法对检察消费民事公益诉讼适用领域的限制,实践中消费民事公益诉讼的案件多数集中于食品药品领域,而金融、旅游、文化、教育、娱乐等消费领域的公益诉讼数量却很少。从这个角度来说,严格限制消费民事公益诉讼适用范围的做法,对于我国消费领域公共利益的全面保障不利。根据相关研究资料来看,不少学者主张拓展消费民事公益诉讼的适用领域。例如,肖建国教授呼吁将来在公益诉讼的构建层面上,应当跳出对检察公益诉讼领域范围的限制。[②] 又如,杨会新教授也指出,将检察公益诉讼限定于食药安全领域,降低了提起格式条款之诉的可能性。[③] 综上,严格限制消费民事公益诉讼的适用领域,致使消费民事公益诉讼请求之逻辑起点受到限制的做法应当在将来得到逐步改进。

尽管如此,在消费民事公益诉讼适用领域的扩大化过程中,也有不少问题值得探讨。理论界已经对此展开了积极探讨。包括关于金融领域的探讨,[④]关于医疗领域的探讨,[⑤]也有关于环境领域的探讨。[⑥] 考虑到篇幅和主题的

---

① 参见肖建国、宋春龙:《检察机关提起消费公益诉讼范围分析》,《人民检察》2016 年第 14 期。

② 参见肖建国、宋春龙:《检察机关提起消费公益诉讼范围分析》,《人民检察》2016 年第 14 期。

③ 参见杨会新、王富世:《论公益诉讼对格式条款的规制》,《中国检察官》2019 年第 17 期。

④ 参见朱伦攀:《互联网金融消费公益诉讼制度适用研究》,《中山大学法律评论》2018 年第 2 期;张仪昭:《检察机关提起证券行政公益诉讼:法理基础与制度建构》,《社会科学动态》2021 年第 3 期;陈灿平、肖秋平:《消协所涉公益诉讼若干难点问题探讨》,《湘潭大学学报(哲学社会科学版)》2017 年第 2 期。

⑤ 参见刘晨霞、于静:《医疗器械管理使用应纳入检察公益诉讼范围——以制售假冒伪劣医用口罩为视角》,《中国检察官》2020 年第 9 期;刘晔:《医疗欺诈适用"消费者权益法"吗》,《健康报》2016 年 5 月 19 日。司法实践中,也出现过针对医疗欺诈提起的消费民事公益诉讼案件。参见《安徽省阜阳市人民检察院与凡绍献公益诉讼案一审民事判决书》,(2020)皖 12 民初526 号。

⑥ 参见杜志华:《欧盟消费者保护政策与环境保护政策的一体化研究》,参见余敏友等主编:《消费者保护的全球性挑战"正义和消费者权利":〈联合国消费者保护准则〉国际论坛论文集》,武汉大学出版社 2015 年版,第 296—304 页;杨仕兵:《论消费公益诉讼的界定及其可诉范围》,《齐鲁学刊》2016 年第 1 期。

原因,本书对此不作具体论证。

二、主观公共利益属性之消费者权利的行为范畴

"权利寓于规范之中,而规范都是指向行动的。"①作为诉讼请求逻辑起点的基础性权利,往往需要通过某种侵害行为来表达或是解释,在此将其称为基础性权利损害的原因行为。以《消费者权益保护法》第55条第2款为例。经营者生产或销售缺陷产品,造成消费者身体健康权损害的,消费者可以提起损害赔偿和惩罚性赔偿请求。② 根据该条规定,消费者的身体健康权损害是赔偿请求和惩罚性赔偿请求的逻辑起点,而经营者生产和销售缺陷产品的行为是健康权受损的行为表达,也是损害赔偿请求和惩罚性赔偿请求的原因行为。我国现有消费公益诉讼的相关规范,主要通过特定侵害行为来表达或解释消费民事公益诉讼请求的逻辑起点。

(一) 我国现有相关规定中的行为范畴

《消费公益诉讼解释》第2条通过列举式的方式,规定了五种具体的侵害行为或情形:

1. 提供缺陷商品或服务的行为。③ 相关释义将此类行为所侵害的权益内容解释为人身、财产方面的损害。④ 但是,消费民事公益诉讼的司法实践表

---

① 朱振:《认真对待理由——关于新兴权利之分类、证成与功能的分析》,《求是学刊》2020年第2期。

② 《中华人民共和国消费者权益保护法》第55条第2款规定,经营者明知商品或者服务存在缺陷,仍然向消费者提供,造成消费者或者其他受害人死亡或者健康严重损害的,受害人有权要求经营者依照本法第49条、第51条等法律规定赔偿损失,并有权要求所受损失2倍以下的惩罚性赔偿。

③ 《消费公益诉讼解释》第2条第一项规定,经营者提供的商品或者服务存在缺陷,侵害众多不特定消费者合法权益的,适用消费者权益保护法第47条规定。

④ 参见杜万华主编:《最高人民法院消费公益诉讼司法解释理解与适用》,人民法院出版社2016年版,第63—65页。

明,将合法权益限定为一般性的人身、财产安全权过于局限。事实上,有不少公益诉讼案件是因为缺陷商品威胁或者侵害了不特定多数消费者的信息安全而被提起。

2. 未就存有危险的商品或服务进行真实说明和提供危险警示。① 该规定明确了公共性知情权作为消费民事公益诉讼请求之逻辑起点的正当性。但是不足在于,将权益范围限定至人身安全权和财产安全权。这一限制性的规定不符合知情权的应然目的。实际上,经营者不履行真实说明或危险告知义务,不一定会构成人身与财产安全侵害,也有可能会侵害消费者的其他合法权益,进而引起公共利益危险或带来公共利益损害。而且一般来说,赋予消费者知情权的目的不仅是防范危险,更在于确保消费者在信息周全的前提下,作出真实的意思表示。总之,将未进行真实说明和危险警示所引发的侵害结果和危险,限定为人身安全权和财产安全权损害同样具有一定的局限性。

3. 进行虚假宣传或者提供引人误解的信息的行为。② 此类行为同样针对知情权,包括对质量、性能、用途、期限等商品或服务相关情况的知情权。虚假宣传行为的侵害对象包括实际性的消费者,也包括潜在性的消费者。与上 2 相同,该内容实质上也隐含了公共性知情权作为消费民事公益诉讼请求之逻辑起点的正当性。而且它将知情对象明确为质量、性能、用途和有效期限等,较为具体地表达了行为与权益之间的关系。但是上述四类信息并不全面,因为针对厂商、环境等信息的虚假宣传,也有可能会使消费者因陷入误解而作出信息不对等的购买或交易决定。由于该款规定以"等"字结尾,所以在一定程

---

① 《消费公益诉讼解释》第 2 条第二项规定,经营者提供的商品或者服务可能危及消费者人身、财产安全,未作出真实的说明和明确的警示,未标明正确使用商品或者接受服务的方法以及防止危害发生方法的,对提供的商品或者服务质量、性能、用途、有效期限等信息作虚假或引人误解宣传的,适用消费者权益保护法第 47 条规定。

② 《消费公益诉讼解释》第 2 条第二项规定,经营者提供的商品或者服务可能危及消费者人身、财产安全,未作出真实的说明和明确的警示,未标明正确使用商品或者接受服务的方法以及防止危害发生方法的,对提供的商品或者服务质量、性能、用途、有效期限等信息作虚假或引人误解宣传的,适用消费者权益保护法第 47 条规定。

度上缓解了表述不全面可能造成的裁判混乱状态。

4. 经营场所存在人身、财产安全危险的情形。① 这一情形主要针对公共性安全权,以对实际性消费者和潜在性消费者的现实危险为表现状态。该款规定隐含了人身、财产安全权作为消费民事公益诉讼请求之逻辑起点的合法性。不足之处有两点:一是该种行为范畴只明确了 11 种线下的经营场所②,而未将线上经营场所包括在内。事实上,随着网络技术的发展,更多的人愿意选择网上交易。如果线上经营者未尽到安全保障义务,也有可能侵害不特定多数消费者的安全权。二是该种侵害情形中仅规定了一般意义上的人身、财产安全危险,没有明确规定信息安全危险。实践中,消费者在各类经营场所进行消费时,经常会被要求提供各种信息。

5. 通过格式条款等对消费者作出不公平、不合理规定的行为。③ 该规定隐含了公共性公平交易权的正当性,促进了消费民事公益诉讼请求之逻辑起点的具体化。鉴于侵害行为的多样性,格式条款既可能侵害公平交易权,也可能导致其他合法权益的损害。特别是在经营者占据绝对主导优势的情况下,经营者通过格式条款行为要求消费者必须附加购买或是下载与合同目的无关的 APP 等,侵害自主选择权或其他合法权益的情况时有发生。基于上述情况的存在,立法者已经作出扩大解释,明确消费民事公益诉讼中不公平格式条款的侵害对象包括公平交易权,也包括自主选择权、知情权等合法权利。④

---

① 《消费公益诉讼解释》第 2 条第三项规定,宾馆、商场、餐馆、银行、机场、车站、港口、影剧院、景区、体育场馆、娱乐场所等经营场所存在危及消费者人身、财产安全危险的,适用消费者权益保护法第 47 条规定。

② 即宾馆、商场、餐馆、银行、机场、车站、港口、影剧院、景区、体育场馆、娱乐场所。

③ 《消费公益诉讼解释》第 2 条第四项规定,经营者以格式条款、通知、声明、店堂告示等方式,作出排除或者限制消费者权利、减轻或者免除经营者责任、加重消费者责任等对消费者不公平、不合理规定的,适用消费者权益保护法第 47 条规定。

④ 参见杜万华主编:《最高人民法院消费公益诉讼司法解释理解与适用》,人民法院出版社 2016 年版,第 257 页。

综上可知,现有相关规定存在两方面的不足:

一是范围局限。根据上文分析,现有规定将不法经营行为的侵害对象局限于公共性人身安全权、公共性财产安全权、公共性知情权、公共性公平交易权、公共性自主选择权。对于可能发生的公共性受尊重权、公共性信息安全权利、公共性财产利益、消费精神利益等权益危害没有明确的规定。此外,司法解释对于上述行为的领域范畴也有着较为严格的限制。过于局限的行为范畴不仅限制了我国消费民事公益诉讼制度的长远发展,同时也不利于主观公共利益属性之消费者权利的全面维护。

二是内容失衡。在现有的侵害行为范畴内,存在着偏重人身安全权、财产安全权侵害行为,而忽略其他侵害行为的现象。由于立法的片面规定,实践中发生的消费民事公益诉讼案件大多数是基于身体健康或生命安全问题而提起。公共性知情权、公共性公平交易权等权益内容虽有所涉及,但是出现的频率极低。失衡的权益内容表明我国消费民事公益诉讼还处于初级阶段,大多数的公益诉讼资源被投入到了人身安全权的维护中。在将来的制度构建过程中,应在保证公共性人身、财产安全权的基础上,进一步拓展思路和力度,为主观公共利益属性之消费者权利提供全面的司法保障。

(二) 行为范畴的拓展与展望

根据上述分析,合理的做法应当是对主观公共利益属性之消费者权利的侵害行为或者情形作适当拓展,以达到全面维护和充分救济消费公共利益的目的。

1. 提供商品或服务有缺陷,给不特定多数实际性消费者或是给潜在性消费者造成侵害或者危险的情形。首先,根据立法者的释义,缺陷是指产品存在"不合理的危险"。"不合理的危险"可能危害人身安全权和财产安全权,还也可能危害信息安全权等其他合法权益。其次,"不合理的危险"既可能存在于商品中,也可能发生于服务过程中。受"不合理的危险"侵害的权利对象载体包括商品和服务两种类型。最后,按照主观公共利益属性之消费者权利的不同层次,可将缺陷产品侵害的公共利益具体化为:(1)对不特定多数实际性消费者的现实侵害。即在实际性消费者难以特定且不具有救济可期待性时,已经产生的现实的合法权益损害。(2)对不特定多数实际性消费者的侵害危险。即在消费者已经产生购买行为,但未实际使用的情况下,基于使用而可能面临的人身安全、财产或是信息安全危险。(3)对潜在性消费者的侵害危险。即对将来可能或是即将发生购买行为的消费者而产生的人身、财产或是信息安全危险。

2. 未对存有危险的商品或服务进行充分说明、警示或是提供虚假宣传,侵害众多不特定实际性消费者和潜在性消费者公共性知情权的情形。首先,经营者应当提供充分且真实的产品信息。根据立法规定,充分是指消费者有权要求经营者提供关于商品的所有信息,特别是可能影响消费者购买决策的信息。① 真实是指消费者有权要求经营者提供真实的产品信息。② 笔者认为,只要是可能会引起消费者误解的信息,而且消费者会基于误解信息而产生购买意向或进行实际购买,都应归属于侵害公共性知情权的范畴。其次,公共性知情权的载体包括商品,也包括服务。无论是商品,还是服务中的不全面和不真实信息都可能导致消费者的不真实意思表示。最后,根据主观公共利益属性之消费者权利的不同层次,可以将此类行为侵害的公共利益具体化为:(1)对不特

---

① 《中华人民共和国消费者权益保护法》第8条规定,消费者享有知悉其购买、使用的商品或者接受的服务的真实情况的权利。消费者有权根据商品或者服务的不同情况,要求经营者提供商品的价格、产地、生产者、用途、性能、规格、等级、主要成份、生产日期、有效期限、检验合格证明、使用方法说明书、售后服务,或者服务的内容、规格、费用等有关情况。第26条第1款规定,经营者在经营活动中使用格式条款的,应当以显著方式提请消费者注意商品或者服务的数量和质量、价款或者费用、履行期限和方式、安全注意事项和风险警示、售后服务、民事责任等与消费者有重大利害关系的内容,并按照消费者的要求予以说明。

② 《中华人民共和国消费者权益保护法》第20条规定,经营者向消费者提供有关商品或者服务的质量、性能、用途、有效期限等信息,应当真实、全面,不得作虚假或者引人误解的宣传。经营者对消费者就其提供的商品或者服务的质量和使用方法等问题提出的询问,应当作出真实、明确的答复。经营者提供商品或者服务应当明码标价。

定多数实际性消费者公共性知情权的侵害。即在实际性消费者难以特定且不具有救济可期待性的情况下,对实际性消费者知情权造成的事实上的侵害。(2)对潜在性消费者公共性知情权的侵害。即虽尚未购买商品或接受服务,但已经接受了虚假信息,而且会因为不全面且不真实的虚假信息而作出购买决定的潜在性消费者遭受的知情权侵害。

3.宾馆、商场、餐馆、银行、机场、车站、港口、影剧院、景区、体育场馆、娱乐场所等线下营业场所以及直播、微商平台和淘宝店铺等线上经营场所,存在侵害或危及不特定多数实际性消费者和潜在性消费者人身安全、财产安全和信息安全的情形。首先,此种情形的危害对象不仅包括人身安全权、财产安全权,还应包括信息保护权利。随着信息技术的发展,个人信息常常具有某些财产利益潜质。经营者为获得不当利益,致使经营场所发生违法收集和故意泄露信息的情况也时有发生。其次,除线下的实体场所外,还应当包括线上的经营场所。线上经营场所侵害消费者信息安全的情况时有发生。"双11"或"双12"购物狂潮后,近200个网上经营场所被曝光存在信息安全问题,引发了一些诈骗、骚扰等恶劣行径,严重危及人们的正常生活和财产安全。① 最后,根据主观公共利益属性之消费者权利的不同层次,可以将经营场所危害的消费公共利益具体化为:(1)不特定多数实际性消费者的人身安全权、财产安全权和信息保护权利侵害。即对于相关权利的实际侵害已经发生,但实际性消费者难以特定且不具有救济可期待性的情形。(2)不特定多数实际性消费者存在人身安全、财产安全和信息安全的现实危险。即实际性侵害虽然尚未发生,但是经营场所已经对实际性消费者的人身安全、财产安全和信息安全造成现实危险。(3)潜在性消费者的人身、财产和信息安全危险。即经营场所的现实危险对将来消费者带来的各种潜在性危险。

4.以格式条款类行为对消费者作出不公平、不合理规定,侵害不特定多数

---

① 参见江德斌:《电商应确保"剁手党"的信息安全》,《证券时报》2015年12月17日。

实际性消费者和潜在性消费者合法权益的情形。首先,格式条款既可能存在于合同条款中,也可能存在于通知声明、宣传海报或者店堂告示中。而且格式条款可能是主合同条款,也可能是附件中的补充条款。其次,如前所述,格式条款类行为侵害的不仅是公平交易权,还有可能是公共性知情权、公共性选择权等其他正当利益。最后,根据主观公共利益属性之消费者权利的不同层次,可以将格式条款类行为侵害的消费公共利益具体化为:(1)对不特定多数实际性消费者公共性知情权、公共性自主选择权、公共性公平交易权的现实侵害。即实际侵害已经产生,但实际性消费者难以特定且不具有救济期待性。(2)对潜在性消费者公共性知情权、公共性公平交易权、公共性自主选择权的侵害危险。即实际危害虽然尚未产生,但是基于即将要发生的交易行为而产生的权益侵害危险。

5.商品或是服务中存在歧视或违反人格尊严、善良风俗的行为,侵害不特定多数实际性消费者、潜在性消费者或是整体性消费者的公共性受尊重权。从行为类型来看,公共性受尊重权的侵害行为包括直接侵害行为和间接侵害行为两类。前者是指对消费者公共性受尊重权造成直接侵害的不法经营行为。[①] 后者即经营者在商品经营或是服务提供过程中作出的间接伤害消费者公共性受尊重权的不法经营行为。[②] 从侵害对象来看,侵害行为主要是针对特定范围内,具有共同特性的不特定多数实际性、潜在性或整体性消费者。当不法经营行为主要指向整体性消费者时,实质已经转化为一种特殊的整体性消费精神利益。虽然公益诉讼立法并未对此予以明确,但是《消费者权益保

---

①　如,在"王某等诉粗粮王红光快餐店歧视案"中,王某等人认为被告对国家公务员打折销售的行为构成对非公务员的歧视,要求撤销歧视性收费标准。参见黄金荣:《一场方兴未艾的公益法实践运动》;于飞:《基本权利与民事权利的区分及宪法对民法的影响》。

②　如,在"秦某诉肯德基英文账单案侵权案"中,秦某认为肯德基店使用英文账单的行为侵害了当地消费者的人格权和知情权,要求该店使用中文账单并向全国人民赔礼道歉。参见盛锡坤:《肯德基英文账单引发公益诉讼》,《法学天地》2001年第5期。

护法》却有关于消费者受尊重权的立法基础。①域外国家和地区的相关诉讼制度中也有类似规定。② 综上,当受尊重权涉及或升级为不特定多数实际性消费者、潜在性消费者或整体性消费者的精神利益时,就可以针对相关侵权行为提起消费民事公益诉讼请求。

6. 非法获利行为造成外部性财产利益损害的情形。如前所述,经营者不当降低生产成本或追求不当利益的行为,致使本应由经营者承担的生产经营成本外化于他人和社会。最终的行为结果是不法经营者不当获利,而由消费者和整个社会共担损失。外部性的财产利益损失因为被整体分担而不显其大,但是并不意味着这一损失不存在或者利益微小。受损的外部性财产利益如果得不到救济,会成为市场经济秩序发展的阻力。虽然我国现行立法并没有将外部性财产利益作为消费民事公益诉讼请求的逻辑起点,但是实践中出现的大量公共利益损失赔偿诉讼案件,③却在事实上证明了对外部性财产利

---

① 《中华人民共和国消费者权益保护法》第14条规定,消费者在购买、使用商品和接受服务时,享有人格尊严、民族风俗习惯得到尊重的权利,享有个人信息依法得到保护的权利。第27条规定,经营者不得对消费者进行侮辱、诽谤,不得搜查消费者的身体及其携带的物品,不得侵犯消费者的人身自由。

② EU2018/302条例第1条［*The European Parliament and the Council Regulation（EU）2018/302/ on addressing unjustified geo-blocking and other forms of discrimination based on customers' nationality, place of residence or place of establishment within the internal market and amending Regulations（EC）No 2006/2004 and（EU）2017/2394 and Directive 2009/22/EC（2018）OJ LI 60/1art.1*］规定,禁止基于客户的国籍、居住地或者营业地,实施不合理的地理封锁和其他形式的歧视。德国《反不正当竞争法》第4条规定,禁止经营者表现出蔑视人类的行为或其他不适当的商业做法。巴西《消费者权益保护法》第37条规定,禁止经营者使用辱骂性的,包括任何性质的歧视性广告。

③ 如,在"余杭区检察院诉蔡晨杰等网络销售不符合安全标准的口罩案"（表5-4 72号案例）中,法官说理指出:"公益诉讼起诉人提起的公益诉讼,赔偿请求所涉及的损失是社会公共卫生安全领域集合性、公益性的利益损失,是整个社会公共卫生领域公共利益的抽象性损失,具有不可分性,该公共利益损失与特定个人或群体的个体利益损失无涉,是对危害公众健康、侵害公共卫生秩序等公共卫生安全造成的损害,并非以个体消费者或特定消费者群体遭受的实际损失为基础计算损害,而是以整个公共利益的抽象损失为基础衡量,无法通过特定消费者提起的私益诉讼予以弥补。"参见《浙江省杭州市余杭区人民检察院与蔡晨杰等公益诉讼案一审民事判决书》,（2020）浙0192民初1147号。

益损失进行救济的必要性和急迫性。德国的撤去不法收益之诉,法国的公共利益损失赔偿之诉,都是救济外部性财产利益损失的有益探索。对外部性财产利益进行救济的最大难题在于如何确认损失以及损失的大小,以及如何构建合理的赔偿金管理机制等。这些难题确实存在,但是并不能由此否认消费公共利益的真实存在。将外部性财产利益损失的原因行为列为消费民事公益诉讼的适用对象,是对外部性财产利益损失进行救济的客观需要。

7. 不法经营行为破坏市场经济秩序,进而侵害整体性或公共性消费精神利益的情形。消费精神利益是消费者在消费过程中所获得的良好的精神感受。司法实践表明,各类公益诉讼裁判文书中大量出现与公共性消费精神利益相关的表述或词语。例如,"不特定消费者的精神利益"①"社会公众享受良好消费环境、秩序的精神利益"②"社会公众享有安全消费环境的精神利益"③。上述表述主要出现在关于赔礼道歉的判决说理中。由此可知,司法实践已经将公共性消费精神利益作为赔礼道歉诉讼请求的逻辑起点。这既说明司法实践对公共性精神利益的认可,同时也证明对公共性精神利益进行救济的迫切性。如果不法经营者实施的破坏市场经济秩序的行为,同时侵害了整体性消费者的精神利益,适格主体就可以针对该不法经营行为提起相应的诉讼请求予以救济。

---

① 参见《北京市人民检察院第四分院与杜某某公益诉讼案一审民事判决书》,(2019)京 04 民初 251 号。

② 参见《安徽省亳州市人民检察院与安徽源和堂药业股份有限公司公益诉讼案一审民事判决书》,(2020)皖 16 民初 446 号。

③ 参见《新疆维吾尔自治区乌鲁木齐市人民检察院与肖克拉提·亚生等公益诉讼案一审民事判决书》,(2018)新 01 民初 290 号。

小   结

逻辑起点的具体化表达解决适格主体可以根据何种实体权益内容提起诉讼请求的问题。保护和救济消费公共利益是消费民事公益诉讼请求的根本目的。消费公共利益具有主客观之分。消费民事公益诉讼请求之逻辑起点应是主观层面的消费公共利益。根据"公共利益具体化"的解释思路,借用消费者权利概念,可以将消费民事公益诉讼请求的逻辑起点具体化为不特定多数实际性消费者、潜在性消费者和整体性消费者所享有的主观公共利益属性之消费者权利。具体来说,主观公共利益属性之消费者权利包括:公共性人身安全权、公共性财产安全权、公共性知情权、公共性自主选择权、公共性公平交易权、公共性受尊重权、公共性信息保护权利以及公共性财产利益和消费精神利益。

消费公共利益的存在领域和侵害行为,决定了消费民事公益诉讼请求的适用情形。现代社会中,消费公共利益的侵害领域呈现广泛性,侵害行为具有复杂性。将检察消费民事公益诉讼请求局限于食药安全领域的做法,既不利于消费公共利益的充分维护,也不利于消费民事公益诉讼的范围拓展。消费民事公益诉讼请求的适用领域应予以扩大。从权利的行为表达来看,消费公共利益的危害情形应当包括:提供商品或服务有缺陷,给不特定多数实际性消费者和潜在性消费者造成公共性人身安全、财产安全和信息安全损害或者危险的情形;未对存有危险的商品或服务进行充分说明、警示,或是提供虚假宣传,侵害不特定多数实际性消费者和潜在性消费者公共性知情权的情形;宾馆、商场、餐馆、银行、机场、车站、港口、影剧院、景区、体育场馆、娱乐场所等线下营业场所以及直播、微商平台和淘宝店铺等线上经营场所,存在侵害或危及不特定多数实际性消费者和潜在性消费者人身安全、财产安全和信息安全的情形;以格式条款类行为对消费者作出不公平、不合理规定,侵害不特定多数实际性消费者和潜在性消费者合法权益的公共性知情权、公共性自主选择权和公共性公平交易权的情形;商品或是服务中存在歧视或违反人格尊严、善良风俗的行为,侵害不特定多数实际性消费者、潜在性消费者或是整体性消费者的公共性受尊重权;经营者实施非法获利行为,造成外部性公共财产利益损害的情形;不法经营行为破坏市场经济秩序,引发公共性消费精神利益损害的情形。

第三章　消费民事公益诉讼请求之
请求权类型

消费民事公益诉讼请求之请求权类型研究旨在探究适格主体可以基于哪些请求权提起诉讼请求的问题。请求权是诉讼请求的本体内容。只有明确消费民事公益诉讼请求的请求权类型，才能对消费民事公益诉讼请求的本体内容形成全面认识。

本章主要从请求权类型的域外情况和相关争议着手，分析消费民事公益诉讼请求之请求权的适用目标、解释进路和设置依据。在此基础上，对消费民事公益诉讼请求之请求权作类型化阐释，探讨各类请求权与主观公共利益属性之消费者权利的对应关系。

第一节　请求权类型的比较考察与争议梳理

对消费民事公益诉讼请求之请求权类型作比较考察是开展相关研究的基本要求。本节主要梳理了中国及德国、日本、欧盟、巴西等国家和组织的相关情况，分析关于消费民事公益诉讼请求之请求权类型的学理争议，并尝试对相关争议作出回应。

一、请求权类型的比较考察

域外国家和地区类似消费民事公益诉讼制度中，关于请求权类型的立法规定表明，消费民事公益诉讼经历了从不作为之诉向赔偿之诉扩张的发展历程。[①] 就赔偿之诉的具体内容来看，既有以公共利益为救济目标的公益性赔偿请求权，也有救济个人损失的损害赔偿请求权，还有以惩罚、遏制不法经营者和威慑一般经营者为主旨的惩罚性赔偿请求权。

（一）德国

德国与消费民事公益诉讼相类似的诉讼制度是消费者团体诉讼。德国《反不正当竞争法》最早规定了团体诉讼。在 1896 年时，该法只明确了工商业团体的不作为诉讼。[②] 1965 年修法时，才将消费者团体纳入不作为诉讼中，明确了消费者团体的不作之诉请求权。根据《反不正当竞争法》在内的相关法律规范，德国团体诉讼中的请求权类型包括：1.不作为请求权、排除妨碍请求权、撤回请求权和信息请求权。[③] 根据德国《反不正当竞争法》第 8 条的规定，在经营者存在不正当的商业行为和不合理的纠缠行为时，有起诉资格的团体可以适用不作为请求权和排除妨碍请求权。[④] 根据德国《不作为之诉法》第

---

① 参见刘水林：《消费者公益诉讼中的惩罚性赔偿问题》，《法学》2019 年第 8 期。

② 参见吴泽勇：《德国团体诉讼的历史考察》，《中外法学》2009 年第 4 期。

③ 参见吴泽勇：《论德国法上的团体不作为之诉——以〈不作为之诉法〉和〈反不正当竞争法〉为例》，《清华法学》2010 年第 4 期。

④ 德国《反不正当竞争法》第 8 条第 1 款规定，有本法第 3 条规定的不正当商业行为或第 7 条规定的不合理纠缠行为的，可根据情况提起不作为请求和排除妨碍请求。第 3 条规定，不正当商业行为包括：（1）不公平的商业行为，对竞争者、消费者或其他市场参与者的利益造成损害的违法行为。（2）针对消费者的商业行为不符合相关企业家的专业勤勉要求，并且会明显损害消费者的信息决策能力，诱使消费者做出违背其真实意思的交易决定。（3）列在本法附件中的针对消费者的违法行为。该法第 7 条规定，不合情理的纠缠市场主体的商业行为属于违法行为。不合理的纠缠行为主要包括广告，特别是在被征集的市场参与者显然不想要这种广告的情况。

1 条的规定,对于使用或推荐无效条款的任何人,可以提起不作为请求或是撤回请求。① 德国《不作为之诉法》第 2 条将不作为请求权的适用范围扩展至无效条款以外的侵害消费者利益的行为。② 此外,根据《不作为之诉法》第 13 条的规定,有资格的团体可以通过书面保证的方式,请求不法行为人交出占有的信息,此即为信息请求权。③ 2. 不法收益请求权。根据德国《反不正当竞争法》第 10 条的规定,不法经营者实施不正当的商业行为和不合理的纠缠行为,损害众多消费者的合法利益时,相关法定主体可以适用撤去不法收益请求。④ 3. 损害赔偿请求权。根据德国《法律咨询法》第 3 条第 8 款的规定,适格主体可以在其业务范围内受让债权,并以自己的名义提起消费者诉讼。《法律咨询法》被《法律服务法》取代后,此类诉讼的适用范围更加广泛。⑤

(二) 日本

日本的消费者团体诉讼规定始于《消费者合同法》。⑥ 根据相关法律规

① 德国《不作为之诉法》第 1 条规定,对于使用或推荐使用《德国民法典》第 307 至 309 条规定无效之条款的人,可以对其请求不作为或者请求其撤销。

② 德国《不作为之诉法》第 2 条规定,对除了使用和建议使用无效商业条款之外的其他违反消费者保护法的行为,有关团体可以为消费者利益行使不作为请求权。参见吴泽勇:《论德国法上的团体不作为之诉——以〈不作为之诉法〉和〈反不正当竞争法〉为例》,《清华法学》2010 年第 4 期。

③ 德国《不作为之诉法》第 13 条规定,有资格的机构、工商业协会和手工业者协会以及反不正当竞争团体享有与该法第 1、2 条规定的不作为请求权和撤销(回)请求权相匹配的信息请求权。但在行使这种请求权时,请求权人应当以书面方式保证,保证他所请求的信息是为实现该法第 1、2 条赋予的请求权所必需,并且不会向他人提供该信息。参见吴泽勇:《论德国法上的团体不作为之诉——以〈不作为之诉法〉和〈反不正当竞争法〉为例》,《清华法学》2010 年第 4 期。

④ 德国《反不正当竞争法》第 10 条规定,不法经营者实施该法第 3 条(不正当商业行为)和第 7 条(不合理的纠缠行为)规定的非法商业行为,从而获得并损害众多购买者的利益时,依第 8 条第 3 款第 2 项至第 4 项享有不作为请求权的主体,可以向法院提起撤去不法收益的请求。第 8 条第 3 款第 2、3、4 项规定的主体包括:为促进商业或独立职业利益而存在的具有法人资格的协会;列入《不作为之诉法》第 4 条规定的名录或欧洲共同体委员会根据欧洲议会和理事会指令 1998/27/EC 第 4 条设置的名单;工商会或手工业商会。

⑤ 参见刘学在:《请求损害赔偿之团体诉讼制度研究》,《法学家》2011 年第 6 期。

⑥ 2006 年日本《消费者合同法》明确了团体诉讼,2008 年又在《赠品表示法和特定商业交易法修改法案》中作了相关规定。参见刘学在:《民事公益诉讼制度研究——以团体诉讼制度的构建为中心》,中国政法大学出版社 2015 年版,第 156—157 页。

定,日本消费者团体诉讼中的请求权类型主要包括:1.停止侵害请求权。日本《消费者合同法》第 23 条规定,符合条件的消费者团体应行使停止侵害请求。① 根据相关解释,"合格的消费者团体可以针对不正当的劝诱行为或者是不正当的合同条款提起停止侵害请求"②。2.损害赔偿请求权。日本在《消费者财产损害集团性回复的民事裁判程序特别法》中引入了损害赔偿请求权。根据该法第 1 条的规定,合格的消费者团体可以在损害赔偿程序中,集体追回多数消费者的财产损失。③ 损害赔偿请求权的实现需要经过两个阶段的诉讼程序。第一个阶段也称为共同义务确认程序。在此阶段,合格的消费者团体可以基于多数消费者受损的共同原因向法院提起给付金钱义务的确认请求。第二个阶段的程序也称为债权确定程序。这一阶段的诉讼需要得到受害者的授权,团体根据授权提起债权确定请求。

（三）　欧盟

近年来,欧盟致力于消费者集体利益救济机制的完善。根据消费者集体利益救济的相关指令和建议,欧盟消费者集体救济机制中的请求权类型主要包括:1.禁令请求权。1998 年《关于保护消费者集体利益禁令的指令》(EC 1998/27)就已经明确规定了关于保护消费者集体利益的禁令请求。④ 2.损害

———

① 日本《消费者合同法》第 23 条第 1 款规定,适格消费者组织应当为不明和大量消费者的利益,行使停止请求。
② 参见［日］加藤理步:《消费者团体诉讼制度の実効性の確保:独立行政法人国民生活センター法等の一部を改正する法律案》,《立法と調査》,388 号,2017 年第 5 期,第 4 页。
③ 日本《消费者财产损害集团性回复的民事裁判程序特别法》第 1 条规定,鉴于消费者与商家在信息质量、数量和谈判能力方面存在差异,本法允许对于由消费者合同造成的相当数量的财产损失进行赔偿。为集体追回以上财产损失,应由特定的消费者团体按照损害回复程序进行,目的是为人民生活的稳定改善和国民经济的健康发展作出贡献。
④ EC 2009/22 指令立法理由第 1 条［*The European Parliament and the Council Directive(EC) 2009/22 / On injunctions protecting the collective interests of consumers*(2009) OJ L 110/30 whereas.1］指出,1998 年 5 月 19 日欧洲议会和理事会关于保护消费者利益的禁令的指令 1998/27/EC 已多次大幅修订,为合理起见,应将上述指令编成法典。

赔偿请求权。2013年《会员国关于违反联盟法授予的权利的禁令和补偿性集体补救机制的共同原则的建议》（EU 2013/369）致力于大规模损害救济,增设了损害赔偿请求。① 3.补救措施相关请求。在2020年《关于保护消费者集体利益和废除指令2009/22/EC 的指令》（EU2020/1828）中,欧盟进一步明确了禁令和补救措施两种救济方式。② 该指令第8条规定,当经营者的行为被认定为侵权行为时,合格实体可以请求停止该行为或请求对该行为发出禁令。③ 该禁令应包括确认侵权。④ 第9条规定,不法经营者应根据欧盟或成员国法律的规定,提供补偿、维修、终止合同等补救措施。⑤ 4.不建议使用惩罚性赔偿请求权。欧盟消费者集体救济相关指令中,并未明确规定惩罚性赔偿请求

---

① EU2013/369 建议第3条第1款［*The Commission Recommendation（EU）2013/369 / on common principles for injunctive and compensatory collective redress mechanisms in the Member States concerning violations of rights granted under Union Law*（2013）OJL 201/60 art.3.1］规定,本建议书中"集体补救"是指:（i）禁令集体补救（停止请求）:确保两个或更多自然人或法人或有权提起代表诉讼的实体,要求停止非法行为的可能性;（ii）补偿性集体补救（赔偿请求）:确保两个或多个声称受到伤害的自然人或法人或有权提起代表诉讼的实体,要求赔偿的可能性;

② EU2020/1828 指令第7条第4款［*The European Parliament and the Council Directive（EU）2020/1828 on representative actions for the protection of the collective interests of consumers and repealing Directive 2009/22/EC*（2020）OJ L 409/1 art.7.4］规定,成员国应确保符合条件的实体至少有权寻求以下措施;（a）禁令措施;（b）补救措施。

③ EU2020/1828 指令第8条第4款［*The European Parliament and the Council Directive（EU）2020/1828 on representative actions for the protection of the collective interests of consumers and repealing Directive 2009/22/EC*（2020）OJ L 409/1 art.8.4］规定,成员国应确保第7条第（4）款a项中提及的禁令措施通过以下形式提供:（一）停止某项行为或在适当情况下禁止某项行为的临时措施,如果该行为已被认定构成第2条第1款所述的侵权行为;（二）停止某项行为或在适当情况下禁止某项行为的最终措施,如果该行为已被认定构成第2条第1款所述的侵权行为。

④ EU2020/1828 指令立法理由第40条［*The European Parliament and the Council Directive（EU）2020/1828 on representative actions for the protection of the collective interests of consumers and repealing Directive 2009/22/EC*（2020）OJ L 409/1 whereas.40］规定,如果提起代表诉讼之前该行为已经停止,但是仍需要证明该行为构成侵权时（例如,为了促进补救措施的后续行动）,禁令措施可以包括宣布该项行为构成侵权。

⑤ EU2020/1828 指令第9条第1款［*The European Parliament and the Council Directive（EU）2020/1828 on representative actions for the protection of the collective interests of consumers and repealing Directive 2009/22/EC*（2020）OJ L 409/1 art.9.1］规定,成员国应要求贸易商在欧盟或成员国法律允许的情况下,向相关消费者提供补救措施。相关补救措施例如,补偿、维修、更换、降价、终止合同或支付价格补偿。

权。而且最新的 EU2020/1828 指令在其立法理由中特别强调,为避免诉讼被滥用,成员国法院应当避免要求经营者支付惩罚性赔偿。①

(四) 巴西

巴西的公益诉讼,也被称为"集团诉讼"②或"集合诉讼"③。巴西消费公益诉讼早在 1985 年制定的《公共民事诉讼法》中就有体现,该法已经多次修订。总体来看,巴西公共诉讼中的请求权类型较为多样。1.请求权相关的立法规定。根据《公共民事诉讼法》第 3 条、第 11 条、第 12 条、第 13 条的规定,公共民事诉讼以金钱赔偿和义务的履行或不履行为诉请目的。法官可以判令被告履行义务、停止恶意行为、处以罚款、赔偿金钱等。④ 另根据巴西《消费者权益保护法》第 84 条的规定,法官应采取特定的救济措施确保诉讼能够获得与实际履行相当的法律效果。⑤ 2.请求权的分类适用。依侵害权利内容的不同,巴西公共民事诉讼中的请求权类型各有不同。在由同一事实所引起的混同权利侵害案件中,可提起禁止请求、恢复原状请求、损害赔偿请求,包括弥补社会整体利益损害的赔偿请求。在由共同法律关系引起的集合性权利损害案件中,可提起

---

① EU2020/1828 指令立法理由第 10 条[*The European Parliament and the Council Directive* (EU) 2020/1828 *on representative actions for the protection of the collective interests of consumers and repealing Directive* 2009/22/EC (2020) OJ L 409/1 whereas.10]指出,重要的是要确保在改善消费者诉诸司法机会和为贸易商提供适当保障措施之间取得必要的平衡,以避免滥用诉讼,因为这会不合理地阻碍企业的市场运营能力。为防止诉讼被滥用,成员国法院应避免要求经营者支付惩罚性赔偿,同时也应制定相应的程序规则。

② 参见李晓蕊:《巴西集团诉讼中的既判力规则》,《人民法院报》2012 年 12 月 14 日。

③ 参见刘学在:《民事公益诉讼制度研究——以团体诉讼制度的构建为中心》,中国政法大学出版社 2015 年版,第 243 页。

④ 巴西《公共民事诉讼法》第 3 条规定,公共民事诉讼以金钱赔偿或履行、不履行义务为目标。第 11 条规定,在以履行或不履行义务为目标的公共民事诉讼中,法官将决定是否履行应有的活动或停止有害活动,并处以特定的惩罚或每日罚款,无论起诉者是否要求。第 12 条规定,法官可以在判决中发布禁令。第 13 条规定,在现金判决的情况下,造成损害的赔偿款将交回由联邦委员会或州委员会管理的基金。

⑤ 巴西《消费者权益保护法》第 84 条第 1 至 5 款的规定,相关措施可能包括损害赔偿、预防性救济措施、罚款、搜查、扣押、拆除、阻止或请求协助等。

要求不法经营者停止非法行为,遵守实体法规定的禁令请求等。在基于某种共同来源的同种类个别性权利侵害案件中,可以提起损害赔偿在内的诉讼请求。①

(五) 中国

中国关于消费民事公益诉讼的请求权类型主要集中在《消费公益诉讼解释》《公益诉讼实施办法》(已失效)《公益诉讼办案规则》的相关规定中。② 之所以如此,大概与我国消费公共利益的实体法律规范尚不成熟有关。当新型的正当利益尚未被实体法所权利化,而这一正当利益又亟需获得救济时,就需要先从诉讼法中予以突破。这与谷口安平教授"诉讼法先行于实体法"③的说法形成印证。新型权利的生成过程首先要在诉讼法或诉讼程序中获得认可,进而发展升级为实体法中的实体权利和实体请求权。具体来说,《消费公益诉讼解释》明确规定了请求停止侵害、排除妨碍和消除危险的禁令型请求权、请求赔礼道歉的人格型请求权以及请求确认无效的确认型请求权。④《公益诉讼实施办法》(已失效)中还规定了请求赔偿损失的请求权和请求恢复原状的请求权。⑤ 新近实施的《公益诉讼办案规则》中特别明确了恢复原状、惩罚性赔偿以及相关费用等请求权类型。⑥ 总

---

① Antonio Gidi 等:《巴西集团诉讼:一个大陆法系国家的范本》,《厦门大学法律评论》2014年第2期。

② 我国消费民事公益诉讼请求类型的具体论证详见本书第五章第一节第一部分(一)2"关于请求权类型的立法情况"相关内容。

③ [日]谷口安平:《程序的正义与诉讼》,王亚新、刘荣军译,中国政法大学出版社2002年版,第66页。

④ 《消费公益诉讼解释》第13条规定,原告在消费民事公益诉讼案件中,请求被告承担停止侵害、排除妨碍、消除危险、赔礼道歉等民事责任的,人民法院可予支持。经营者利用格式条款或者通知、声明、店堂告示等,排除或者限制消费者权利、减轻或者免除经营者责任、加重消费者责任,原告认为对消费者不公平、不合理主张无效的,人民法院应依法予以支持。

⑤ 《公益诉讼实施办法》(已失效)第16条规定,人民检察院可以向人民法院提出要求被告停止侵害、排除妨碍、消除危险、恢复原状、赔偿损失、赔礼道歉等诉讼请求。

⑥ 《公益诉讼办案规则》第98条第1款规定,人民检察院可以向人民法院提出要求被告停止侵害、排除妨碍、消除危险、恢复原状、赔偿损失等诉讼请求。该条第2款第2项规定,食品药品安全领域案件,可以提出要求被告召回并依法处置相关食品药品以及承担相关费用和惩罚性赔偿等诉讼请求。

体来看,由于立法对于消费公共利益的界定还停留在抽象表达阶段,所以作为手段性权利依据的请求权规定也都较为笼统,尚无法与消费公共利益的具体权利形态建立对应关系。由此引发了理论界和实务部门的不少质疑,抑或是争议。①

（六）总结与评析

随着公益诉讼目的和形式的不断发展和变化,消费民事公益诉讼的诉讼请求发生了很大变化。② 很多国家和地区救济公共利益的诸多诉讼制度最初的立法只规定了不作为请求权。为了能够在不作为之诉的基础上,实现对消费公共利益以及消费者个人利益损失的有效救济,很多国家和地区开始在团体诉讼中增设各类赔偿型请求权。这种转变不仅体现在德国、日本等国家的团体诉讼构建和完善过程中,美国由联邦贸易委员会提起的集团诉讼中也有类似的发展经历。据学者考证,在该诉讼制度设立之初,联邦贸易委员会允许提起禁令型请求。发展到 1975 年相关法律修订后,开始允许适用交出不法获益金、民事罚金以及损害赔偿请求。③ 可以说,从非财产型的不作为请求权向财产型的赔偿请求权拓展,已经成为消费民事公益诉讼制度的发展趋势。

就财产型赔偿请求权的具体类型而言,既有以公共利益救济为目标的公益型请求权,又有救济消费者个人损失的赔偿请求权和惩罚性赔偿请求权。1.救济公共利益的赔偿型请求权。如,德国的撤去不法收益请求权。不法收益的赔偿金上交国库,不分配给消费者个人。又如,巴西针对公共损失的损害赔偿请求权。损害赔偿款由当事人向政府管理的基金支付。④ 2.救济消费者个人利益的赔偿型请求权。如,在巴西同种类个别性权利的公共诉讼中,适格

---

① 具体论证详见本节第二部分"请求权类型的争议梳理"相关内容。
② 参见刘水林:《消费者公益诉讼中的惩罚性赔偿问题》,《法学》2019 年第 8 期。
③ 参见陶建国:《消费者公益诉讼研究》,人民出版社 2013 年版,第 170—173 页。
④ 参见刘学在、韩晓琪:《巴西集合诉讼制度介评》,《环球法律评论》2010 年第 4 期。

起诉主体可以基于授权并通过二阶段的诉讼程序对消费者个人财产损失进行救济。日本也采用了类似的方式,允许适格主体提起以救济消费者个人利益为主旨的损害赔偿请求权。3.救济消费者个人利益的惩罚性赔偿型请求权。在公益诉讼程序中或者是借助公益诉讼程序实现消费者个人利益,似乎成为一种新的趋势。欧盟最新立法 EU2020/1828 在其立法理由中也指出,会员国应根据本国法律向消费者提供直接受益于补救的可能性。①

二、请求权类型的争议梳理

总体来看,学界对于停止侵害、排除妨碍和消除危险请求基本达成共识。相关讨论主要集中于确认请求权、赔礼道歉请求权以及损害赔偿、不法收益和惩罚性赔偿请求权。

(一)关于确认请求权

根据相关文献来看,学者对于确认请求权的可适用性并无异议,主要是对确认请求权的适用范围产生质疑。

1. 对于确认请求权适用范围的疑问

有学者对《消费公益诉讼解释》只规定确认无效请求权的做法,②提出质疑并主张拓展确认请求权的适当范围。主要理由包括:(1)确认请求权具有

---

① EU2020/1828 指令立法理由第 47 条[*The European Parliament and the Council Directive* (EU) *2020/1828 on representative actions for the protection of the collective interests of consumers and repealing Directive 2009/22/EC*(2020)OJ L 409/1 whereas.47]规定,出于方便和效率的考虑,成员国应该根据国家法律,为消费者提供能够在救济措施发布后直接受益的可能性,无需遵守事先参与代表诉讼的要求。

② 我国《消费公益诉讼解释》只明确了基于格式条款的确认无效请求权。根据该法第 13 条第 2 款的规定,经营者利用格式条款或者通知、声明、店堂告示等,排除或者限制消费者权利、减轻或者免除经营者责任、加重消费者责任,原告认为对消费者不公平、不合理主张无效的,人民法院应依法予以支持。

基础性作用。只有在对共同的事实问题进行确认的基础上,才能实施相应的禁令或者损害赔偿救济。① (2)确认请求权有利于私人利益的救济。消费者购买和使用不合格产品,并因此受到损害的情况难以避免。确认违法请求的适用有利于消费者在私益诉讼中获得赔偿。② (3)拓展确认请求权具有域外经验。我国可以借鉴德国示范确认程序中的确认请求权,将与经营者责任认定相关的事项全部纳入到确认请求权的适用范围中。③

2. 确认请求权的适用范围应当得到拓展

实践中,除生产和销售不合格产品以外,多数侵害消费公共利益的不法经营行为都与不公平和不合理的格式条款有关。针对不公平和不合理的格式条款,提起确认之诉具有十分积极的作用。然而从制度完善的角度而言,还应当拓展确认请求权在消费民事公益诉讼中的适用范围。其一,如前述学者所言,确认请求权具有基础性作用。对案件关键性事实进行确认,既有利于消费公益诉讼中禁令型请求权和赔偿型请求权的适用,也有利于私益诉讼中消费者个人损害赔偿的获得。其二,借鉴域外经验拓展确认请求权的适用范围,是我国消费民事公益诉讼制度推进的发展思路。欧洲议会和理事会指令EU2020/1828 在立法理由中特别指出,如果行为在提起代表诉讼之前已经终止,考虑到补救措施的后续行动,仍然有必要确定该行为构成侵权。④ 类似规定为我国消费民事公益诉讼制度私益支持功能的发挥以及消费民事公益诉讼制度价值的提升提供了借鉴思路。其三,确认请求权本身即属于具有预防性质的请求权类型,在消费民事公益诉讼中对相关违法事实进行确认,也会在客

---

① 参见姚敏:《消费民事公益诉讼请求的类型化分析》,《国家检察官学院学报》2019 年第 3 期。
② 参见黄旭东:《论消费民事公益诉讼的请求类型及适用》《民主与法制时报》2018 年 1 月 18 日。
③ 参见姚敏:《消费民事公益诉讼请求的类型化分析》,《国家检察官学院学报》2019 年第 3 期。
④ EU2020/1828 指令立法理由第 40 条［ *The European Parliament and the Council Directive* (EU)2020/1828 *on representative actions for the protection of the collective interests of consumers and repealing Directive* 2009/22/EC(2020)OJ L 409/1 *whereas*.40］规定,如果提起代表诉讼之前该行为已经停止,但是仍需要证明该行为构成侵权时(例如,为了促进补救措施的后续行动),禁令措施可以包括宣布该项行为构成侵权。

观上发挥预防争议和减少风险的效果。

（二）关于赔礼道歉请求权

赔礼道歉请求权属于实体法所明确规定的请求权类型。① 无论是在私益诉讼中，还是在公益诉讼中，理论界对于赔礼道歉的合理性一直存有质疑。

1. 对于赔礼道歉请求权之合理性的疑问

关于赔礼道歉的质疑首先体现在传统的私益诉讼中。私益诉讼中，对于赔礼道歉请求权的质疑理由包括：（1）赔礼道歉与公民权利保障存在冲突。赔礼道歉请求权的适用，可能会侵害公民的不表意自由和人格尊严权。② 而且间接执行的赔礼道歉之目的达成与其对公民权利的限制之间不成比例。③（2）强制执行的赔礼道歉不能发挥实质性的作用。

对于赔礼道歉的强制执行既不能实现对受害人心理的补偿，也无益于侵害人道德的恢复。④ 如此，不仅无法缓解矛盾，还有可能导致社会不和谐。⑤ 然而，由于赔礼道歉请求权在客观上所具备的缓解精神痛苦，恢复名誉以及道德谴责等积极作用，大多数持质疑观点的学者也并非完全否定，只是建议应通过限制或者变通的方式消解冲突。

消费民事公益诉讼制度确定以来，赔礼道歉在司法实践中的大量适用再

---

① 《中华人民共和国民法典》第 179 条第十一项规定，民事责任的方式主要有：（十一）赔礼道歉。第 995 条规定，人格权受到侵害的，受害人有权依照本法和其他法律的规定请求行为人承担民事责任。受害人的停止侵害、排除妨碍、消除危险、消除影响、恢复名誉、赔礼道歉请求权，不适用诉讼时效的规定。第 1000 条第 1 款规定，行为人因侵害人格权承担消除影响、恢复名誉、赔礼道歉等民事责任的，应当与行为的具体方式和造成的影响范围相当。

② 参见张红：《不表意自由与人格权保护：以赔礼道歉民事责任为中心》，《中国社会科学》2013 年第 7 期；吴小兵：《赔礼道歉的合理性研究》，《清华法学》2010 年第 6 期。

③ 参见葛云松：《民法上的赔礼道歉责任及其强制执行》，《法学研究》2011 年第 2 期。

④ 参见付翠英：《论赔礼道歉民事责任方式的适用》，《河北法学》2008 年第 4 期。

⑤ 参见程欲民、丁吉生：《认真对待责任——对赔礼道歉民事责任的反思》，见《探索社会主义司法规律与完善民商事法律制度研究——全国法院第 23 届学术讨论会获奖论文集》下册，2011 年 12 月，第 1135 页。

度引起学者关注。目前来看,就消费民事公益诉讼中适用赔礼道歉请求权形成两种观点,包括肯定说和限制说。(1)肯定说。持肯定说的学者认为,在消费公益诉讼中正确适用赔礼道歉请求权,有助于公益诉讼制度价值的实现。①有法官在个案裁判时也指出,消费公益诉讼中适用赔礼道歉有助于"实现社会和谐"。② (2)限制说。限制说认为,在民事公益诉讼中对赔礼道歉请求权进行限制具有正当性,反对赔礼道歉的当然化和普遍化适用。同时建议在民事公益诉讼中适用赔礼道歉请求权,应兼顾表达自由和比例原则。③

2. 赔礼道歉请求权具有正当性,但应同时注重适用合理性

笔者认为,尽管理论上对赔礼道歉存在不少质疑,但是不可否认的是,赔礼道歉是被我国立法所明确规定的请求权类型。而且根据分析可知,相关学者的质疑观点并非完全否定赔礼道歉的合法性。大多数质疑都是以适用合理性为视角,针对赔礼道歉的强制执行可能引发的权利冲突和实际效果进行发问。所以,赔礼道歉的合法性及其所能够发挥的正当作用不容置疑。在消费民事公益诉讼中适用赔礼道歉请求权或要求不法经营者承担赔礼道歉责任也具有一定的正当性。首先,赔礼道歉请求权在《公益诉讼实施办法》(已失效)和《消费公益诉讼解释》中都有明确的规定,④因而具有合法性。其次,赔礼道歉请求在实践中的大量适用,⑤也表明了赔礼道歉请求权的适用必要性和适用空间。再次,在消费民事公益诉讼中提起赔礼道歉请求,有助于对不法经营

---

①　参见姜耀庭、董广绪:《赔礼道歉在消费民事公益诉讼中的运用——"小鸣单车"案引发的法律思考》,《法治论坛》2019 年第 53 期。

②　参见《广东省消费者委员会诉广州悦骑信息科技有限公司拖延返还押金一审民事判决书》,(2017)粤 01 民初 445 号。

③　参见阙占文:《赔礼道歉在民事公益诉讼中的适用及其限制》,《政法论坛》2019 年第 4 期。

④　《公益诉讼实施办法》(已失效)第 16 条规定,人民检察院可以向人民法院提出要求被告停止侵害、排除妨碍、消除危险、恢复原状、赔偿损失、赔礼道歉等诉讼请求。《消费公益诉讼解释》第 13 条第 1 款规定,原告在消费民事公益诉讼案件中,请求被告承担停止侵害、排除妨碍、消除危险、赔礼道歉等民事责任的,人民法院可予支持。

⑤　根据本书的实证分析,赔礼道歉请求在消费民事公益诉讼请求中所占比例达到 94%。具体论证详见本书第五章第一节第二部分(三)4"赔礼道歉类诉讼请求"相关内容。

者进行道德教化,并对其他经营者形成警示作用,从而发挥一定的预防效果。

赔礼道歉请求权的适用需要同时兼顾合理性。赔礼道歉请求权的当然化适用不仅不会发挥应有的社会效果,还会削弱民事公益诉讼的程序价值。因此,在消费民事公益诉讼的个案中,法官需要加强对赔礼道歉请求之适用必要的审查。

(三) 关于损害赔偿请求权与不法收益请求权

关于损害赔偿请求权与不法收益请求权的争议较大。① 依现有资料来看,相关争论主要围绕着消费者私益性损害赔偿请求权、公益性损害赔偿请求权以及撤去不法收益请求权的可适用性展开。具体来说,形成"否定说"和"肯定说"两大类观点。

1. 否定说

观点一认为,消费民事公益诉讼中不应适用损害赔偿请求权。主要理由在于:(1)不作为请求权与消费民事公益诉讼所具有的预防保护和监督功能相契合,应当主要适用。(2)损害赔偿请求权的适用存在着损害证明和赔偿金分配的困难。将消费民事公益诉讼请求权定位于非金钱类赔偿请求权,可以避免由此带来的技术问题。(3)域外国家也有相同做法。域外来看,德国等欧洲的大陆法系国家将请求权定位于非金钱赔偿请求权,即使是美国也以禁令型请求权和民事罚款为主要内容。所以,我国民事公益诉讼应以非金钱损害赔偿请求权为主导,例外情形可拓展适用不法收益请求权。②

观点二认为,消费民事公益诉讼中不应适用与消费者个人利益相关的损害赔偿请求权。主要理由在于:(1)与消费者私人利益相关的损害赔偿请求权只能在私益诉讼中提出。在公益诉讼中对受害消费者进行物质救济,将造成公益诉讼和私益诉讼的混淆适用。(2)消费民事公益诉讼中不存在对私人

---

① 相关研究对于损害赔偿请求权的探讨,多数会涉及不法收益请求权。为便于论证,本部分对二者进行集中分析。

② 参见周翠:《民事公益诉讼的功能承担与程序设计》,《北方法学》2014 年第 5 期。

利益进行赔偿的法律基础。消费者团体并非实际的受害者,不能基于赔偿诉讼而获得利润。根据域外国家关于赔偿请求的立法经验,如果允许提起赔偿请求,那么就需要明确赔偿款的具体归属和赔偿请求的目的所在。①

观点三认为,消费民事公益诉讼中不应适用撤去不法收益请求权。主要理由是不法收益请求权的获益标准不易把握,存在着证明上的困难。另外,不法收益请求权可以由行政处罚代替,不应适用于消费民事公益诉讼中。②

2. 肯定说

观点一认为,消费民事公益诉讼中可以适用小额分散型损害赔偿请求权。理由在于:(1)小额分散损害赔偿诉讼具有由客观情势所致的公益性,能够制止不法侵害并且保护一般权益。③ (2)针对小额分散型侵害行为,而非大额侵害行为提起损害赔偿请求,将更有利于对公共利益的救济。④ (3)在消费民事公益诉讼中适用损害赔偿请求权有助于消费民事公益诉讼制度的功能实现。消费民事公益诉讼具有威慑和补偿的二元功能结构,补偿功能的实现需要依靠损害赔偿请求权得以完成。⑤

观点二认为,检察消费民事公益诉讼可以适用撤去不法收益请求权。主要理由是:(1)撤去不法收益具有公益性。不法收益是从侵害人角度所作的利益计算和收缴,与受害者的个人损害无关,因而具有公益性。(2)消费者团体应排除适用不法收益请求权。现有法律规范中没有关于不法收益请求权的内容规定和制度安排,消费者团体不应提起不法收益请求。(3)检察机关具有提起不法收益请求权的责任和优势。不法收益请求权具有制裁性,而且利

---

① 参见赵红梅:《有关消费者公益诉讼的三个关键性问题》,《中国审判》2013 年第 6 期。
② 参见邓娟:《消费公益诉讼的诉讼请求类型问题研究》,《探求》2017 年第 4 期。
③ 参见熊跃敏:《消费者群体性损害赔偿诉讼的类型化分析》,《中国法学》2014 年第 1 期。
④ 参见杨会新:《去公共利益化与案件类型化——公共利益救济的另一条路径》,《现代法学》2014 年第 4 期。
⑤ 参见杜乐其:《消费民事公益诉讼损害赔偿请求权研究》,《法律科学》2017 年第 6 期。

润款收归国库所有,检察机关有责任对此提起诉讼。①

观点三认为,撤去不法收益请求权和基于个人授权的损害赔偿请求权都可适用于消费民事公益诉讼中。主要观点和理由有:(1)不法收益请求权具有合理性。只有在不法经营者无法获益时,才能切实制止不法侵害行为的再次发生。(2)通过个人授权的方式适用损害赔偿请求权,能够发挥良好的效果。允许适格主体根据个人授权,在消费公益诉讼中适用私益性的损害赔偿请求权,既能提高消费者的积极性,还可以避免腐败。②

观点四认为,消费民事公益诉讼中可以适用公益性损害赔偿请求权,而且从赔偿标准上来看,损害赔偿相当于经营者的不法收益。具体观点和理由包括:(1)公益性损害赔偿请求权能够发挥公益补救作用。消费公共利益损害不仅需要通过不作为之诉予以制止,还需要通过损害赔偿之诉予以补救。(2)公益性损害赔偿请求权的赔偿标准与不法收益额相同。不法收益实际上即经营者的违法所得,与公共利益的损害赔偿额等同。(3)在行政机关尚未查处之前,通过损害赔偿请求权没收经营者的不法收益,既可以弥补行政机关的不足,又可以对公共利益损害进行救济。③

观点五认为,消费民事公益诉讼中既可以适用公益性损害赔偿请求权,又可以适用私益性损害赔偿请求权。(1)主张公益性损害赔偿请求权的理由是:社会公共利益受损是公益性损害赔偿请求权的基础;公益性损害赔偿请求权符合公益诉讼请求之依赖性标准和不可分割标准;④域外国家和地区具有

---

① 参见吴光荣、赵刚:《消费者团体提起公益诉讼基本问题研究》,《法律适用》2015年第5期。
② 参见苏号朋:《消费维权公益诉讼制度实践及发展》,《中国国情国力》2015年第10期。
③ 参见李友根:《论消费者协会公益诉讼的损害赔偿请求权——对最高人民法院司法解释立场的商榷》,《政治与法律》2017年第9期。
④ 该学者认为消费者集体救济诉讼请求应当满足相互依赖性和救济的不可分割性的要求。相互依赖性是指受害消费者集体中,不能单独列出任何一个人需要施以特别救济。不可分割性是指诉讼请求的无差别性,即法院判决只能施以无差别救济,此救济必须使原告代表的、因被告行为受害的所有集体成员无差别地获益。

相关立法经验。（2）主张私益性损害赔偿请求权的理由是：集合性的私益权利可以升级为公益性权利，而且此类权利无法通过私人救济得以实现。通过损害赔偿请求权对其进行救济有利于发挥公益诉讼的救济功能。[①]

3. 损害赔偿请求权具有适用正当性

以上各类观点基本能够涵盖损害赔偿请求权和不法收益请求权的认识分歧。笔者将从诉讼功能、权益基础、现实情况以及具体适用层面，对上述相关争议进行分析。

首先，从功能层面上来看，损害赔偿请求权具有适用必要性。损害赔偿请求权能够发挥填补既有损失的救济功能，这与不作为请求权所具有的制止和预防功能形成互补。两类请求权的同时适用既可以面向未来，防止损害或者危险的产生和扩大，又可以面向过去，对已经发生的实际损害进行相应补救。既然民事公益诉讼以公共利益维护为主要目的，那么保护公共利益的请求权就应该同时发挥预防作用和救济作用。如有欠缺，则不仅意味着对民事公益诉讼制度功能的限制，还会降低民事公益诉讼程序的效益价值。

其次，从权益基础层面上来看，消费民事公益诉讼中确实存在着公益性的财产损失。如第二章第二节所述，消费领域中的公共性财产损失，是经营者不当降低成本或不当获利所造成的外部性公益性损失，其客观结果是不法经营者获益而整体性的社会公共利益受损。尽管公共性财产损失难以计算，但是也无法否认利益内容的真实存在。所以说，消费民事公益诉讼具有适用公益性损害赔偿请求权的实体权益基础。

再次，从现实层面上来看，小额分散者的私人利益也具有救济的合理性。除外部性公益损失外，经营者的不法经营行为极有可能造成消费者个人的人身或是财产损失。[②] 与外部性公益损失之统一性和整体性不同，此类损失主

---

① 参见姚敏：《消费民事公益诉讼请求的类型化分析》，《国家检察官学院学报》2019 年第 3 期。
② 消费者个人因受到欺诈、使用缺陷产品等情况造成的财产或人身损失，以及商品本身价值的损失。

要是基于同类型的单个合同行为所产生。严格来讲,它是一种私人利益损失,应适用私益性的个人损害赔偿请求权。① 然而,由于此类损失在客观上不具备通过诉讼获得救济的可期待性,所以仍需要借助公益诉讼予以实现。为此,笔者赞同有学者提出的两步走方案,即在公益诉讼中先行提起关键事实确认请求权,在确认请求得到支持后,再借助专门程序完成个人利益的损害赔偿救济。② 这也与公益诉讼中请求权所应具有的私益支持目标相符。③

最后,从实施层面上来看,公益性损害赔偿请求权的具体适用可参照不法收益请求权,依据不法经营者的违法所得利益进行赔偿。如前述观点四所言,公共利益损失相当于经营者的违法所得。违法所得是不法经营者因不当逐利而获得的额外收益。就赔偿标准而言,公益性损害赔偿请求权与不法收益请求权具有同义性。

(四) 关于惩罚性赔偿请求权

从立法上来看,我国直到 2021 年《公益诉讼办案规则》颁布后,才有关于惩罚性赔偿请求的明确规定。④ 然而一直以来,消费民事公益诉讼惩罚性赔

---

① 消费者个人损害赔偿请求权的法律依据主要包括《中华人民共和国消费者权益保护法》第 49 条、第 52 条和第 55 条。《消费者权益保护法》第 49 条规定,经营者提供商品或者服务,造成消费者或者其他受害人人身伤害的,应当赔偿医疗费、护理费、交通费等为治疗和康复支出的合理费用,以及因误工减少的收入。造成残疾的,还应当赔偿残疾生活辅助具费和残疾赔偿金。造成死亡的,还应当赔偿丧葬费和死亡赔偿金。第 52 条规定,经营者提供商品或者服务,造成消费者财产损害的,应当依照法律规定或者当事人约定承担修理、重作、更换、退货、补足商品数量、退还货款和服务费用或者赔偿损失等民事责任。第 55 条规定,经营者提供商品或者服务有欺诈行为的,应当按照消费者的要求增加赔偿其受到的损失。经营者明知商品或者服务存在缺陷,仍然向消费者提供,造成消费者或者其他受害人死亡或者健康严重损害的,受害人有权要求经营者依照法律规定赔偿损失。
② 参见姚敏:《消费民事公益诉讼请求的类型化分析》,《国家检察官学院学报》2019 年第 3 期。
③ 私益支持目标的具体论证详见本章第二节第一部分(三)"私益支持目标"相关内容。
④ 《公益诉讼办案规则》第 98 条第 2 款第二项规定,食品药品安全领域案件,可以提出要求被告召回并依法处置相关食品药品以及承担相关费用和惩罚性赔偿等诉讼请求。

偿案件却是屡见不鲜。大多数法院对原告的惩罚性赔偿请求作出了实体判决,①但是也有法院认为消费民事公益诉讼惩罚性赔偿请求不具有作出实体判决的合理性。② 对此,理论上也莫衷一是。

1. 关于惩罚性赔偿请求权的争议

关于惩罚性赔偿请求权,形成“限制说”“肯定说”和“慎用说”三种观点。

(1)限制说。限制说认为,除非是由受害消费者个人直接参与公益诉讼,其他适格主体不能适用惩罚性请求权。由消费者协会和检察院在消费民事公益诉讼中主张惩罚性赔偿,会让经营者承担巨额的赔偿和过重的惩罚,从而破坏各主体之间的平衡关系。③

(2)肯定说。肯定说认为,惩罚性赔偿请求权具有惩罚和激励的双重功能,既能遏制公益性损害,又能激励消费者。④ 惩罚性赔偿请求权在消费公益诉讼中的适用能够降低维权成本、避免败诉风险,内化法经营者的外部成本。⑤《消费公益诉讼解释》第 13 条中以“等”字结尾的做法,也为惩罚性赔偿请求权的司法适用留有了法律空间。⑥ 还有学者指出,只有着眼于非私益性的惩罚性赔偿,才能体现公益诉讼的应有价值。⑦

---

① 如,在“广东消委会诉彭某某等生产、销售假盐案”中,法院类推适用《中华人民共和国食品安全法》第148条,要求被告支付销售价款十倍的惩罚性损害赔偿,共计120万余元。参见《广东省消费者委员会与彭开胜、李燕兰一审民事判决书》,(2017)粤 01 民初 384 号。相关论证详见本书第五章第一节第二部分(三)6“惩罚性赔偿类诉讼请求”相关内容。

② 如,在“广西贵港市人民检察院诉马某某等侵权案”二审程序中,法官认为惩罚性赔偿请求不应获得法院的实体判决。参见《广西贵港市人民检察院与梁耀平等公益诉讼案二审民事判决书》,(2019)桂民终 227 号。相关论证详见本书第五章第一节第二部分(三)6“惩罚性赔偿类诉讼请求”相关内容。

③ 参见孙晨赫:《消费民事公益诉讼的理念重塑与制度展开》,《理论月刊》2021年第2期。

④ 参见高丽:《惩罚性赔偿请求在消费公益诉讼中的困境与出路》,《东南大学学报(哲学社会科学版)》2020年第 S1 期。

⑤ 参见黄忠顺:《食品安全私人执法研究——以惩罚性赔偿型消费公益诉讼为中心》,《武汉大学学报》(哲学社会科学版)2015年第4期。

⑥ 参见廖中洪、颜卉:《消费公益诉讼中的惩罚赔偿问题研究》,《学术探索》2019年第1期。

⑦ 参见刘京蒙:《消费领域民事公益诉讼损害赔偿请求研究》,《中国检察官》2019年第5期。

（3）慎用说。慎用说认为惩罚性赔偿有利于企业的长远发展，但不赞同以惩罚报复为目的适用惩罚性赔偿请求权。只有在损害赔偿不能实现规范目的时，才能适用惩罚性赔偿请求权。① 而且消费公益诉讼惩罚性赔偿的适用不应构成"重复惩罚"。②

2. 惩罚性赔偿请求权具有正当性，但应同时注重适用合理性

结合上述观点，笔者更赞同慎用说。首先，惩罚性赔偿请求权的公益性与消费民事公益诉讼的公益性不谋而合。惩罚性赔偿请求权能够提升消费民事公益诉讼的公共利益维护价值。其次，如果说诉讼是利益救济的最后一道防线，那么公益诉讼就是公共利益维护的最后一道防线。当其他救济手段不足以充分维护公共利益时，应允许惩罚性赔偿公益诉讼的适用。最后，司法实践中已经出现多个典型案例。例如，"利川市人民检察院诉吴明安等销售不安全食品公益诉讼案"③"广州市黄埔区人民检察院诉广州顺旺客公司销售不安全食品公益诉讼案"④"江苏省海安市人民检察院诉朱某某等销售假药公益诉讼案"⑤，以上典型案例为惩罚性赔偿消费民事公益诉讼的构建提供了实践基础。

---

① 参见姚敏：《消费民事公益诉讼请求的类型化分析》，《国家检察官学院学报》2019 年第 2 期。

② 参见陈灿平、肖秋平：《消协所涉公益诉讼若干难点问题探讨》，《湘潭大学学报（哲学社会科学版）》2017 年第 2 期。

③ 2018 年"利川市人民检察院诉吴明安等销售不安全食品公益诉讼案"入选"最高人民法院、最高人民检察院联合发布的 10 起检察公益诉讼典型案例"。该案中法院判决吴明安等共同支付牛肉销售价款十倍的惩罚性赔偿金共计 48900 元。参见《最高人民法院、最高人民检察院发布 10 起检察公益诉讼典型案例》，2018 年 12 月 25 日，见 https://www.spp.gov.cn/zdgz/201812/t20181225_403407.shtml。

④ 2019 年"广州市黄埔区人民检察院诉广州顺旺客公司销售不安全食品公益诉讼案"入选"最高人民检察院发布的 26 件公益诉讼典型案例"。该案中法院判决被告支付相当于十倍销售价款的惩罚赔偿金。参见《最高人民检察院发布 26 件公益诉讼典型案例》，2019 年 10 月 10 日，见 http://fzzfyjy.cupl.edu.cn/info/1075/11263.html。

⑤ 2020 年"江苏省海安市人民检察院诉朱某某等销售假药公益诉讼案"入选"中央依法治国办联合五部门发布的 15 起食药监管执法司法典型案例"。该案中法院判决被告支付惩罚性赔偿金 238 万余元。参见《中央依法治国办联合相关部门发布食药监管执法司法典型案例》，《人民法院报》2020 年 1 月 1 日。

惩罚性赔偿应当被合理的适用。过度加重惩罚力度会使不法经营者因负担过重而丧失更新与改正的机会,甚至可能引发破产。概言之,消费民事公益诉讼中,惩罚性赔偿请求权应当慎重适用,既要确保"适用的可能性",又要把握好"适用的合理性"。

上述质疑或争议的存在,说明我国消费民事公益诉讼中的请求权类型尚存诸多问题需要探讨。争议的存在既凸显了请求权问题在理论和实务中的重要性,也说明相关立法规定还很不完善。加强消费民事公益诉讼中请求权的理论研究应成为当前的重要任务。

第二节　请求权类型的影响因素考量

消费民事公益诉讼请求之请求权类型的合理设置,并不能局限于对学理争议的观点分析,还需要从理论上作深度剖析和综合衡量。本节内容将主要从适用目标、解释进路和设置依据三个方面,对消费民事公益诉讼中的请求权类型进行理论探讨。

一、请求权的适用目标

明确请求权的适用目标是合理设置请求权类型的前提。结合消费民事公益诉讼的制度功能、程序特点以及公共利益和私人利益的辩证关系等要素,可以将消费民事公益诉讼中请求权的适用目标定位于:公益预防目标、公益救济目标以及私益支持目标。

(一) 公益预防目标

请求权的预防目标源于消费民事公益诉讼的预防功能。不置可否,消费民事公益诉讼主要应对扩散性的不法侵害行为。扩散性的特点意味着现实的侵害危险会弥散于不同层次的消费者之间,威胁着不特定多数实际性消费者、潜在性消费者和整体性消费者的合法权益。消费民事公益诉讼的重要目标就是消除侵害危险,预防不法侵害。所以,预防功能成为消费民事公益诉讼制度的重要追求。从技术层面来看,诉讼制度的功能需要借助具体的请求权得以实现。由于预防功能有结果预防和行为预防的区分,所以可以将消费民事公益诉讼请求权的预防目标分为结果预防目标和行为预防目标。

1. 结果预防

结果预防包括"防止结果的产生"和"防止结果的扩大"两类。"防止结果的产生"针对损害结果尚未发生,但危险已经现实存在的情形。"防止结果的扩大"针对损害结果已经产生,而且仍有继续扩大可能的情形。从这一角度来说,防止将来损害的发生或防止已有损害的扩大就成为消费民事公益诉讼请求权所追求的结果预防目标。通常情况下,结果预防目标可以通过停止侵害、排除妨碍、消除危险、确认无效等请求权得以实现。

2. 行为预防

行为预防主要是预防不法经营行为再犯或是不法经营行为被他人效仿。根据刑罚理论,行为预防分为"特殊预防"和"一般预防"。"特殊预防"针对行为人,目的在于制止行为人再犯;"一般预防"针对行为人以外的其他人,目的在于对社会上的一般人形成警示作用。[①] 消费民事公益诉讼中的请求权不仅要对本案不法经营者产生威慑效果,发挥特殊预防的作用。更要对其他可能效仿实施不法经营行为的经营者产生警示效果,发挥一般预防作用。由于行为总是受制于行为人的主观意识,因此仅是禁令型请求权很难起到行为预防的效果。预防目标的真正实现还需要借助某些具有主观影响力的请求权类型。例如,通过赔礼道歉使不法经营者承受道德上的苛责,抑或是通过

---

① 参见张明楷:《论预防刑的裁量》,《现代法学》2015 年第 1 期。

赔偿损失和惩罚性赔偿等经济负担使相关行为主体消除再犯或是效仿的意图。

（二）公益救济目标

请求权的救济目标是消费民事公益诉讼制度功能拓展的合理结果。消费民事公益诉讼的救济功能既来源于民事公益诉讼对公共利益损害进行救济的现实需求，同时也是因为民事公益诉讼的程序效益价值。一方面，消费公共利益损害需要通过民事公益诉讼进行救济。民事公益诉讼不仅要预防风险，还应救济损害。民事公益诉讼制度是在其他救济手段无法满足公共利益救济需求时产生的新型诉讼制度。如果被其他救济手段所遗漏掉的公共利益损害，无法在民事公益诉讼中得以救济，那么将意味着救济漏洞的永存，不利于公共利益的保障。另一方面，民事公益诉讼具有内在的程序效益。相比私益诉讼程序，民事公益诉讼程序需要耗费大量的人力、物力等，将请求权的适用目标局限于单一的预防功能，显然不利于消费民事公益诉讼程序效益价值的发挥。总之，从公共利益救济需求和公益诉讼程序效益的视角来看，救济目标应当成为消费民事公益诉讼请求之请求权类型设置的重要考量因素。

根据权益内容的不同，可以将消费民事公益诉讼中请求权的救济目标分为两类：1.对外部性财产利益损失的救济。财产利益损失往往通过赔偿损失等财产型请求权予以救济。如前所述，公共性财产利益损失是经营者不当降低生产成本等非法逐利行为引发的外部性公益损失。消费民事公益诉讼中，赔偿损失等财产性请求权应当成为外部性公益损失的主要救济方式。2.对相关精神利益的救济。精神利益损害应当由赔礼道歉请求权和精神损害赔偿请求权予以救济。消费民事公益诉讼中，精神利益损害通常多指尚未造成严重后果的情况。如果不法经营行为对消费者个人造成了严重的精神损害，那么应当主要通过私益诉讼进行救济。

通常情况下,消费民事公益诉讼对精神利益的救济应主要通过赔礼道歉请求权,而非精神损害赔偿请求权获得实现。如果不法经营行为确实造成了公共性精神利益的严重损害,那么也应允许适格主体提起精神损害赔偿请求。

(三) 私益支持目标

私益支持目标即消费民事公益诉讼中请求权的适用,对消费者个人利益救济产生的积极影响。民事公益诉讼的特殊性、公共利益与私人利益的辩证关系以及公益诉讼的程序效益价值要求消费民事公益诉讼请求权应以私益支持为适用目标之一。

首先,消费民事公益诉讼请求权之私益支持目标源于公益诉讼的自身特点。公益诉讼的基本特点即是"原告对自身利益的超越"[1]。这一特点使得公益诉讼突破原被告双方,进而波及更为广泛的不特定主体的利益。公益诉讼具有更为广泛的影响力。法院对诉讼请求作出实体判决,不仅事关公共利益,还会影响私人利益的救济。对此,已经在相关规定中有所体现。[2] 为了更好地提升消费民事公益诉讼的制度价值,消费民事公益诉讼中请求权类型的设置应当将私益支持目标考虑在内。

其次,消费公共利益与私人利益的辩证关系决定了消费民事公益诉讼请求权之私益支持目标。尽管本书将消费领域的利益分为消费公共利益和消费者个人利益。但是不可否认的是,消费公共利益与私人利益辩证相关。一方面,消费公共利益涵盖消费者的个人利益。另一方面,不特定多数消费者个人

---

[1] 张卫平:《民事公益诉讼原则的制度化及实施研究》,《清华法学》2013 年第 4 期。

[2] 《消费公益诉讼解释》第 16 条第 1 款规定,已为消费民事公益诉讼生效裁判认定的事实,因同一侵权行为受到损害的消费者根据民事诉讼法第 119 条规定(此处指 2017 年修订版《民事诉讼法》)提起的诉讼,原告、被告均无需举证证明,但当事人对该事实有异议并有相反证据足以推翻的除外。

利益又可抽象转变为消费公共利益。在设置消费民事公益诉讼中的请求权类型时,应综合考虑公益救济对私益救济的支持作用。

最后,私益支持目标的定位与消费民事公益诉讼的程序效益价值有关。如前文所述,民事公益诉讼程序是需要花费大量人力和财力的"重装置"。如果消费民事公益诉讼请求权仅能在公益预防和公益救济方面发挥特定作用,而无益于私人利益的实现和救济时,那么消费民事公益诉讼的程序效益价值也无法充分发挥。从效益的角度来看,消费民事公益诉讼中请求权类型的设置应以私益支持目标的实现为考量标准。

需要注意的是,尽管公益性请求权和私益性请求权密切相关,但毕竟两者的属性不同。消费民事公益诉讼对私益救济的支持,必须要处理好公益诉权与私益诉权的紧张关系,并且兼顾公益诉讼程序与私益诉讼程序的不同特点。消费民事公益诉讼请求权以何种方式以及在多大程度上支持私益救济,需要结合具体的程序设计予以回答。①

二、请求权的解释进路

请求权的解释进路决定了消费民事公益诉讼请求之请求权类型的选择范围。结合《消费者权益保护法》的规定以及消费公共利益的特殊性来看,消费民事公益诉讼请求之请求权的具体设置可以在侵权类、合同类和人格类请求权的解释范畴中展开。

(一)《消费者权益保护法》中的请求权类型

《消费者权益保护法》对消费者权利的保护形成三种解释进路,一是基于侵权法律规定的侵权类请求权,二是基于合同法律规定的合同类请求权,三是

---

① 具体论证详见本书第五章第三节第三部分"公益诉讼请求与私益诉讼请求的程序对接"相关内容。

基于人格权法律规定的人格类请求权。有学者指出"如果说合同法关注的是经营者和消费者的自由约定,那么侵权法则是约定义务之外强加给经营者一定的法定义务,并在经营者违反这些义务时要求其承担侵权责任"①。结合上述认识以及《消费者权益保护法》《产品质量法》《食品安全法》等相关法律的规定,可将我国消费者权益保护领域内的请求权类型分为侵权类请求权、合同类请求权以及人格类请求权三种类型。

1. 侵权类请求权

消费者侵权是指经营者在提供商品或者服务时侵犯消费者的人身和财产权利。② 为维护消费者的合法权益,《消费者权益保护法》等相关立法中均有涉及侵权类请求权。具体包括:(1)损害赔偿请求权。主要适用于:产品缺陷造成人身损害和缺陷产品以外的财产损害的情形(《产品质量法》第41条第1款);③虚假广告和虚假宣传造成合法权益损害的情形(《消费者权益保护法》第45条第1款);④未尽到安全保障义务造成人身和损害的情形(《消费者权益保护法》第48条第2款);⑤受尊重权、人身自由和信息保护权利侵害引发损失的情形(《消费者权益保护法》第50条);⑥侮辱诽谤、侵犯人身自由等行

---

① 钟瑞华:《消费者权益及其保护新论》,中国社会科学出版社2018年版,第128页。
② 参见河山:《消费者权益保护法诠释》,法律出版社2014年版,第231页。
③ 《中华人民共和国产品质量法》第41条第1款规定,因产品存在缺陷造成人身、缺陷产品以外的其他财产损害的,生产者应当承担赔偿责任。
④ 《中华人民共和国消费者权益保护法》第45条第1款规定,消费者因经营者利用虚假广告或者其他虚假宣传方式提供商品或者服务,其合法权益受到损害的,可以向经营者要求赔偿。广告经营者、发布者发布虚假广告的,消费者可以请求行政主管部门予以惩处。广告经营者、发布者不能提供经营者的真实名称、地址和有效联系方式的,应当承担赔偿责任。
⑤ 《中华人民共和国消费者权益保护法》第48条第2款规定,经营者对消费者未尽到安全保障义务,造成消费者损害的,应当承担侵权责任。
⑥ 《中华人民共和国消费者权益保护法》第50条规定,经营者侵害消费者的人格尊严、侵犯消费者人身自由或者侵害消费者个人信息依法得到保护的权利的,应当停止侵害、恢复名誉、消除影响、赔礼道歉,并赔偿损失。

为造成精神损害的情形(《消费者权益保护法》第51条)。①（2）惩罚性赔偿请求权。主要适用于：经营者在明知商品或服务有缺陷的情况下，还进行生产、销售并造成消费者或其他受害人生命或健康损害的情形(《消费者权益保护法》第55条第2款)；②经营者生产经营不符合食品安全标准的食品造成消费者权益损害的情形(《食品安全法》第148条第1款)。③

2. 合同类请求权

消费领域内，经营者违反先合同义务的缔约过失行为和违反合同义务的违约行为会给消费者造成权利实现的障碍。与侵权类和人格类请求权不同，合同类请求权是基于合同相对权而产生的请求权类型。德国学者梅迪库斯将合同类请求权分为原合同请求权和次合同请求权。前者是在合同有效的情况下产生的给付义务，它以合同有效为前提。如，给付请求权。后者是在前者的履行出现障碍时产生的派生意义上的请求权。如，基于财产损害派生的赔偿请求或是基于合同解除派生的给付返还请求。次合同请求权不仅以合同有效为前提，同时还要求相对方存在违反合同义务的行为。④ 结合相关法律规定来看，消费者合同中的次合同请求权还可以分为一般请求权和特殊请求权两类。一般请求权是除消费者保护法律以外，依合同法律规范也可适用的请求权。如，经营者瑕疵履行而产生的修理、重作等请求权(《消费者权益保护法》

---

① 《中华人民共和国消费者权益保护法》第51条规定，经营者有侮辱诽谤、搜查身体、侵犯人身自由等侵害消费者或者其他受害人人身权益的行为，造成严重精神损害的，受害人可以要求精神损害赔偿。

② 《中华人民共和国消费者权益保护法》第55条第2款规定，经营者明知商品或者服务存在缺陷，仍然向消费者提供，造成消费者或者其他受害人死亡或者健康严重损害的，受害人有权要求经营者依照本法第四十九条、第五十一条等法律规定赔偿损失，并有权要求所受损失二倍以下的惩罚性赔偿。

③ 《中华人民共和国食品安全法》第148条第1款规定，消费者因不符合食品安全标准的食品受到损害的，可以向经营者要求赔偿损失，也可以向生产者要求赔偿损失。接到消费者赔偿要求的生产经营者，应当实行首负责任制，先行赔付，不得推诿；属于生产者责任的，经营者赔偿后有权向生产者追偿；属于经营者责任的，生产者赔偿后有权向经营者追偿。

④ 参见［德］梅迪库斯：《请求权基础》(第八版)，陈卫佐译，法律出版社2010年版，第29—30页。

第 52 条、《民法典》第 582 条)①。特殊请求权是《消费者权益保护法》中专有的请求权。如,经营者违反说明义务,欺诈消费者而产生的惩罚性赔偿请求权(《消费者权益保护法》第 55 条第 1 款)②。

3. 人格类请求权

人格权是民事主体基于人格而享有的权利。《民法典》根据人格权的权益特点,对民事主体的人格类请求权进行了专门规定。③ 消费者领域中,经营者具有经济、信息和能力上的优势。经营者基于优势地位侵害消费者人格权的情形并不少见。为此,我国《消费者权益保护法》在关于人格权的一般民事法律规定之上,对消费者的人格权保护作了特别规定。根据该法第 50 条的规定,经营者侵害消费者受尊重权、人身自由、信息保护权利的,消费者可以适用停止侵害、恢复名誉、消除影响、赔礼道歉请求权。④

(二) 消费民事公益诉讼请求之请求权的解释进路

消费民事公益诉讼中并未完全采用《消费者权益保护法》规定的请求权类型。有学者认为之所以这样做的原因在于《消费者权益保护法》中的部分请求权只能

---

① 《中华人民共和国消费者权益保护法》第 52 条规定,经营者提供商品或者服务,造成消费者财产损害的,应当依照法律规定或者当事人约定承担修理、重作、更换、退货、补足商品数量、退还货款和服务费用或者赔偿损失等民事责任。《中华人民共和国民法典》(合同篇)第 582 条规定,履行不符合约定的,应当按照当事人的约定承担违约责任。对违约责任没有约定或者约定不明确,依据本法第五百一十条的规定仍不能确定的,受损害方根据标的的性质以及损失的大小,可以合理选择请求对方承担修理、重作、更换、退货、减少价款或者报酬等违约责任。

② 《中华人民共和国消费者权益保护法》第 55 条第 1 款规定,经营者提供商品或者服务有欺诈行为的,应当按照消费者的要求增加赔偿其受到的损失,增加赔偿的金额为消费者购买商品的价款或者接受服务的费用的三倍;增加赔偿的金额不足五百元的,为五百元。法律另有规定的,依照其规定。

③ 《中华人民共和国民法典》第 995 条规定,人格权受到侵害的,受害人有权依照本法和其他法律的规定请求行为人承担民事责任。受害人的停止侵害、排除妨碍、消除危险、消除影响、恢复名誉、赔礼道歉请求权,不适用诉讼时效的规定。

④ 《中华人民共和国消费者权益保护法》第 50 条规定,经营者侵害消费者的人格尊严、侵犯消费者人身自由或者侵害消费者个人信息依法得到保护的权利的,应当停止侵害、恢复名誉、消除影响、赔礼道歉,并赔偿损失。

发挥私益救济作用。① 这一点毋庸置疑,但是请求权类型的解释进路只是力图确定请求权类型的范围与边界,并非致力于请求权类型的具体和明确。而且无论是私益诉讼的请求权,还是公益诉讼的请求权,其所欲保护的法益内容都是消费领域内的合法权益。鉴于二者在法益保护领域上的一致性,笔者认为可以参照《消费者权益保护法》中的做法,论证消费民事公益诉讼请求之请求权类型的解释进路。

1. 侵权类请求权在消费民事公益诉讼中适用的可能性

依照法解释论,侵权类请求权可以适用于消费民事公益诉讼中。其一,消费公共利益应当属于侵权法律规范的保护对象。《民法典》中侵权编的调整对象是由民事权益侵害引起的民事关系。② 根据民法学者的解释,侵权责任的保护范围既包括权利,也包括被立法肯定的利益。③ 消费公共利益虽然未被实体法规定所权利化,但也无疑是已经被立法肯定的正当利益。在法解释层面,消费公共利益可以援用侵权类的请求权进行救济。其二,依照侵权法的救济法属性,个人利益和公共利益均应获得平等无差别的救济。侵权法属于救济法,侵权类请求权属于救济权。从这一意义上来说,只要是合法的正当权益,无论该权益归属于消费者个人,还是归属于不特定多数实际性消费者,抑或是潜在性消费者和整体性消费者,都应该得到侵权法律的救济。其三,利用侵权类请求权救济公共利益已经被立法所明确。除赔偿损失和惩罚性赔偿请求权以外,相关司法解释所明确规定的停止侵害、排除妨碍和消除危险请求权,④

---

① 参见段厚省:《检察民事公益诉讼的内在张力》,《郑州大学学报(哲学社会科学版)》2020 年第 4 期。

② 《中华人民共和国民法典》第 1164 条规定,本编调整因侵害民事权益产生的民事关系。

③ 参见杨立新:《中华人民共和国民法典释义与案例评注·侵权责任篇》,中国法制出版社 2020 年版,第 2 页。

④ 《公益诉讼实施办法》(已失效)第 16 条规定了赔偿损失请求权,《公益诉讼办案规则》第 98 条规定了赔偿请失和惩罚性赔偿请求权。《公益诉讼实施办法》(已失效)第 16 条、《公益诉讼办案规则》第 98 条、《消费公益诉讼解释》第 13 条对于停止侵害请求权、排除妨碍请求权和消除危险请求权均有规定。具体论证详见本书第五章第一节第一部分(二)"关于请求权类型的立法情况"相关内容。

也都可以归为侵权类请求权。① 由此可知,利用侵权类请求权救济消费者权益并不存在法解释上的障碍。换言之,侵权类请求权可以作为消费民事公益诉讼请求之请求权类型的选择范围。

2. 合同类请求权在消费民事公益诉讼中适用的可能性

从逻辑起点和原因行为来看,合同类请求权具有在消费民事公益诉讼中适用的可能性。适用合同类请求权救济消费公共利益的最大障碍在于合同的相对性原理。依合同相对性原理,买卖双方的权利义务具有相对性,第三方不能突破合同相对性成为合同权利义务主体。由于民事公益诉讼的起诉主体并不是合同权利义务主体,因而无法基于合同义务提起合同类请求权。但是需要注意和明确的是,民事公益诉讼请求的逻辑起点并不是消费者个人的合同权利,而是具有公共利益属性的消费者公共权利。而且不可否认的是,不法经营者对消费公共利益的侵害结果与合同交易行为密切相关。不法经营者违反合同义务是消费公共利益受到损害的原因行为。由此来看,完全排除合同类请求权在消费民事公益诉讼中的适用并不具有合理性。

妥当的做法应当是区分不同情况对待。诸如违约金赔偿等基于合同约定而产生的请求权,不具有提起公益诉讼的权益基础,不可以适用于消费民事公益诉讼中。而当不法经营者使用或推荐使用不公平、不合理的格式条款时,适格主体就可以根据相关规定在消费公益诉讼中适用确认无效的合同类请求

---

① 民法学者在学理上主张停止侵害、排除妨碍、消除危险等请求权属于物权或人格权固有的本权请求权,而不属于侵权类请求权,认为真正意义上的侵权类请求权仅指损害赔偿请求权。参见王利明:《论人格权请求权与侵权损害赔偿请求权的分离》,《中国法学》2019 年第 1 期;杨立新:《侵权责任法回归债法的可能及路径——对民法典侵权责任编草案二审稿修改要点的理论分析》,《比较法研究》2019 年第 2 期;崔建远:《绝对权请求权抑或侵权责任方式》,《法学》2002 年第 11 期。然而出于立法传统的考虑,我国现有立法仍将上述请求权归入侵权责任法律规范中。如,《中华人民共和国民法典》第 1167 条规定,侵权行为危及他人人身、财产安全的,被侵权人有权请求侵权人承担停止侵害、排除妨碍、消除危险等侵权责任。本书根据《中华人民共和国民法典》的规定将停止侵害、排除妨碍、消除危险等请求权归为侵权类请求权。

权。① 上述行为可能会同时引起公共性公平交易权、公共性自主选择权和公共性知情权的侵害。基于公共利益的全面保护目的，如果确认无效请求权不能全面维护公共利益，还应允许适格主体提起侵权类请求权进行救济。

3. 人格类请求权在消费民事公益诉讼中适用的可能性

综合现实需要和相关司法解释来看，人格类请求权可以适用于消费民事公益诉讼中。其一，在消费民事公益诉讼中适用人格类请求权具有现实需要。在信息化和工业化的共同作用下，大型企业，特别是国际化的大型企业，所能辐射到的消费者范围越来越广泛。经营者为了达到不法目的或是因为不了解当地风俗人情，很有可能会在广告宣传、产品提供、售后服务等过程中直接或是间接地侵害不特定多数消费者的受尊重权等人格权益，进而引发公共性的受尊重权损害。此时，就需要通过人格类请求权予以救济。其二，利用人格类请求权救济公共利益已经被立法所明确。我国《公益诉讼实施办法》（已失效）第 16 条和《消费公益诉讼解释》第 13 条中均有关于赔礼道歉的规定。② 由于赔礼道歉请求权属于人格类请求权，所以在消费民事公益诉讼中适用人格类请求权具有可能性。当不法经营行为危害消费者的公共性受尊重权时，应当通过赔礼道歉请求权进行救济。

综上，笔者认为无论是侵权类请求权、合同类请求权，还是人格类请求权都具有在消费民事公益诉讼中适用的可能性。"既然法律没有对公益诉讼起诉人可以主张的诉讼请求进行专门规定，则应依消费者权益保护法、食品安全法以及药品管理法等，来确定其诉讼请求。"③但必须要强调的是解释进路的

---

① 《消费公益诉讼解释》第 13 条第 2 款中关于不公平、不合理格式条款行为适用确认无效请求权的规定。

② 《公益诉讼实施办法》（已失效）第 16 条规定，人民检察院可以向人民法院提出要求被告停止侵害、排除妨碍、消除危险、恢复原状、赔偿损失、赔礼道歉等诉讼请求。《消费公益诉讼解释》第 13 条第 1 款规定，原告在消费民事公益诉讼案件中，请求被告承担停止侵害、排除妨碍、消除危险、赔礼道歉等民事责任的，人民法院可予支持。

③ 段厚省：《检察民事公益诉讼的内在张力》，《郑州大学学报（哲学社会科学版）》2020 年第 4 期。

分析仅提供一种范围上的可能性,消费民事公益诉讼中请求权类型的合理选择和最终确定还需要结合适用目标和设置依据综合考量。

三、请求权的设置依据

请求权的设置依据是指请求权类型的确定方法或者参照根据。请求权的设置依据,能够为消费民事公益诉讼请求之请求权类型的具体设置提供方法论上的指导。经对比分析,本书认为消费民事公益诉讼请求之请求权类型的设置应以"权利保障论"为依据。

(一)"功能顺位论"的片面性

《消费公益诉讼解释》在设置消费民事公益诉讼请求的请求权类型时,主要考量了消费民事公益诉讼的功能顺位。根据相关释义,消费公益诉讼应当首先追求行为预防和监督功能。当前述功能实现之后,再行追求恢复性补偿功能。① 在这一"功能顺位论"的指导下,《消费公益诉讼解释》第 13 条规定的请求权类型中,除赔礼道歉请求权具有一定的恢复效果以外,其他类型的请求权都属于具有预防保护作用的预防型请求权。"功能顺位论"是建立在价值考量基础上的权衡之举。在理论积累和实务经验尚不十分充足的立法初期,依"功能顺位论"优先设立更为迫切或重要的请求权类型具有相当的合理性。然而"功能顺位论"却存在着不可避免的功能局限。具言之,根据功能顺位优先设定的请求权只能在结果意义上发挥预防作用,而无助于行为预防目标、公益救济目标和私益支持目标的全面实现。如果允许适格主体在预防性请求权的基础上,同时提起损害赔偿请求权和惩罚性赔偿请求权,能够更好地提升禁令型请求权的预防效果。事实上,公益诉讼中的损害赔偿请求权已经

① 参见杜万华主编:《最高人民法院消费公益诉讼司法解释理解与适用》,人民法院出版社 2016 年版,第 239 页。

超越了损害填补的范畴,而具有一定的行为预防功能。对此,范愉教授也认为,区别于个人的损害赔偿请求权,团体损害赔偿请求权是为了对违法者进行制裁,并剥夺违法者的非法所得,以强化竞争。[1] 由此可知,以"功能顺位论"为设置依据难以在全面性和充分性层面产生信服力。

(二)"权利保障论"的合理性

消费民事公益诉讼请求权类型的设置应当以主观公共利益属性之消费者权利的实现和救济为中心。基础性权利内容与请求权类型是"源"与"流"的关系。设置何种类型的请求权取决于基础性权利的法益特点或救济需求。

请求权与基础性权利的关联性至少体现在两个方面:一是请求权的力度应当与基础性权利之法益大小相符;二是请求权的内容应当与基础性权利之救济需求相符。其一,基础性权利之法益损害越大,请求权就越严厉。法益越小,请求权也就越缓和。以隐私权为例,隐私权是人格权中重要的实体权利内容。根据《民法典》的规定,任何人不得侵害他人的隐私权。[2] 在隐私权的侵害情形中,如果侵害行为造成了严重的精神损害,被侵害人可以基于损害赔偿请求权提起精神损害赔偿请求。尚未造成严重后果的,被侵权人应基于赔礼道歉、恢复名誉等请求权诉请被告赔礼道歉、恢复名誉。其二,请求权要与基础性权利的救济和保障需求相契合。同样以隐私权为例。传统意义上,隐私权与精神利益相关,隐私权的侵害后果多表现为精神紧张、失眠甚至是精神疾病等。隐私权救济主要通过赔礼道歉、消除危险、精神损害赔偿等请求权类型实现。在大数据时代,隐私权不仅与精神利益相关,还与经济利益相关。以传统意义的请求权对此类隐私权进行救济会显得捉襟见肘。有学者呼吁,必须

---

[1]　参见范愉编著:《集团诉讼问题研究》,北京大学出版社 2005 年版,第 249 页。

[2]　《中华人民共和国民法典》第 1032 条规定,自然人享有隐私权。任何组织或者个人不得以刺探、侵扰、泄露、公开等方式侵害他人的隐私权。

引入惩罚性赔偿请求权对大数据时代的隐私权进行救济,因为没有威慑力的救济会使经营者怠于保护用户隐私。①

综上,请求权类型的设置须充分考虑基础性权利的法益特性和救济需求。消费民事公益诉讼中,各类请求权的设置应以主观公共利益属性之消费者权利保障为中心依据。

第三节 请求权的类型化阐释

为了进一步明确消费民事公益诉讼请求的请求权类型,本节将综合前文关于请求权适用目标、解释进路和设置依据等相关要素的探讨,按照非财产型和财产型的分类标准,对消费民事公益诉讼中的各类请求权进行阐释和分析。

一、非财产型请求权

顾名思义,非财产型请求权是指不是以金钱等财产支付为对象的请求权类型。根据请求权目的和特性的不同,可以将消费公益诉讼领域内的非财产型请求权分为禁令型请求权、确认型请求权、人格抚慰型请求权等类型。

(一) 禁令型请求权

禁令型请求权的适用目标是防止侵害结果和现实危险的发生或扩大,具有较强的预防效果。大陆法系团体诉讼中,有不作为请求权的概念。本书将停止侵害、排除妨碍、消除危险归为禁令型请求权,是因为上述请求权可能通过消极的不作为形式完成,也可能通过积极的作为形式完成,为避免歧义,使

---

① 参见徐明:《大数据时代的隐私危机及其侵权法应对》,《中国法学》2017 年第 1 期。

用"禁令请求权"①的概念。此外,我国学者在对消费民事公益诉讼请求进行相关研究时,也常采用禁令型请求的说法。②

1. 停止侵害请求权

停止侵害,即要求侵权人停止侵害行为。③ 停止侵害请求权的适用范围非常广泛,既包括物权、人身权等传统权益,也包括信息权、数字版权等新型权益。停止侵害的实现方式并非只有消极的不作为,有时还需要通过积极的行为实现。如,在侵害名誉权的案件中,停止侵害的实现方式可能是停止发行或停止继续发行,也可能是删除网站上的文章或是声明。又如,在侵害著作权的案件中,停止侵害不仅需要停止销售,同时也需要对相关物品进行销毁。④ 消费民事公益诉讼中,停止侵害请求权具有适用合理性。理论上来说,只要是公共性的消费者权益受到切实的侵害,都可以通过停止侵害的诉讼请求进行救济。当前我国消费公益诉讼案件主要发生在食药安全领域,而此类案件基本都会涉及行政执法或者刑事诉讼程序。在大多数情况下,停止侵害的状态在公益诉讼启动前就已经实现。因此,导致停止侵害请求权在消费民事公益诉讼的司法实践中并不多见。

2. 排除妨碍请求权

排除妨碍,即除去妨害权利行使的障碍。⑤ 依据排除妨碍请求权,权利主体可以请求行为人排除妨碍。与停止侵害请求权不同,排除妨碍请求权并不要求损害或危险的现实发生。排除妨碍请求权主要适用于不法行为对权利人

---

① 禁令原是英美法系的概念,分为中间禁令和终局禁令。中间禁令类似于大陆法的假处分制度,在本质上属于一种程序保障上的临时救济,因而不属于本书探讨的实体请求权范围。本书讨论的请求权指终局性的禁令请求权。

② 如,姚敏:《消费民事公益诉讼请求的类型化分析》,《国家检察官学院学报》2012年第3期;邓娟:《消费公益诉讼的诉讼请求类型问题研究》,《探求》2017年第4期。

③ 参见王利明:《侵权责任法研究》(第二版)上卷,中国人民大学出版社2016年版,第637页。

④ 参见程啸:《侵权责任法教程》,中国人民大学出版社2017年版,第355—356页。

⑤ 参见郭明瑞等:《民事责任论》,中国社会科学出版社1991年版,第132页。

之权利行使,造成不合理且持续妨碍的情形。排除妨碍和停止侵害关系密切,往往是某种侵害行为既存在现实侵害后果,又构成了权利行使的障碍。在此种情形中,被侵害人可以选择请求停止侵害,也可以选择请求排除妨碍。① 消费领域中,排除妨碍请求权主要适用于妨碍商品和服务正常且合理使用的情形。由于停止侵害请求权会间接发挥排除妨碍的效果,而且消费民事公益诉讼中的危害情形多表现为现实侵害和侵害危险,造成权利行使障碍的情形较少,所以消费民事公益诉讼的司法实践中也很少出现排除妨碍请求。

3. 消除危险请求权

消除危险,即将危险来源除去。② 从司法实践情况来看,相比停止侵害和排除妨碍请求权,消除危险请求权在消费民事公益诉讼中的适用最为广泛。③ 由于不法经营行为的危害形态各有不同,所以消除危险请求权的实现方式也较为多样。例如,对于危险产品发布警示、提示危险或是召回销毁、对于违法收集信息的权限进行限制或是消除、对于虚假广告的内容予以纠正等。相比私益诉讼,消费民事公益诉讼中的消除危险请求权应当在更为广泛的意义上使用。除现实危险以外,消除危险请求权还应对特定的潜在性危险发挥预防作用。所以,危险可能是现实的,也有可能是潜在的。

民法学者将上述三类禁令型请求权归为绝对权请求权范畴。④ 德国学者拉伦茨认为绝对权是这样一种权利:权利人可对抗所有人;所有人都负有义务;权利人应当享受该法益且不受侵害。⑤ 绝对权的对应概念是相对权。相对权是针对特定人的权利,绝对权是针对一般人的权利。典型的绝对权如身

① 参见王利明:《侵权责任法研究》(第二版)上卷,中国人民大学出版社2016年版,第642页。
② 参见郭明瑞等:《民事责任论》,中国社会科学出版社1991年版,第133页。
③ 参见本书第五章第一节"表5-4 样本消费民事公益诉讼请求的实践情况图示"。
④ 参见程啸:《侵权责任法教程》中国人民大学出版社2017年版,第355—357页。
⑤ 参见[德]卡尔·拉伦茨:《德国民法通论》上册,王晓晔等译,法律出版社2002年版,第300页。

份权、物权,相对权如债权。①

　　按照这一理论,笔者认为除传统意义上的绝对权以外,消费民事公益诉讼中应当包括特殊意义上的绝对权。在传统意义上,消费者权利中本身即存在一部分绝对权,如人身安全权、财产安全权、受尊重权等权利。除此之外,消费民事公益诉讼中还存在着特殊意义的绝对权。如,公共性知情权、公共性自主选择权、公共性公平交易权等权利。将上述权利视为特殊意义的绝对权有两方面的原因。其一,消费民事公益诉讼中,上述权利的义务主体是一般的经营者,而非具体的特定经营者,因而具有一定的绝对性。其二,消费民事公益诉讼在某种程度上已经超越了个人合同的相对性原理。例如,禁令型请求权的预防保护作用,不仅会对实际性消费者发挥法律效果,而且还会对更为广泛的潜在性,甚至是整体性消费者的合法权益发挥预防保护作用。

　　综上,笔者认为在符合各类请求权之适用条件的前提下,禁令型请求权可适用于公共性人身安全权、公共性财产安全权、公共性受尊重权、公共性信息保护权利以及外部性财产利益、公共性消费精神利益等权益的救济,也同时适用于公共性知情权、公共性自主选择权、公共性公平交易权等特殊意义的绝对权救济。

(二) 确认型请求权

　　确认请求权是对某种权利或是某种法律关系进行确认的请求权类型,属于具有预防性质的法律救济。② 给付之诉的目的是通过判决的既判力获得法院的强制执行,确认之诉的目的是通过既判力获得权利义务在观念上的确定。③ 由于确定力可以起到减少争议和安抚矛盾的作用,因此确认请求权通常也具有预防风险和制止纠纷的功能。根据确认内容的不同,可以将确认请

---

①　参见王泽鉴:《民法总则》(增订新版),新学林出版股份有限公司 2014 年版,第 111 页。
②　参见肖建国:《民事诉讼程序价值论》,中国人民大学出版社 2000 年版,第 443 页。
③　参见胡骁:《民事确认之诉的利益及其类型化研究》,《学海》2020 年第 2 期。

求权分为积极的确认请求权和消极的确认请求权。积极的确认请求权是请求法院确认权利存在或法律关系成立、有效的请求权,消极的确认请求权是请求法院确认权利不存在或法律关系不成立、无效的请求权。只有法律明确规定或是法院认为具有确认利益的确认请求,才能获得法院实体判决。一般认为,确认利益的认定需要权益面临某种现实危险或不安。① 如果只是对单纯的事实,如古董的价值、证书的真假、桌子的重量等进行确认,那么就不具有确认利益。

消费民事公益诉讼中,确认请求权在确认力、确认利益上独具特点。其一,相比私益诉讼,消费民事公益诉讼中确认请求权的确认力更为广泛。私益诉讼中,囿于诉权的局限,消费者个人只能就与本人相关的实体利益关系提起确认请求。公益诉讼中,确认请求权不仅覆盖不同层次的消费者,还能对私益诉讼的提起或胜诉发挥支持作用,因而具有更为广泛的确定力。其二,消费民事公益诉讼中,确认利益的表现形式更为多样。与私益诉讼相同,权益存在危险和不安是消费民事公益诉讼确认请求的确认利益。此外,由于消费民事公益诉讼中的确认请求权具有私益支持的特殊功能,所以确认利益也可以表现为对消费者私益救济的支持效果。如果法院对于案件关键事实的确认,能够对消费者的私益救济起到支持的作用,那么对于关键事实的确认请求也应具有确认利益。综合上述两点,可以将消费民事公益诉讼中的确认请求权归为两类:一是为消除危险和不安而对某种危险状态的确认。如,确认无效请求权。二是基于私益支持利益而对关键侵害事实的确认。如,确认欺诈请求权、确认损害事实请求权等。

(三) 人格抚慰型请求权

人格抚慰型请求权是通过要求他人作出某种行为以实现人格抚慰效果的

---

① 参见胡骁:《民事确认之诉的利益及其类型化研究》,《学海》2020 年第 2 期。

请求权类型。由于是对他人积极行为的要求,所以在诉的类型上归属于积极的给付之诉。通常来说,人格抚慰型请求权包括赔礼道歉以及精神损害赔偿,在非财产型请求权类型中仅讨论赔礼道歉。赔礼道歉是侵权人向受害人表示认错并求得原谅。[①] 赔礼道歉请求权主要救济精神上的利益,以精神利益损害为前提。如果侵害行为只是引起了财产上的损害,而没有精神损害则不能适用赔礼道歉请求权。此外,赔礼道歉与行为人的主观过错密切相关。赔礼道歉的作用原理是通过对侵权人施以强烈谴责以令其产生主观上的内疚,进而达到悔过并安抚受害人的作用。赔礼道歉既可以纠正行为人的主观过错,也可以救济受害人的精神损害。行为人的悔过程度和对受害人的安抚效果决定了赔礼道歉请求权的实效性。

消费民事公益诉讼中,赔礼道歉请求权具有如下特点:一是关于赔礼道歉的逻辑起点。消费民事公益诉讼中,赔礼道歉的逻辑起点是公共性的消费精神利益。公共性的消费精神利益受损可能是不法经营行为的直接损害结果,也可能是不法经营行为导致行业或市场秩序破坏所引发的间接结果。前者如,公共性受尊重权等具有精神内涵的权益损害。后者如,消费信心和消费意愿等抽象精神利益的损害。二是关于赔礼道歉的实现方式。消费民事公益诉讼中,赔礼道歉面对的是不特定多数消费者,而非单个或特定多数消费者。由于道歉对象不特定且范围广泛,采用口头方式进行面对面道歉不具有现实性,应主要通过报纸等公开媒体进行道歉。三是关于赔礼道歉的执行方式。根据《民法典》第 1000 条第 2 款的规定,被告到期不执行,法院可以通过在媒体上发布公造或公布裁判文书方式替代执行。[②] 实践中,有的公益诉讼案件也会

---

① 参见王利明:《侵权责任法研究》(第二版)上卷,中国人民大学出版社 2016 年版,第 659 页。

② 《中华人民共和国民法典》第 1000 条第 2 款规定,行为人拒不承担前款规定的民事责任的,人民法院可以采取在报刊、网络等媒体上发布公告或者公布生效裁判文书等方式执行,产生的费用由行为人负担。

采取限制高消费、列入失信等强制措施。① 从实际效果来看,第一种方式并不具有必要性。一般情况下,不涉及保密内容的判决书都会公开,而且公开内容只能发挥一定的风险提示或预防警示功能。第二种方式主要是通过强制力对被告施压。事实上,非自愿的强制执行并不能真正体现行为人的悔过之意,也不具有抚慰受害者的效果。此时,赔礼道歉的执行方式应予以适当变通。如果受害人不愿赔礼道歉,可以通过要求其支付一定费用的方式予以替代。②

(四) 关于恢复原状请求权

恢复原状是指将权利恢复至被侵犯之前的原有状态。从实现方式来看,恢复原状可以通过再现原有物理状态的方式实现,也可以通过恢复同一价值状态的方式实现。实践中,更多情况是通过恢复同一价值状态的方式实现。③物理状态的恢复主要是通过修理、重作、更换等方式实现。恢复同一价值状态的实现方式,是在物理状态难以恢复的情况下采用的替代方式。它主要是通过要求行为人赔偿与损害价值相同的财产的方式予以实现。其中,赔偿价值也应包括权利人为采取恢复原状措施而额外付出的费用。在此种情况中,恢复原状请求权与赔偿请求权具有同义性。

消费民事公益诉讼中,恢复原状请求权不具有完全的独立性。不法经营行为造成的消费公共利益损害往往较为抽象,消费公共利益损害一旦发生,便难以恢复到之前的物理状态。消费民事公益诉讼中,消费公共利益损害应主要通过恢复同一价值状态的方式实现。另外,由于恢复同一价值状态请求与赔偿请求具有相同的效果,所以消费民事公益诉讼中恢复原状的请求权功能实际上已经由赔偿请求权所代替。正因为如此,尽管《公益诉讼实施办法》

---

① 《四川省广安市人民检察院与华蓥市风生水起火锅店公益诉讼案一审民事调解书》,(2020)川 16 民初 175 号。
② 参见葛云松:《民法上的赔礼道歉责任及其强制执行》,《法学研究》2011 年第 2 期。
③ 参见崔建远:《恢复原状请求权辨》,《甘肃政法大学学报》2020 年第 5 期。

（已失效）和《公益诉讼办案规则》中都有关于恢复原状请求的规定，①但是恢复原状请求在消费民事公益诉讼的司法实践中却极少出现。②

二、财产型请求权

财产型请求权与非财产型请求权相对应，是以金钱等财产为支付对象的请求权类型，归属于给付之诉。根据请求权功能和具体内容的不同，可以将消费民事公益诉讼中的财产型请求权分为损害赔偿请求权、惩罚性赔偿请求权以及相关费用赔偿请求权。

（一）损害赔偿请求权

损害赔偿请求权是以损害为前提，并针对既有损害进行补救的请求权类型。损害赔偿以填平为原则，主要发挥损害救济功能。依原因的不同，可分为合同类损害赔偿请求权和侵权类损害赔偿请求权。合同类损害赔偿请求权是基于缔约过失或违约行为而产生的一种损害赔偿请求权。根据违反义务的不同又有不交付标的物的损害赔偿请求权以及未按约定期限、约定地点、约定方式、约定数量、约定质量交付标的物的损害赔偿请求权等。③ 侵权类损害赔偿请求权是在行为人构成侵权的情况下，受害人所享有的要求侵权人赔偿的请求权。根据侵权对象的不同，分为人身损害赔偿请求权、财产损害赔偿请求权和精神损害赔偿请求权。人身损害赔偿请求的救济对象是身体权、健康权或

---

①　2015年《公益诉讼实施办法》第16条规定了恢复原状请求，该法已于2020年失效。2021年颁布《公益诉讼办案规则》第98条规定，人民检察院可以在民事公益诉讼案件中提起恢复原状请求。结合本书论述，笔者认为恢复原状请求的相关规定，应主要适用于由检察院提起的环境民事公益诉讼中，而非消费民事公益诉讼中。

②　关于司法实践中的诉讼请求类型详见本书第五章第一节第二部分（三）"司法现状的分类评析"相关内容。

③　参见房绍绅、杨绍涛：《违约损害赔偿》，人民法院出版社1999年版，第218—222页。

生命权。财产损害赔偿请求的救济对象是物权、债权、继承权、知识产权等财产权利。精神损害赔偿包括侵害人格权引发的精神利益损害赔偿和侵害身体、健康或生命权而引起的精神痛苦损害赔偿。[①]就实现方式而言,标的物本身的损害可以通过赔偿损失的方式实现,也可以通过修理、重作、补足、更换、退货、退款等替代型请求权实现,但是赔偿仅限于实际损失。涉及人身和精神损害的赔偿请求权,主要通过赔偿损失的方式实现。

消费民事公益诉讼范畴内,损害赔偿请求权的适用源于民事公益诉讼的公益性本质和私益支持目标,受限于财产利益损失的抽象性特点。其一,消费民事公益诉讼的公益性本质决定了损害赔偿请求权应主要救济公益性损失。换言之,消费民事公益诉讼损害赔偿请求权的适用目的是救济公共性财产利益损失,而非个人的合同损失或者人身、精神损害。其二,私益支持目标拓展了消费民事公益诉讼损害赔偿请求权的表现形式。虽然消费民事公益诉讼中不能直接救济消费者个人损害,但是也应发挥一定的私益支持作用。借鉴国外的经验,公益诉讼对于消费者个人损害救济的支持效果,可以通过两种形式实现。一种是类似于美国的做法,通过消费者个人授权的方式集中个人损害赔偿请求权,在集团诉讼中直接提起损害赔偿请求。另一种是类似于日本的做法,通过分阶段的方式,在公益诉讼中提起确认请求,之后再通过专门程序进行金额认定。上述两种方式均需以法律的明确规定为前提。其三,公益性损失的抽象特质限定了消费民事公益诉讼损害赔偿请求权的实现方式。公共性财产损失实质是不法经营者不当逐利等行为导致的外部性财产损失。由于此类损失较为抽象,且不具有显性的物质形态,所以只能是通过损失估算的方式要求不法经营者进行金钱赔偿,很难通过恢复原状等替代性措施予以实现。此外,消费民事公益诉讼中的精神损害赔偿请求权具有一定的特殊性。一般来说,精神损害赔偿请求权的适用不仅要求有侵权行为,还要求有严重的精神

---

① 参见杨立新:《侵权损害赔偿》(第六版),法律出版社2016年版,第9页。

损害后果,如死亡或是心理疾病等。通常情况下,消费民事公益诉讼中的精神利益不具有上升为严重损害的可能性。但是如果风俗习惯等公共性的受尊重权受到侵害且产生广泛的社会影响时,在极少数情况下也应当允许通过金钱赔偿的方式进行补救。

(二) 惩罚性赔偿请求权

惩罚性赔偿请求权是一种特殊的赔偿请求权,主要通过让加害人赔偿超出实际损害价值的费用的方式实现惩罚遏制不法行为的目的。惩罚性赔偿请求权不符合传统民法所倡导的同质补偿或填平原则。惩罚性赔偿制度的确立主要源于由转型时期的利益冲突所造成的社会问题。[1] 随着市场经济的不断发展,不良企业为了追求利益最大化,不当减少生产成本、生产或销售假冒伪劣产品的情况屡见不鲜。如果所受损失较小,消费者个人就不具备为同质补偿利益提起诉讼的可能性。此时,就需要通过惩罚性赔偿制度予以解决。我国于 1994 年首次明确了惩罚性赔偿制度。[2] 惩罚性赔偿必须依据法律规定,而不能依据合同约定适用。根据《消费者权益保护法》第 55 条的规定,惩罚性赔偿请求权包括两类:一是合同欺诈行为引起的合同类惩罚性赔偿请求权,二是商品或服务缺陷造成消费者死亡或者健康严重损害而引起的侵权类惩罚性赔偿请求权。[3] 无论哪种类型,惩罚性赔偿制度都具有多重

---

[1] 参见江帆、朱战威:《惩罚性赔偿:规范演进、社会机理与未来趋势》,《学术论坛》2019 年第 3 期。

[2] 1994 年实施的《消费者权益保护法》首次明确了惩罚性赔偿。根据该法第 49 条的规定,经营者提供商品或者服务有欺诈行为的,应当按照消费者的要求增加赔偿其受到的损失,增加赔偿的金额为消费者购买商品的价款或者接受服务的费用的一倍。

[3] 《中华人民共和国消费者权益保护法》第 55 条规定,经营者提供商品或者服务有欺诈行为的,应当按照消费者的要求增加赔偿其受到的损失,增加赔偿的金额为消费者购买商品的价款或者接受服务的费用的三倍;增加赔偿的金额不足五百元的,为五百元。法律另有规定的,依照其规定。经营者明知商品或者服务存在缺陷,仍然向消费者提供,造成消费者或者其他受害人死亡或者健康严重损害的,受害人有权要求经营者依照本法第四十九条、第五十一条等法律规定赔偿损失,并有权要求所受损失二倍以下的惩罚性赔偿。

价值功能。具体来说,包括指向被告的惩罚和威慑功能,指向受害人的补偿、奖励功能,以及指向社会其他人的一般预防、补偿、激励功能。对社会其他人的补偿功能是将惩罚性赔偿金视为"社会性损害赔偿金"的结果。①

消费民事公益诉讼中惩罚性赔偿请求权的适用应定位于惩罚遏制和预防功能的发挥。这既是消费民事公益诉讼公益性本质的要求,也是惩罚性赔偿请求权区别于损害赔偿请求权的表现。公益诉讼的公益性本质决定了惩罚性赔偿请求权的公益性追求。公益性的存在意味着惩罚性赔偿私益诉讼所具有的(受害人)补偿、安抚以及激励功能在消费民事公益诉讼中不发挥作用。消费民事公益诉讼中惩罚性赔偿请求权主要发挥对不法经营者的惩罚遏制功能,以及对其他经营者不法行为的一般预防功能。由于损害赔偿请求权已经发挥了公益性补偿功能,为避免产生功能上的重复并引起责罚过当的不合理后果,消费民事公益诉讼中的惩罚性赔偿请求权不应再发挥公益补偿功能。

需要引起注意的是,惩罚性赔偿的具体适用不能简单套用既有法律规定,按照私益诉讼中的标准进行赔偿。惩罚性赔偿标准与起诉概率及获赔概率等因素紧密相关。通常来说,就小额分散型侵害行为而言,私益诉讼的起诉概率及获赔概率一般都低于公益诉讼。其一,公益诉讼具有起诉优势。考虑到诉讼成本以及胜诉利益,私益诉讼起诉主体往往会形成一种理性的漠视心理。消费公益诉讼中,起诉主体依职责或使命感提起诉讼,更具有起诉可期待性。② 而且相比私益诉讼,公益诉讼能避免"一对一"的重复索赔,起诉辐射范围更加广泛。其二,公益诉讼的适格主体具有能力优势。面对强大的企业,消费者个人即使提起诉讼,也可能会因为诉讼能力不足而无法获赔。公益诉讼

---

① 参见金福海:《惩罚性赔偿制度研究》,法律出版社 2008 年版,第 77—88 页。

② 参见郝海燕:《异化与归正:消费公益诉讼惩罚性赔偿适用研究》,《四川大学学报(哲学社会科学版)》2021 年第 3 期。

的起诉主体具有优于消费者个人的诉讼能力,更容易获得胜诉。其三,公益诉讼具有获得胜诉的程序优势。与私益诉讼中的平等对抗理念相比,消费公益诉讼程序中的职权主义理念更有利于惩罚性赔偿的实现。在消费民事公益诉讼中套用私益诉讼惩罚性赔偿标准的做法不仅会违背公益诉讼的程序特性,而且还会促使惩罚性赔偿演变为一种纯粹的报复性工具。报复性惩罚会过分加重企业负担,同时也不利于社会公共利益的整体提升。

惩罚性赔偿的数额需要审慎对待。不法经营者的违法动力主要来源于不法收益。理论上来讲,只要赔偿数额超过违法收益就可以遏制不法行为。为确保惩罚功能的实现,个案中具体赔偿数额的确定,可以在不法收益的基准之上,由法官依据比例原则,并结合不法经营者的主观恶意、侵害后果、经济情况等要素进行自由裁量。① 如此,既能避免过高的惩罚性赔偿对经济发展产生不利影响,又能有效发挥惩罚性赔偿请求权的惩罚和预防功能。

(三) 相关费用赔偿请求权

相关费用赔偿请求权是消费民事公益诉讼中的特殊赔偿请求权。相关费用赔偿请求权的逻辑起点是二次外部性财产利益损失,即在预防和救济公共利益损害的过程中所产生的额外费用。为了区别于因生产成本外化而产生的外部性财产利益损失,在此将其称为二次的外部性财产利益损失。相关费用请求权的救济目标是赔偿因预防和救济公共利益损害而产生的预防和救济费用。具体来说,包括两类:一是相关主体为预防损害而发生的预防处置费用,包括召回、销毁不合格产品而产生相关费用。二是适格主体因

---

① 我国司法实践中也有类似做法。如,在"浙江省龙游县人民检察院诉李某某销售铝含量超标油条案"中,法院认为,惩罚性赔偿金的目的是为了剥夺违法经营者的不法利益,使违法经营者不能和不愿再犯,并威慑其他经营者的类似冲动,判令违法经营者支付惩罚性赔偿金符合公益诉讼制度设立的初衷。但考虑被告李荣春侵害消费者权益的具体情况以及被两次行政处罚的情形,酌定被告李荣春支付 8 倍赔偿金。参见《浙江省龙游县人民检察院与李荣春公益诉讼案一审民事判决书》,(2020)浙 08 民初 106 号。

提起民事公益诉讼而花费的诉讼成本,包括调查、取证、鉴定以及律师费等合理费用。

消费民事公益诉讼中设置相关费用请求权具有合理性。一方面,预防处置费用请求符合法律的公平原则。经营者作为不法经营行为的受益人,应当为商品或者服务缺陷所带来的损害和危险承担赔偿责任,并应采取相关措施予以补救或防止损失扩大。从消费者视角来看,消费者所遭受的损害和面临的危险均是由不法经营行为所致。依公平原则,消费者因为制止侵害、排除妨碍或者消除危险而产生的相关费用,应由经营者承担。① 这也与《消费者权益保护法》第 19 条要求不法经营者承担召回费用的法理精神相吻合。② 另一方面,诉讼成本费用请求能够激励适格主体积极提起民事公益诉讼。检察机关和消费者协会作为消费民事公益诉讼的适格主体,不具有直接利害关系的利己驱动力,面临诉讼成本的困境。而且。相比普通民事诉讼,消费民事公益诉讼还需要付出更多的时间、精力和费用等。由不法经营者承担合理的诉讼成本,既可以缓解适格主体,特别是消费者协会的诉讼压力,也可以提高适格主体的诉讼积极性。综上,在消费民事公益诉讼中设置相关费用请求权是公平原则和诉讼成本的内在要求。

三、请求权与消费者权利的对应关系

请求权的设置目的在于维护以公共利益为本源的实体权益内容。为了更好地实现公益维护目的,应当进一步明确请求权与其所欲保护的消费者权利

---

① 参见杜万华主编:《最高人民法院消费公益诉讼司法解释理解与适用》,人民法院出版社 2016 年版,第 323—324 页。

② 《中华人民共和国消费者权益保护法》第 19 条规定,经营者发现其提供的商品或者服务存在缺陷,有危及人身、财产安全危险的,应当立即向有关行政部门报告和告知消费者,并采取停止销售、警示、召回、无害化处理、销毁、停止生产或者服务等措施。采取召回措施的,经营者应当承担消费者因商品被召回支出的必要费用。

的对应关系。

建立对应关系的前提是厘清基础性权利和手段性权利的具体内容。根据本书第二章第二节的分析可知,作为消费民事公益诉讼请求之逻辑起点的消费者权利可以分为:不特定多数的实际性消费者所享有的公共性人身安全权、公共性财产安全权、公共性知情权、公共性自主选择权、公共性公平交易权、公共性受尊重权、公共性信息保护权利;潜在性消费者所具有的公共性人身安全权、公共性财产安全权、公共性知情权、公共性自主选择权、公共性公平交易权、公共性受尊重权以及公共性信息保护权利;整体性消费者所具有的公共性财产利益和消费精神利益。合并同类项内容,消费民事公益诉讼请求所欲保护的实体权利包括公共性人身安全权、公共性财产安全权、公共性知情权、公共性自主选择权、公共性公平交易权、公共性受尊重权、公共性信息保护权利以及公共性财产利益和消费精神利益,共九大类权利。由本节前两部分内容可知,消费民事公益诉讼请求的请求权类型包括:请求停止侵害、排除妨碍、消除危险的禁令型请求权,请求确认无效、请求确认关键事实的确认型请求权,请求赔礼道歉的人格型请求权,请求损害赔偿、请求惩罚性赔偿、请求相关费用的赔偿型请求权。据此,可将消费民事公益诉讼中,请求权与消费者公共性权利的对应关系概括为七种情况。

(一) 禁令型请求权:停止侵害、排除妨碍和消除危险请求权

禁令型请求权的主要适用目的在于发挥结果预防作用。消费民事公益诉讼中,法院应对禁令型请求权的适用对象作扩张解释。具体来说,禁令型请求权既可以适用于传统意义上的绝对权,也可以适用于相对意义上的特殊绝对权。在符合各请求权适用条件的情况下,与禁令型请求权相对应的消费者公共权利包括:公共性人身安全权、公共性财产安全权、公共性知情权、公共性自主选择权、公共性公平交易权、公共性受尊重权、公共性信息保护权利以及公

共性财产利益和消费精神利益。

（二）确认无效请求权

确认无效请求权主要针对格式条款,其适用目的在于促使格式条款中的不公平、不合理内容失效。根据相关释义,不公平格式条款侵害的不仅是公平交易权,还有可能是自主选择权和知情权等合法权利。① 消费民事公益诉讼中,与确认无效请求权相对应的消费者权利包括公共性知情权、公共性自主选择权和公共性公平交易权。

（三）确认关键事实请求权

消费民事公益诉讼中,确认关键事实请求权针对不法经营行为所造成的共同侵害事实提起,发挥支持私益救济的效果。由于此类请求权的最终目的是保护消费者的个人权利,因而不具备公共性的消费者权益基础。确认关键事实请求权的正当性是确认利益,具体表现为确认事实对消费者私益救济所发挥的支持作用。

（四）赔礼道歉请求权

赔礼道歉请求权的主要目的是救济消费精神利益损害。在消费民事公益诉讼范畴内,赔礼道歉请求权主要适用于两种情形:一是侵害不特定多数实际性消费者、潜在性消费者和整体性消费者的公共性受尊重权;二是侵害整体性消费者的消费信心等抽象消费精神利益。概括而言,消费民事公益诉讼中赔礼道歉请求权所欲保护的消费者公共权利包括公共性的受尊权和公共性的消费精神利益。

---

① 参见杜万华主编:《最高人民法院消费公益诉讼司法解释理解与适用》,人民法院出版社 2016 年版,第 257 页。

（五）损害赔偿请求权

损害赔偿请求权的主要适用目的是救济或填补公共性财产利益损失。与私益诉讼中损害赔偿请求权致力于救济受害消费者的人身和财产利益不同，消费民事公益诉讼损害赔偿请求权的逻辑起点是公共性财产利益，主要救济不法经营行为所造成的外部性公益损失。

（六）惩罚性赔偿请求权

惩罚性赔偿请求权的适用目的是发挥惩罚遏制和一般预防功能。依据《消费者权益保护法》的规定，惩罚性赔偿请求权适用于经营欺诈和产品缺陷造成严重人身损害的情形。① 欺诈行为不仅违反了经营者的告知义务，而且也侵害了消费者的知情权。缺陷产品的侵权后果是消费者的人身安全权严重受损。由此，可以将消费民事公益诉讼惩罚性赔偿请求权的逻辑起点，概括为公共性知情权和公共性人身安全权。

（七）相关费用请求权

相关费用请求权的适用目的是要求不法经营者偿付外部性财产利益的二次损失。相关费用包括相关主体为了避免公共利益危害产生或扩大而发生的预防处置费用，以及适格主体为了提起民事公益诉讼而产生的诉讼成本费用。根据前文关于相关费用赔偿请求权的专门分析，预防处置费用和诉讼成本费用属于公共性财产利益二次损失。由此，相关费用请求权所对应的实体权益基础是外部性财产利益的二次损失利益。

---

① 《中华人民共和国消费者权益保护法》第 55 条。具体论证详见本节第二部分（二）"惩罚性赔偿请求权"相关内容。

表 3-1　请求权类型与消费者权利的对应关系

序号	请求权	逻辑起点（主观公共利益属性之消费者权利）
1	停止侵害 排除妨碍 消除危险	公共性人身安全权、公共性财产安全权、公共性知情权、 公共性自主选择权、公共性公平交易权、公共性受尊重权、 公共性信息保护权利、公共性财产利益和消费精神利益
2	确认无效	公共性知情权、公共性自主选择权、公共性公平交易权
3	确认关键事实	确认利益（不存在公共性实体权益基础）
4	赔礼道歉	公共性受尊重权、消费精神利益
5	损害赔偿	公共性财产利益
6	惩罚性赔偿	公共性知情权、公共性人身安全权
7	相关费用赔偿	公共性财产利益（二次损失利益）

小　　结

　　请求权是诉讼请求的本体内容，请求权的类型决定诉讼请求的具体类型。消费民事公益诉讼请求之请求权类型研究旨在明确适格主体能够提起何种请求权主张的问题。根据比较分析，很多国家和地区的请求权立法经历了由不作为请求权向赔偿请求权推进的发展趋势。从赔偿请求权的具体内容来看，既有以公共利益救济为目标的公益性赔偿请求权，又有救济消费者个人损失的损害赔偿请求权和惩罚性赔偿请求权。在我国，对于请求停止侵害、请求排除妨碍和请求消除危险的禁令型请求权基本达成共识，现有相关争议主要集中于确认请求权、赔礼道歉请求权以及损害赔偿、不法收益和惩罚性赔偿请求权。

　　请求权类型的合理设置需要综合请求权的适用目标、解释进路和设置依据作整体考量。根据消费民事公益诉讼的制度功能，消费民事公益诉讼请求权的适用目标应当包括公益预防目标、公益救济目标以及私益支持目标。依法解释论来看,侵权类请求权、合同类请求权、人格类请求权具有在消费民事公益诉讼中适用的可能性。就请求权的设置依据来看,"功能顺位论"具有片面性,不能满足消费民事公益诉讼的适用需求。以"权利保障论"为中心依据的分析结果是,消费民事公益诉讼中的请求权类型应当包括非财产型请求权和财产型请求权两种类型。具体来说,非财产型请求权包括请求停止侵害的请求权、请求排除妨碍的请求权、请求消除危险的请求权、请求确认无效的请求权、请求确认关键事实的请求权以及请求赔礼道歉的请求权。财产型请求权包括请求赔偿损失的请求权、请求惩罚性赔偿的请求权以及请求相关费用的请求权。

第四章　消费民事公益诉讼请求之
实体判决资格

——以诉的利益要件为中心

实体判决资格是诉讼请求获得法院实体判决的适法性要求。民事诉讼请求是否具有实体判决资格,能否获得法院的实体判决要经过诉讼程序的动态检验。为确保消费民事公益诉讼具有程序正当性与适用价值,消费民事公益诉讼请求获得法院实体判决应满足实体判决要件的特殊要求。

本章首先着手于理论根源的探讨。根据诉讼的利益理论,剖析消费民事公益诉讼请求获得法院实体判决的特殊要件要求。在此基础上,通过比较分析的方法对部分国家和地区的相关要件内容进行比较和总结。最后回归诉讼程序,探讨消费民事公益诉讼中诉的利益要件之审查原则和调查方式,并根据审查情况对诉讼请求的实体判决资格进行判断。

第一节　实体判决要件的理论诠释

理论根源是程序构建的基石。对实体判决要件理论根源的探寻是明确消费民事公益诉讼请求实体判决资格的基本前提。本部分主要是从民事诉讼的多个诉讼要件中,析出与诉讼请求适法性相关的要件事项,即诉的利益。根据诉的利益理论和消费民事公益诉讼的特殊性,探讨消费民事公益诉讼请求实体判决资格的特殊要件要求。

一、实体判决要件之诉的利益

实体判决要件也称为诉讼要件①,是法院对原告所提诉讼请求进行实体判决的程序法要求。民事诉讼的诉讼要件有诸多分类。消费民事公益诉讼是特殊的民事诉讼,在法院管辖要件、当事人适格要件以及诉的利益要件方面形成特殊性。本书研究诉讼请求,选择与诉讼请求适法性相关的要件,即诉的利益要件作为相关研究的理论依据。

(一) 民事诉讼中的实体判决要件

实体判决要件是检验并确保民事诉讼程序正当性和适用价值的基本标准。在原告向法院提出诉讼请求之实体判决要求后,"法院首先需要判断的问题是,是否应当对原告所主张的权利关系存在与否进行审理及判断。而作为这种判断基准,则体现为各个诉讼要件。"②学理上,通常也将诉讼要件称为实体判决要件。

---

① 在大陆法系民事诉讼理论中,实体判决要件也称为诉讼要件。诉讼要件从产生到发展形成了两种主要的理论学说,即"诉讼关系成立要件说"和"实体判决要件说"。"诉讼关系成立要件说"最早由德国学者标罗提出,他将诉讼要件理解为诉讼法律关系产生的前提条件。"实体判决要件说"以日本学者观点为代表。兼子一教授认为诉讼要件是诉讼想要达到目的所必须具备的事项,可以从原告和法院两个方面来理解。对原告而言,是请求之审判要求被采纳的要件或事项。对法院而言,是原告的请求具备法院对其进行本案判决的要件或是事项。参见[德]赫尔维格:《诉权与诉的可能性:当代民事诉讼基本问题研究》,任重译,法律出版社 2018 年版,第 96 页;[日]兼子一、竹下守夫:《民事诉讼法》,白绿铉译,法律出版社 1995 年版,第 49—50 页。本书主要采"实体判决要件说"进行论述。

② [日]新堂幸司:《新民事诉讼法》,林剑锋译,法律出版社 2008 年版,第 170 页。

"事物的本质是指向类型的。"①为了对诉讼请求的实体判决要件形成更为清晰的认识,本部分将结合相关研究资料,对诉讼要件进行类型化的介绍和分析。

1. 根据具体内容的不同,可以将民事诉讼的诉讼要件分为法院相关要件、当事人相关要件、诉讼标的或诉讼对象相关要件。法院相关要件影响人民法院对民事诉讼案件的审理范畴,包括法院主管和管辖等要件事项。当事人相关要件涉及当事人资格,包括当事人诉讼能力、当事人适格等要件事项。诉讼标的或诉讼对象相关要件影响诉讼请求的适法性,包括诉讼请求具有权利保护利益、不属于重复诉讼等要件事项。②

2. 根据作用方式的不同,可以将民事诉讼的诉讼要件分为必要要件和不必要的要件。必要要件,也称为积极要件,是诉讼请求获得法院实体判决必须具备的要件,如民事主管与管辖、当事人能力、诉讼代理人权限、当事人适格等要件事项。不必要的要件,也称为消极要件,是诉讼请求获得法院实体判决不能存在的要件。如,诉讼已经系属于其他案件,构成重复诉讼或是存在仲裁协议等要件事项。③

3. 根据要件性质的不同,可以将民事诉讼的诉讼要件分为诉权要件和非诉权要件。当事人适格要件和诉的利益要件属于诉权要件。诉权要件解决原告的诉权问题,以及原告请求之判决要求是否具有必要性或正当利益的问题。非诉权要件是指诉权要件以外的诉讼要件,如民事主管与管辖要件、当事人能

---

① 〔德〕亚图·考夫曼:《类推与事物本质:兼论类型理论》,吴从周译,学林文化事业有限公司1999年版,第109页。

② 参见中村英郎:《新民事诉讼法讲义》,《新民事诉讼法讲义》,陈刚等译,法律出版社2001年版,第153、154页;宫川聪:《诉讼要件の审理−本案との审理顺を中心として》,见福永有利:《民事诉讼法の史的展开》,转引自孟涛、潘水良:《论标罗诉讼要件理论的创立》,《政治与法律》2008年第5期;孟涛:《民事诉讼要件理论研究》,博士学位论文,重庆大学2009年,第7页。

③ 参见〔日〕兼子一、竹下守夫:《民事诉讼法》,白绿铉译,法律出版社1995年版,第50页;〔日〕高桥宏志:《重点讲义民事诉讼法》,张卫平、许可等译,法律出版社2007年版,第5页。

力要件、诉讼代理人权限要件等内容。①

4. 根据审理先后的不同,还可以将民事诉讼的诉讼要件分为抽象一般要件和具体特殊要件,抽象一般要件应优先审理。② 抽象一般要件是与案件内容相关性较小的要件,如民事主管与管辖要件、诉讼能力要件。具体特殊要件是与案件内容密切相关的内容,如诉的利益要件。

综上,诉讼要件具有多种分类。上述分类中具有的共同性要件内容包括:民事主管和管辖要件、当事人能力要件、诉讼代理人权限要件、诉的利益要件、③当事人适格要件。本书对于诉讼要件的研究,以上述共识部分为基础。

(二) 诉的利益的析出——与消费民事公益诉讼请求适法性相关的特殊要件

在诸多诉讼要件中,选择诉的利益作为本书研究和判断消费民事公益诉讼请求之实体判决资格的理论依据,主要包括以下三个方面的原因。

1. 消费民事公益诉讼是特殊的民事诉讼,具有特殊的要件内容

不同类型之民事诉讼的诉讼要件内容呈现不同特性。尽管诉讼要件具有相通性,但是受程序要求和程序目的等相关要素的影响,不同类型的民事诉讼的诉讼要件又呈现出一定的特殊性。在此,将以劳动诉讼为例说明。劳动诉讼案件不仅要满足法院主管与管辖、当事人能力等共同性要件,还要求诉讼请求已经经过前置的仲裁程序予以处理。④ 特殊要件的目的在于提高个案中法院实体判决的必要性和实效性,进而保障诉讼程序的正当化适用。一方面,消

---

① 参见[日]新堂幸司:《新民事诉讼法》,林剑锋译,法律出版社 2008 年版,第 171 页;[日]兼子一、竹下守夫:《民事诉讼法》,白绿铉译,法律出版社 1995 年版,第 50 页。

② 参见[日]高桥宏志:《重点讲义民事诉讼法》张卫平、许可等译,法律出版社 2007 年版,第 9 页。

③ 诉的利益要件包含上述分类中涉及的"存在权利保护利益""禁止重诉起诉""不存在仲裁协议"等要件内容。

④ 《中华人民共和国劳动法》第 79 条规定,劳动者与用人单位发生劳动争议,当事人一方可以直接向劳动争议仲裁委员会申请仲裁,对仲裁裁决不服,可以向人民法院起诉。

费民事公益诉讼归属于民事诉讼,具有所有民事诉讼类型所共有的要件内容。另一方面,消费民事公益诉讼属于特殊的民事诉讼类型。相比普通的民事诉讼,消费民事公益诉讼存在诸多特性,形成特殊性的要件内容。

2. 消费民事公益诉讼在管辖、当事人和诉的利益要件方面呈现特殊性

消费民事公益诉讼在民事主管、当事人能力和诉讼代理人权限方面具有与一般民事诉讼相同的要件事项。与此同时,它在管辖、当事人和诉的利益要件方面呈现特殊性。其一,在管辖方面的特殊性。按照一般级别管辖的规定,民事诉讼由被告住所地的基层人民法院管辖。① 消费民事公益诉讼与社会公共利益相关,涉及人数众多且程序较为复杂,应由中级人民法院作为一审管辖法院。② 其二,在当事人适格方面的特殊性。根据法律规定,民事诉讼的原告应为有直接利害关系的主体。③ 消费民事公益诉讼中,原告并非直接利害关系主体,而是由法律直接赋权的法定机关和组织。④ 其三,在诉的利益方面的特殊性。消费民事公益诉讼在利益特点、诉讼成本、起诉主体以及判决效力等方面形成特殊性,对诉的利益的要件内容和要件审查提出特殊要求。⑤

3. 本书的研究对象是诉讼请求,仅探究与诉讼请求本体适法性相关的要件内容

从具体内容和性质来看,上述消费民事公益诉讼的特殊要件各有不同。管辖要件是与法院相关的一般抽象性要件和非诉权要件,与案件内容的相关性较小。当事人适格要件和诉的利益要件属于诉权要件,与案件内容和诉讼

---

① 《中华人民共和国民事诉讼法》(2023年修订版)第18条规定,基层人民法院管辖第一审民事案件,但本法另有规定的除外。

② 参见杜万华主编:《最高人民法院民事诉讼法司法解释逐条适用解析》,第519—520页。

③ 《中华人民共和国民事诉讼法》(2023年修订版)第122条第一项规定,原告是与本案有直接利害关系的公民、法人和其他组织。

④ 《中华人民共和国民事诉讼法》(2023年修订版)第58条第1款规定,对污染环境、侵害众多消费者合法权益等损害社会公共利益的行为,法律规定的机关和有关组织可以向人民法院提起诉讼。

⑤ 具体论证详见本节第二部分"消费民事公益诉讼的特殊性与诉的利益要件"相关内容。

请求相关性较大。其中,当事人适格要件与诉讼请求主体适法性相关,而诉的利益要件与诉讼请求本体内容适法性相关。由于本书主要探究消费民事公益诉讼中诉讼请求的理性适用,所以将主要根据诉的利益理论对消费民事公益诉讼请求之实体判决资格的特殊性展开分析。

(三) 诉的利益的判断标准与要件内容

诉的利益理论在大陆法系国家形成了包括"胜诉前提条件说"[1]"诉权存在条件说"[2]"本案实体判决要件说"[3]在内的诸多学说。我国民事诉讼法学者主要采"实体判决要件说",将诉的利益理解为实体判决要件。[4]

本书将根据"实体判决要件说"将诉的利益定义为法院对原告所提诉讼请求进行实体判决的前提或必要条件,也即诉讼请求之实体判决的必要性和实效性。根据《大辞海》的解释,"必要"即"一定有的,不可缺少的"[5],"实效"

---

[1]　"胜诉前提条件说"以德国学者赫尔维格为代表。他将作出判决时存在足够的利益归结为诉讼层面的诉的前提条件,也即胜诉的前提条件之一。法律保护必要是实体判决存在足够的利益,欠缺法律保护必要的法律后果是驳回诉。参见[德]赫尔维格:《诉权与诉的可能性:当代民事诉讼基本问题研究》,任重译,法律出版社 2018 年版,第 104、108—115 页。

[2]　法国民事诉讼法采"诉权存在条件说"。让·文森和塞尔日·金沙尔认为诉权有四个条件,分别为有可以主张的权利、有利益、有资格和有能力,前两者为诉权的存在条件,后两者为诉权行使的条件。其中,诉的利益是允许当事人提起诉讼请求的首要条件。参见[法]让·文森、塞尔日·金沙尔:《法国民事诉讼法要义》上卷,罗结珍译,中国法制出版社 2001 年版,第148、151—157 页。

[3]　日本学者采"本案实体判决要件说"。兼子一、竹下守夫教授将诉的利益理解为法院下判决的利益。新堂幸司教授认为诉的利益涉及的是对有关请求内容自身作出本案判决的必要性和实效性。参见[日]兼子一、竹下守夫:《民事诉讼法》,白绿铉译,法律出版社 1995 年版,第 51 页;[日]新堂幸司:《新民事诉讼法》,林剑锋译,法律出版社 2004 年版,第 187 页。

[4]　如,张卫平教授认为,狭义的诉的利益是指当事人所提起的诉中应具有的,法院对该诉讼请求作出判决的必要性和实效性。参见张卫平著:《民事诉讼法》(第五版),法律出版社 2019 年版,第 193 页;刘敏教授认为,民事诉讼中诉的利益是指当事人提起的诉应当具有的法院对诉讼请求进行审判的必要性和实效性。参见刘敏:《论诉的利益之判断》,《国家检察官学院学报》2012 年第 4 期;黄忠顺教授认为,诉的利益主要斟酌对本案诉讼请求作出本案判决的必要性与实效性。参见黄忠顺:《论诉的利益理论在公益诉讼制度中的运用——兼评〈关于检察公益诉讼案件适用法律若干问题的解释〉第 19、21、24 条》,《浙江工商大学学报》2018 年第 4 期。

[5]　夏征农、陈至立主编:《大辞海·语词卷》第一卷,上海辞书出版社 2011 年版,第 160 页。

即"实际的效果"。① 根据诉的利益理论,诉讼请求获得法院实体判决的前提条件包括:(1)法院对原告所提诉讼请求作出实体判决不可缺少;(2)作出实体判决能够产生实际的效果。

1.诉的利益的判断标准

确立大致统一的判断标准是诉的利益要件合理适用的基本要求。正如邱联恭教授所言,诉的利益的错误判断,会影响当事人使用法院的机会,影响平等权和诉讼权,这不仅是被告的问题,也是原告的问题。②

日本学者从不同角度归纳了诉的利益的判断标准。兼子一和竹下守夫教授认为通用于各类诉讼的判断事项包括:(1)权利关系主张能够特定。(2)不存在法律禁止事项。(3)没有特殊情况。③ 新堂幸司教授认为各种诉讼中都包括的利益标准包括:(1)不存在禁止再诉等情形。(2)不存在不起诉合意等排除事由。(3)不属于权利滥用。如,不存在无须通过诉讼即可解决、提起诉讼缺乏合理性、违反诚实信用原则等情况。④ 还有日本学者指出,诉的利益要求原告主张的实体利益面临危险或者不安。⑤

国内也有相关讨论。张卫平教授认为共同的诉的利益要件包括:(1)具体法律关系已经成熟。⑥ (2)不存在重复诉讼和法定的禁止起诉情形,也不存在仲裁约定等诉讼障碍情形。(3)不存在诉权滥用妨碍事由。⑦ 杨军教授认为诉的利益的否定标准包括:(1)不属于法院民事主管范围,如自然现象和理

---

① 夏征农、陈至立主编:《大辞海·语词卷》第四卷,上海辞书出版社 2011 年版,第 3152 页。

② 参见张特生等:《民事诉讼法之研讨》(四),三民书局有限公司 1993 年版,第 447 页。

③ 兼子一和竹下守夫教授将诉的利益归为诉权的客观利益,对相关事项进行明确。参见[日]兼子一、竹下守夫:《民事诉讼法》,白绿铉译,法律出版社 1995 年版,第 51—52 页。

④ 参见[日]新堂幸司:《新民事诉讼法》,林剑锋译,法律出版社 2008 年版,第 188—192 页。

⑤ 参见松尾卓宪:《诉えの利益理论の现状と课题――诉えの利益の实体法の把握批判》,《揭载誌.修道法学》,28 卷,2 号,2006 年第 2 期,第 948 页。

⑥ 不成熟的法律关系针对权利或利益而言,是权利在法律上难以明确的一种状态,但并不意味着没有法律根据。参见张卫平:《诉的利益:内涵、功用与制度设计》,《法学评论》2017 年第 4 期。

⑦ 参见张卫平:《诉的利益:内涵、功用与制度设计》,《法学评论》2017 年第 4 期。

论争议。(2)请求保护的利益不需要本案判决就可以实现。(3)存在优先于诉讼的救济制度。(4)存在排除约定或是禁止规定。如,当事人达成仲裁协议,存在一事不再理或是法律规定的禁止起诉情形等。①

综合上述分析,笔者认为在对诉的利益进行判断时,应至少考虑以下事项:诉讼请求所欲保护的正当权益是否已经受到侵害或者存在现实危险;对本案诉讼请求的审理和判决,是否存在前置适用或者优先适用程序;诉讼请求的提起或处分是否已经受到或可能受到权利滥用的影响;本案诉讼请求的提起是否存在法律禁止的妨碍情形。

2. 诉的利益要件的具体内容

根据前述判断标准,本书将与诉的利益相关的要件内容归为以下事项:

一是权益损害要件。权益损害要件针对诉讼请求的逻辑起点而言,要求诉讼请求所欲保护的实体权益具有正当性,而且正当的实体权益已经受到实际侵害或者存在现实危险。权益的正当性强调诉讼请求所欲保护的实体权益应当具有法律根据,或虽然未被现有立法所明确规定,但也属于具有司法保护价值的正当利益。权益受到侵害或是存在现实危险旨在确保诉讼请求所欲保护的实体权益具有通过诉讼进行救济的必要性。

二是前置程序或优先程序要件。诉讼并非权益救济的唯一方式,而是权益救济的最后一道防线。如果从经济上或者效果上考虑,案件存在前置适用或者优先适用的特别程序,那么原告就应遵守法定的程序要件要求。只有在前置程序或者优先程序要件得到满足时,该民事诉讼才具有诉的利益,本案民事诉讼请求也才能获得法院的实体判决。

三是伦理妨碍要件。伦理上的妨碍要件要求诉讼请求相关事项未受到当事人,特别是原告主观恶意的影响。伦理妨碍行为主要表现为原告因存有主观恶意或是欠缺伦理考量而在行为或是结果上对诉讼请求造成影响。主观恶

---

① 参见杨军:《诉的利益研究》,北京交通大学出版社 2014 年版,第 93—96 页。

意是指原告为追求不法目的,故意将对方置于被告地位或者是对第三人造成不利影响的情形。欠缺伦理考量则主要指某些正当权益无须经过诉讼就可以获得实现或者得到救济的情形。在此种情形中,原告虽无主观上的恶意,但是提起诉讼请求欠缺伦理考量,超出诉权行使的合理边界。

四是程序妨碍要件。程序妨碍要件是本案诉讼请求不存在因违反法律规定或者程序价值而不适于提起民事诉讼的法定情形。典型的妨碍情形包括重复诉讼或者一事不再理。具体来说,即诉讼请求所涉及的实体争议已经获得法院的生效判决,且无新的事实出现,原告又以相同权利或相同法律关系为基础而提起诉讼请求的情形。此外,如果当事人已经达成了有效的仲裁协议,那么也应属于诉的利益的妨碍情形。

二、消费民事公益诉讼的特殊性与诉的利益要件

消费民事公益诉讼是特殊的民事诉讼类型。消费民事公益诉讼本身所固有的特殊性对诉的利益形成多方面的影响,致使诉的利益之要件内容和要件审查形成特殊性。

(一) 消费民事公益诉讼的特殊性及其对诉的利益的影响

消费民事公益诉讼在利益特点、诉讼成本、起诉主体、判决效力等方面的特殊性,对诉的利益相关要素产生直接或间接的影响。

1. 公共利益的抽象性增加了诉的利益的判断难度

公共利益的抽象性决定了消费公共利益损害的抽象性。实践中,法院对于消费公共利益损害是否存在以及公共利益损害大小等问题很难作出准确判断。通常情况下,是否构成消费公共利益损害涉及对"不特定多数"的认定。但是由于"特定"与"不特定"是受技术、经济等诸多要素影响的相对概念,所以也很难形成统一的认定标准。此外,公共利益损害和私人利益损害总是相

伴而生,私人利益的掺杂更加大了公共利益损害的辨识难度。总之,消费公共利益损害的抽象性,增加了法院对诉的利益的判断难度。

2. 诉讼成本的特殊性对实体判决的必要性和实效性提出更高要求

消费民事公益诉讼的诉讼成本具有特殊性。一方面是消费民事公益诉讼起诉成本的社会化。与私益诉讼之起诉成本源于消费者个人不同,消费民事公益诉讼起诉成本来源于纳税主体或是社会成员。检察机关是国家的法律监督机关,经费来源于国家财政。消费者协会是具有半官方性质的组织,主要依靠政府资助以及社会赞助。由二者提起公益诉讼,意味着起诉成本的社会化转移。消费民事公益诉讼的起诉成本实际由全体纳税主体共同分担。另一方面是消费民事公益诉讼的诉讼成本高昂。相比普通的私益诉讼,除了通常的诉讼费、代理费等诉讼成本以外,消费民事公益诉讼还需要负担公告费用、专家鉴定费,甚至是赔偿金的管理和分配费用等额外的支出。从程序效益的角度来看,起诉成本社会化和诉讼成本高昂化对诉的利益提出更高的要求。为确保诉的利益,消费民事公益诉讼中应尽量剔除明显无根据或是可以通过其他途径予以解决的诉讼请求。

3. 起诉主体的分离性可能引发诉权滥用和公益偏离危险

起诉主体与直接利害关系主体的分离是消费民事公益诉讼的核心特点。消费民事公益诉讼中,原告提起诉讼的权利由法律直接赋予,其本身并非真正的直接利害关系人。因为欠缺直接利害关系人所具有的利己驱动力,所以起诉主体的利益形态与公共利益并非完全重合或并非总是一样。由此可能引发的后果是,起诉主体为了个人或第三人的利益实施诉权滥用行为,致使消费民事公益诉讼请求偏离公益诉讼初衷。诉权滥用行为所引发的公益偏离危险,将对消费民事公益诉讼之诉的利益形成直接的影响。为了确保消费民事公益诉讼的诉的利益,就应对起诉主体的诉权滥用行为作出特别规制。

4. 适格主体多元化增加重复诉讼的可能性

消费民事公益诉讼的适格主体呈现多元化特性。为了确保消费民事公益诉讼的充分适用,很多国家都规定了多元化的适格主体。消费民事公益诉讼的适格主体可能是检察机关和消费者团体,也有可能是行政机关以及消费者个人。我国消费民事公益诉讼的适格主体包括检察机关,省、自治区、直辖市各消费者协会以及中国消费者协会。适格主体的多元化将会增加重复诉讼的风险。如果适格主体之间缺少沟通和协作,抑或是对诉讼请求的看法和认识存有不一致,极有可能会带来重复诉讼的问题。由此,多元适格主体造成的重复诉讼应当成为消费民事公益诉讼之诉的利益的特殊妨碍情形。

5. 判决效力的扩张性要求加大诉的利益的审查力度

公益诉讼判决会产生较大的社会影响力。消费民事公益诉讼判决的社会影响力与其所能辐射的消费者范围相关。消费民事公益诉讼关系到不特定多数实际性消费者、潜在性消费者,甚至是整体性消费者的合法权益,因而具有较大的社会影响力。除此之外,消费民事公益诉讼判决还具有一定的政策形成作用。与普通的私益诉讼相比,民事公益诉讼不仅能够发挥权益维护的作用,还有利于推动制度改进和社会变革。[①]基于实体判决可能产生的广泛影响力,消费民事公益诉讼应更加强调并提高对诉的利益的审查力度。

(二) 消费民事公益诉讼中诉的利益要件的特殊性

根据诉的利益理论与消费民事公益诉讼的特殊性,为确保诉讼请求之实体判决的必要性和实效性,消费民事公益诉讼既要在内容上满足诉的利益的特殊要义,又要加大审查力度,确保各要件的有效适用。

1. 诉的利益之要件内容的特殊性

一是权益损害要件具有特殊性。消费民事公益诉讼的权益损害要件要求消费公共利益受到侵害或者存有危险。救济消费者众人利益和消费者个人利

---

① 参见张艳蕊:《民事公益诉讼制度研究——兼论民事诉讼机能的扩大》,北京大学出版社 2007 年版,第 47 页。

益的诉讼请求不应获得消费民事公益诉讼的实体判决。基于消费公共利益的抽象性特点,消费民事公益诉讼应尽量明确权益损害要件的判断标准或者是具体情形。

二是应设立专门的前置程序要件。诉讼费用的社会化与高成本要求消费民事公益诉讼应设置专门的前置程序要件,以确保并提升消费民事公益诉讼的程序效益。具体来说,立法应当根据消费民事公益诉讼请求的特点,合理设置调解、协商等前置解纷程序,为争议较小的实体权利主张提供诉前解决的程序机会。按照诉的利益要求,只有无法在前置程序中予以解决的诉讼争议,才具有获得消费民事公益诉讼实体判决的必要性。

三是应设置特别的优先适用程序要件。为确保程序适用的合理秩序,消费民事公益诉讼应当根据适格主体的职能分工,明确不同主体提起诉讼请求的优先顺位。只有在前一顺位的起诉主体不提起诉讼的情况下,后一顺位的主体才能提起。

四是应增设诉权滥用的特别情形。起诉主体与直接利害关系主体的分离,要求诉的利益要件的设置能够有效避免由诉权滥用行为所引发的公益偏离危险。为此,民事公益诉讼立法应当将适格主体不当追求自身利益或者第三人利益,致使诉讼请求发生公益偏离的情形,列为消费民事公益诉讼诉权滥用的禁止情形。

五是应增设重复诉讼的特别情形。起诉主体的多元化要求诉的利益要件能够规避不同起诉主体可能产生的重复诉讼。消费民事公益诉讼应当在一般性的重复诉讼要件基础上,增设多元适格主体引发的重复诉讼要件,并明确重复诉讼的禁止情形和例外情形。

2. 诉的利益之要件审查的特殊性

消费公共利益的抽象性、适格主体的多元性、起诉主体的分离性和实体判决结果的扩张性对法官提出了更高的审查要求。为确保审查力度,消费民事公益诉讼应特别强调法官的职权审查职能和法官的释明义务。一是要加强法官的职权审查职能。消费民事公益诉讼中,法官应加强对权益损害、重复诉讼、诉权滥用等各要件内容的审查力度,依职权保障消费民事公益诉讼请求之实体判决的必要性和实效性。二是要强调法官的释明义务。当原告提出的诉讼请求无法充分保障或不利于消费公共利益的保障时,法官应当对公共利益损害救济的全面性和充分性进行释明。在确保公益维护初衷的同时,避免因信息不对称而产生突袭裁判。消费民事公益诉讼之诉的利益对法官职权审查职能与释明义务的强调,既是公共利益维护的现实需要,也是程序效益与判决正当性的程序保障。

第二节　诉的利益要件的内容分析

随着各国对公共利益救济制度的日渐重视,为了确保消费民事公益诉讼请求获得法院实体判决的适法性,很多国家和地区已经形成了较为成熟的做法。本节主要在对相关国家和地区进行比较考察的基础上,分析并总结具有共同性的要件内容,为我国消费民事公益诉讼中诉的利益要件之合理设置指明推进方向。

一、诉的利益要件内容的考察

总体来看,各国类似于消费民事公益诉讼的相关制度中,一般都会包括两个方面的特别要求,一是关于主体的要求;二是关于程序的要求。主体要求涉及原告资格问题,不是本书讨论的范围。程序要求涵盖了法院审理和判决的前提条件,与本书所指诉讼请求之实体判决资格具相关性,此处仅对其中与诉的利益相关的要件内容进行分析。

（一）中国

我国公益诉讼相关立法和司法解释明确的要件内容包括:社会公共利益受到侵害、诉请争议未能在前置程序中解决或未在优先程序中提起、不存在重复诉讼的情形。①

1. 社会公共利益受到侵害

根据《民事诉讼法解释》第 282 条、《公益诉讼实施办法》(已失效)第 17 条、《消费公益诉讼解释》第 4 条的规定,适格主体起诉时应提交社会公共利益损害的证据。② 根据《公益诉讼办案规则》第 96 条的规定,人民检察院应当在公共利益处于受损害状态时,提起公益诉讼。③ 上述规定将公共利益损害列为起诉要求,这与我国没有诉讼要件的立法现状相关。本书根据诉的利益理论,将公共利益损害要件归为实体判决要件加以分析。

2. 诉请争议未能在前置程序中解决或未在优先程序中提起

根据《消费公益诉讼解释》第 4 条的规定,在消费者协会提起的民事公益

---

① 我国民事诉讼法律规范中并未规定诉讼要件(实体判决要件),而且也未对诉讼要件和起诉要件进行区分。本部分结合我国公益诉讼的相关立法规定,在理论层面对实体判决要件具体事项进行考察。

② 《民事诉讼法解释》第 282 条规定,环境保护法、消费者权益保护法等法律规定的机关和有关组织对污染环境、侵害众多消费者合法权益等损害社会公共利益的行为,根据民事诉讼法第五十八条规定提起公益诉讼,符合下列条件的,人民法院应当受理:(一)有明确的被告;(二)有具体的诉讼请求;(三)有社会公共利益受到损害的初步证据;(四)属于人民法院受理民事诉讼的范围和受诉人民法院管辖。《公益诉讼实施办法》(已失效)第 17 条规定,人民检察院提起民事公益诉讼应当提交下列材料:(一)民事公益诉讼起诉书;(二)被告的行为已经损害社会公共利益的初步证明材料。《消费公益诉讼解释》第 4 条第二项规定,提起消费民事公益诉讼应当提交被告的行为侵害众多不特定消费者合法权益或者具有危及消费者人身、财产安全危险等损害社会公共利益的初步证据。

③ 《公益诉讼办案规则》第 96 条规定,特定情形中,社会公共利益仍然处于受损害状态的,人民检察院应当提起民事公益诉讼。

诉讼中,消费者协会应于起诉前,对消费者投诉的事项进行调查、调解。① 上述程序性要求,为消费民事公益诉讼请求的诉前解决提供了机会,是消费者协会提起消费民事公益诉讼的前置程序。又根据《公益诉讼实施办法》(已失效)第 14 条、《民事诉讼法》(2023 年修订版)第 58 条、《检察公益诉讼解释》第 13 条、《公益诉讼办案规则》第 96 条的规定,其他适格主体提起的公益诉讼应当优先于检察消费民事公益诉讼。②对于优先顺位的明确,可有效避免或减少多元适格主体的重复诉讼,是检察消费民事公益诉讼的优先程序要件。

3. 不存在重复诉讼的情形

《消费公益诉讼解释》第 15 条明确对多元适格主体的重复诉讼作了特别规定。根据该条规定,诉请争议已经获得生效判决,其他法定机关和组织不得另行提起公益诉讼。③ 该条作为重复诉讼的禁止情形,缓解了消费民事公益诉讼多元适格主体可能引起的诉权冲突。另根据《公益诉讼办案规则》第 103 条的规定,在人民检察院支持起诉的案件中,检察院在出现特定情形并撤回支

---

① 《消费民事公益诉讼解释》第 4 条第三项规定,提起消费民事公益诉讼应当提交,消费者组织就涉诉事项已按照消费者权益保护法第三十七条第四项或者第五项的规定履行公益性职责的证明材料。《消费者权益保护法》第 37 条第四项、第五项规定,消费者协会应当就以下事项履行公益性职责任:(四)就有关消费者合法权益的问题,向有关部门反映、查询,提出建议;(五)受理消费者的投诉,并对投诉事项进行调查、调解。

② 《公益诉讼实施办法》(已失效)第 14 条规定,法律规定的机关和有关组织没有提起民事公益诉讼,或者没有适格主体提起诉讼,社会公共利益仍处于受侵害状态的,人民检察院可以提起民事公益诉讼。《民事诉讼法》第 58 条第 2 款规定,人民检察院在履行职责中发现破坏生态环境和资源保护、食品药品安全领域侵害众多消费者合法权益等损害社会公共利益的行为,在没有前款规定的机关和组织或者前款规定的机关和组织不提起诉讼的情况下,可以向人民法院提起诉讼。《检察公益诉讼解释》第 13 条第 2 款规定,法律规定的机关和有关组织、英雄烈士等的近亲属不提起诉讼的,人民检察院可以向人民法院提起诉讼。《公益诉讼办案规则》第 96 条第二项规定,有下列情形之一,社会公共利益仍然处于受损害状态的,人民检察院应提起民事公益诉讼:(二)没有适格主体或者公告期满后适格主体不提起诉讼的。

③ 《消费公益诉讼解释》第 15 条规定,消费民事公益诉讼案件的裁判发生法律效力后,其他依法具有原告资格的机关或者社会组织就同一侵权行为另行提起消费民事公益诉讼的,人民法院不予受理。

持起诉之后,认为诉讼请求不能全面维护公共利益的,可以另行提起诉讼。①
该条是消费民事公益诉讼重复诉讼的例外情形。

(二) 美国②

美国由检察长、联邦贸易委员会和个人提起的各类集团诉讼中,具有代表
性的要件事项包括:多数人利益损害和不违反法定的优先适用要求。

1. 多数人利益受到损害

多数人利益受到损害相当于权益损害要件。根据《联邦民事诉讼规则》
的规定,损害赔偿集团诉讼应满足受害人数众多且不具有合并现实性的要
求。③ 在由检察长提起的相当于父权诉讼的集团诉讼中,联邦大法院以"准主
权利益"和"受害者人数"为标准对权益损害要件进行判断。"准主权利益"相
对于"主权利益"。"主权利益"是指法律的制定权和领土的维护等。"准主权
利益"是指市民的健康和福利等。"受害者人数"标准要求人口中的相当多部
分正在受到损失,包括受到间接影响的人数。④。

2. 不违反法定的优先适用要求

检察长提起的集团诉讼程序优先于联邦贸易委员会提起的集团诉讼程
序。在联邦贸易委员会提起的集团诉讼中,委员会应在诉讼开始之前,向总检
察长发出书面通知,并承诺就此类诉讼与总检察长协商。总检察长收到通知
后,未在 45 日内开始该诉讼的,委员会可以按照自己的名义指定律师,并发起

---

① 《公益诉讼办案规则》第 103 条规定,人民检察院撤回支持起诉后,认为适格主体提出
的诉讼请求不足以保护社会公共利益,符合立案条件的,可以另行立案。

② 美国虽然没有诉的利益之理论学说,但是也有与诉的利益类似的程序要求。

③ 美国《联邦民事诉讼规则》第 23 条 a 款规定,在下列情况下,集团中的一个或数个成员
可以作为集团全体成员的代表当事人起诉或应诉:集团人数众多,以至于全体成员的合并实际
不可能的;有共同的法律或事实问题;请求或抗辩是在集团中有代表性的请求或抗辩;代表当事
人能够公正和充分地维护集团成员的利益。

④ 参见[日]细川幸一:《米国の消费者保护における政府の役割~父权诉讼を中心
に~(メモ)》,日弁连消费者行政一元化推进本部研究会,2008 年 6 月 25 日。

相关诉讼。① 法定优先适用要求的设置,既明确了不同起诉主体提起诉讼的合理顺位,又确保了委员会提起集团诉讼的必要性。

(三) 日本

日本《消费者合同法》中规定的要件事项包括:不明且大量的消费者利益受损、禁止请求未能在书面禁止程序中得到解决、不存在诉权滥用和重复诉讼的情形。

1. 不明且大量的消费者利益受损

日本《消费者合同法》第 23 条明确了消费者团体诉讼的救济对象。根据该条第 1 款的规定,适格消费者组织提起停止请求应以不明和大量的消费者利益为目的。②由此,不明且大量的消费者利益受损应当是日本消费者团体提起停止请求的权益损害要件。

2. 禁止请求未能在书面禁止程序中得到解决

日本《消费者合同法》规定的书面禁止请求程序,实质上属于前置解纷程序。根据该法第 41 条第 1 款的规定,合格的消费者组织在提起停止侵害请求之前应以书面形式向可能的被告发出禁止请求,并在对方表示拒绝或者于通知送达的一周后提起诉讼。③ 诉前书面禁止请求程序的设置,能够促使消费

---

① 美国《联邦贸易委员会法》第 16 条(a)(1)规定,委员会可以行使诉讼或上诉的程序,如果(A)在开始、辩护或干预涉及本章的任何民事诉讼(包括收取民事罚款的诉讼)之前,委员会发出书面通知,并承诺对此类诉讼与总检察长协商;及(B)检察总长在收到该通知后 45 天内没有展开、抗辩或介入该诉讼,委员会可以自己的名义,由其为此目的指定任何律师发起、辩护、干预和监督此类诉讼以及此类诉讼的任何上诉。相关内容参见陶建国:《消费者公益诉讼研究》,人民出版社 2013 年版,第 174 页。

② 日本《消费者合同法》第 23 条第 1 款规定,适格的消费者组织应当为不明和大量消费者的利益,行使停止请求。

③ 日本《消费者合同法》第 41 条第 1 款规定,适格的消费者组织就禁令提起诉讼时,应当事先将请求书摘要、争议要点和其他《内阁府令》规定的事项以书面形式交给作为诉讼被告的人。禁令只能在书面禁止请求到达的一周后提出。但是,当被告人拒绝时,该规定将不适用。

者纠纷在事先的交涉过程中得以解决。[①]

3. 不存在诉权滥用和重复诉讼的情形

《消费者合同法》规定的禁止情形构成日本团体诉讼的判决妨碍要件。日本《消费者合同法》第12之2条第1款规定了两种禁止情形。一是禁止诉权滥用。根据规定，消费者组织提起停止侵害请求，不得以消费者团体或者第三人的不正当利益为目的，也不得损害相对方的合法利益；[②]二是禁止重复诉讼。当存在最终判决和具有约束力的判决或具有相同效力的任何事物时，合格的消费者组织不应再行提起诉讼。重复诉讼的例外情形包括：（1）合格的消费者组织被撤销；（2）基于口头辩论之后产生的新理由提起诉讼。[③] 以上内容构成日本团体诉讼请求获得法院实体判决的妨碍事项。

（四）德国

德国《反不正当竞争法》和《不作为之诉法》规定的要件事项包括：公众利益受到损害、不作为请求未能在警告程序中得到解决、不存在诉权滥用的情形。

---

① 参见刘学在：《民事公益诉讼制度研究——以团体诉讼制度的构建为中心》，中国政法大学出版社2015年版，第166页。

② 日本《消费者合同法》第12之2条第1款（1）规定，前一条《防止不正当礼物和防止不正当标签法》（1958年第134号法），《特定商业交易法》第30条第1款（1958年第51号法）（第57号），《食品标签法》（2013年第70号法案）第58之18条、第58之24条或第11条规定的停止请求，在下列场合不得提出：（1）目的是为了适格的消费者团体或第三方获得不公平的利润，或损害相对方的利益。

③ 日本《消费者合同法》第12之2条第1款（2）规定，前一条《防止不正当礼物和防止不正当标签法》（1958年第134号法），《特定商业交易法》第30条第1款（1958年第51号法）（第57号），《食品标签法》（2013年第70号法案）第58之18条、第58之24条或第11条规定的停止请求，在下列场合不得提出：其他适格消费者团体提出的请求已经作出确定判决，且权利要求的内容和相对人相同时。但是其他适格的消费者团体，由于该法第34条第1款第4项所述的理由（适格消费者组织放弃请求或与因谋达成和解，侵害了不明且大量消费者利益）而被撤销资格，或依据第34条第3款的规定被认为存在第34条第1款第4项所列的撤销事项时，则将不在此限。第12之2条第2款规定，存在前款（2）规定的确定判决时，基于口头辩论结束后发生的理由或是判决生效后发生的理由可以提出停止请求。

1. 公众利益受到损害

德国团体诉讼请求的提起应以公众利益受到损害为前提。根据德国《反不正当竞争法》第 1 条的规定,团体诉讼所欲保护和救济的权益对象是受不公平商业行为侵害的公众利益。① 由此,公众利益受到侵害构成德国团体诉讼的权益损害要件。

2. 不作为请求未能在警告程序中得到解决

警告程序是团体不作为之诉的前置解纷程序。根据德国《反不正当竞争法》第 12 条第 1 款的规定,原告应在启动法院程序之前警告债务人。该警告可以给予债务人通过承诺解决纠纷的机会。② 警告程序发挥着相当于诉前分流机制的作用,如果不作为请求在警告程序中得以解决,就不具有适用团体诉讼程序的必要性。

3. 不存在诉权滥用的情形

德国《不作为之诉法》第 2 条第 3 款和《反不正当竞争法》第 8 条第 4 款明确了团体诉讼的诉权滥用情形。根据上述规定,如果在考虑到所有情况后,团体的权利主张被认为是被滥用的,特别是当消费者团体为了要求对方偿还诉讼费用而提起诉讼请求时,则不应被允许。③ 由此,以向对方索赔诉讼成本为主要目的而提起团体诉讼的行为构成诉权滥用,应当将相关诉请内容排除在法院实体判决之外。上述相关规定对于诉权滥用行为的明确以及公益偏离危险的防止有着积极的意义。

---

① 德国《反不正当竞争法》第 1 条规定,本法旨在保护竞争者、消费者和其他市场参与者免受不公平商业行为的侵害。同时,在公平的竞争中保护公众利益。

② 德国《反不正当竞争法》第 12 条第 1 款规定,有权主张停止侵害请求的当事人应在启动法院程序之前警告债务人,并应给予债务人解决争端的机会,要向其发出附有适当违约金的停止义务承诺书。如果警告是正当的,可以要求报销必要的费用。

③ 德国《不作为之诉法》第 2 条第 3 款规定,综合考虑,如果索赔主张是不可接受的,是被滥用的,特别是如果它主要用于向相对方提出索赔,要求偿还诉讼相关费用的情况,则不应被允许。德国《反不正当竞争法》第 8 条第 4 款规定,如果考虑到所有情况,认为依据本条第(1)款规定提起的索赔主张是不恰当的,尤其是当它以费用报销为主要索赔目的时,该主张不应被接受。

（五）欧盟

根据欧盟 EC1998/27 指令和 2009/22/EC 指令,禁令诉讼的要件事项包括:集体利益受到损害、禁令请求未能在事先咨询程序中协商解决。此外,最新颁布的 EU2020/1828 指令力求在改善消费者诉诸司法机会与为经营者提供适当保障之间寻求平衡,①要求在诉讼程序的最早阶段驳回明显无根据的诉讼请求,以避免诉权滥用。

1. 集体利益受到侵害

消费者集体利益侵害是适用禁令请求的权益损害要件。根据 EC1998/27、EC2009/22 指令第 1 条的规定,合格的实体可以针对消费者集体利益的侵害行为提起禁令之诉。② 另根据 EC1998/27、EC2009/22 指令立法理由的说明,集体利益不包括因侵权行为而受到损害的个人利益的累积利益,禁令诉讼并不影响受到伤害的个人提起个人诉讼。③

2. 禁令请求未能在事先咨询程序中协商解决

为促使消费者争议在集体救济程序启动之前得到解决,欧盟规定了

---

① 　EU2020/1828 指令立法理由第 10 条［*The European Parliament and the Council Directive* (*EU*) 2020/1828 *on representative actions for the protection of the collective interests of consumers and repealing Directive* 2009/22/EC (2020) OJ L 409/1 whereas. 10］指出,重要的是要确保,在改善消费者诉诸司法机会和为贸易商提供适当保障措施之间取得必要的平衡,以避免滥用诉讼,因为这会不合理地阻碍企业的市场运营能力。

② 　EC1998/27 指令第 1 条［*The European Parliament and the Council Directive* (*EC*) 1998/27 *on injunctions protecting the collective interests of consumers* (1998) OJ L 166 art.1］,EC2009/22 指令第 1 条［*The European Parliament and the Council Directive* (*EC*) 2009/22 *on injunctions protecting the collective interests of consumers* (2009) OJ L 110/30 art.1］规定,本指令旨在保护附件中包括的消费者的集体利益,以确保内部市场的平稳运行。侵权是指任何附件中所指的侵权行为 (已经被转化为成员国的内部法律),损害了第 1 段所述的集体利益。

③ 　EC1998/27 指令立法理由第 2 条［*The European Parliament and the Council Directive* (*EC*) 1998/27 *on injunctions protecting the collective interests of consumers* (1998) OJ L 166 whereas.2］,EC2009/22 指令立法理由第 3 条［*The European Parliament and the Council Directive* (*EC*) 2009/22 *on injunctions protecting the collective interests of consumers* (2009) OJ L 110/30 whereas.3］指出,集体利益是指不包括因侵权行为而受到损害的个人利益的累积的利益。禁令诉讼不影响因侵权而受到伤害的个人,提起个人诉讼。

事先咨询协商程序。从性质上来说,该协商程序属于前置解纷程序。根据 EC1998/27、2009/22/EC、EU2020/1828 指令,合格的实体只有在与有关贸易商进行协商之后,才允许寻求禁令救济。如果贸易商在收到关于禁令请求的咨询协商内容后,两周内没有停止侵权行为,相关的合格实体可以立即提起禁令之诉。① 事先咨询程序能够有效促成争议的协商解决。

3. 不属于明显无根据的请求内容

诉讼请求明显无根据是欧盟消费者集体救济程序的妨碍要件。EU2020/1828 指令更加重视对代表人诉权滥用的规制,它要求会员国根据新规则或现有规则对明显无根据的案件进行判断。根据指令第 7 条的规定,法院应在诉讼的最早阶段驳回明显无根据的案件。② 该规定体现了诉的利益的消极功能,是预防权利滥用和提高诉讼效益的合理要求。

(六) 韩国

韩国《消费者框架法》明确的要件事项包括:公众消费者生命、身体或财产权受到侵害或存有危险、禁令请求未能在书面请求程序中得到解决、不存在

---

① EC1998/27 指令第 5 条第 1 款 [*The European Parliament and the Council Directive* (EC) 1998/27 *On injunctions protecting the collective interests of consumers* (1998) OJ L 166 art.5. 1], EC2009/22 指令第 5 条第 1 款 [*The European Parliament and the Council Directive* (EC) 2009/22/*on injunctions protecting the collective interests of consumers*(2009) OJ L 110/30 art.5. 1], EU2020/1828 指令第 8 条第 4 款 [*The European Parliament and the Council Directive*(EU) 2020/1828 *on representative actions for the protection of the collective interests of consumers and repealing Directive* 2009/22/EC(2020) OJ L 409/1 art 8.4] 规定,成员国可在其国内法中引入条款或保留国内法条款,规定合格实体仅在与相关贸易商协商后才可寻求禁令措施。目的是让该贸易商停止相关侵权行为。经营者在接到咨询请求后两周内未停止侵权行为的,符合条件的主体可以立即提起诉讼。

② EU2020/1828 指令第 7 条第 7 款 [*The European Parliament and the Council Directive*(EU) 2020/1828 *on representative actions for the protection of the collective interests of consumers and repealing Directive* 2009/22/EC(2020) OJ L 409/1 art 7.7] 规定,成员国应确保法院或行政当局能够根据国家法律在诉讼程序的最早阶段驳回明显没有根据的案件。

重复诉讼的情形。

1. 公众消费者生命、身体或财产权受到侵害或存有危险

根据韩国《消费者框架法》第 70 条第 1 款和第 74 条第 1 款的规定,企业实体违反本法相关规定,对公众消费者生命、身体或财产有关的权益造成侵害或者威胁,并且这种侵权行为仍在继续,则消费者组织可以提起诉讼。① 由此可知,韩国消费者集体诉讼中禁令诉讼的权益损害要件包括两个方面的内容:一是公众合法权益受到直接侵害;二是公众合法权益存在侵害危险。权益损害要件是消费者集体诉讼请求适法的基本要求。

2. 禁令请求未能在书面请求程序中得到解决

书面请求程序是韩国消费者集体诉讼的前置解纷程序。根据韩国《消费者框架法》第 74 条第 3 款的规定,合格的组织应当在提起集体诉讼之前,以书面形式向有关企业实体发出禁止和中止侵害行为的请求。如果合格起诉组织未按规定发出书面请求,或者书面请求发出尚未超过 14 天,则不能提起集体诉讼。②韩国的书面请求程序与日本的书面禁止请求程序和德国的警告程序类似,只有经过上述程序诉讼请求才具有实体判决的资格。

3. 不存在重复诉讼的情形

韩国集体诉讼对多元适格主体之间的重复诉讼作了特别规定。根据韩国《消费者框架法》第 75 条的规定,当驳回原告请求的判决成为最终判决时,除非有新的证据予以撤销或者发现驳回判决是由原告的任何故意行为引起的,

---

① 韩国《消费者框架法》第 70 条第 1 款规定,如果企业实体违反本法第 20 条的规定,直接侵犯了消费者的生命、身体或财产有关的权益,并且这种侵权行为仍在继续,那么符合本规定条件的组织均可提起诉讼请求禁止和暂停对消费者权益的侵害。第 74 条第 1 款规定,有关因素对消费者的生命、身体或财产造成或可能造成任何危险或伤害,出于保护消费者权益和防止由于商品等造成的任何损害的考虑,应当允许提起集体诉讼。

② 韩国《消费者框架法》第 74 条第 3 款规定,提起诉讼的组织已经以书面形式要求有关企业实体禁止和中止侵犯消费者权益的行为,已经过去了 14 天。

任何其他组织不得就同一事项提起集体诉讼。① 重复诉讼情形的明确有利于缓解多元适格主体的诉权冲突。

此外,韩国《消费者基本法》第 68 条还设立了集体争议的调解程序。合格组织等可以通过向专门的调解委员会申请调解的方式解决集体争议。② 虽然调解并非必需的前置程序,但却为实体争议的非诉解决提供了可能性,有助于提升实体判决的必要性。

根据上述考察可知,相关国家和地区类似于消费民事公益诉讼的诉讼制度中,都设有特定的程序适用要求。这些适用要求旨在将不具有实体判决必要性和实效性的诉讼请求排除在外,发挥了相当于实体判决要件的功能。总之,只有在满足消费民事公益诉讼实体判决要件的特殊要求时,消费民事公益诉讼请求才具有获得法院实体判决的资格。

二、诉的利益要件内容的分析与总结

为了对诉的利益要件形成更为深入地理解,这一部分将以全面考察为基础,对各国相关要件内容进行总结,为推进我国消费民事公益诉讼之诉的利益要件提供合理设置。

(一) 权益损害要件的分析与总结

权益损害是诉讼请求获得法院实体判决的原因要件。消费民事公益诉讼权益损害要件的特别目的是预防或救济公共利益危险和损害。明确权益损害

---

① 韩国《消费者框架法》第 75 条规定,当驳回原告诉讼请求的裁决成为最终裁决时,第 70 条所述的任何其他组织不得就同一事项提起集体诉讼,但该规定不适用于以下任何一类案件:(1)终局裁决后,国家或地方政府设立的机构发现新的研究结果或证据;(2)发现驳回判决是由原告的任何故意行为引起的。

② 韩国《消费者基本法》第 68 条第 1 款规定,大韩民国消费者厅、消费者组织、消费者或商业实体可以向调解委员会提出请求或提出申请,以集体调解争端。

要件的具体内容是区分私益诉讼、公益诉讼以及不同类型消费民事公益诉讼制度的关键。由于制度类型不同，相关国家和地区权益损害要件的具体内容各有不同。根据前文考察，美国集团诉讼的权益损害要件是多数人的利益受损。[1] 日本团体诉讼的权益损害要件是不明且大量消费者利益受到损害。[2] 德国团体诉讼的权益损害要件是公众利益受到损害。[3] 欧盟集体救济机制的权益损害要件是消费者集体利益受损。[4] 韩国集体诉讼的权益损害要件是消费者公众权益受到损害或存在侵害危险。[5] 我国消费民事公益诉讼的权益损害要件是由相关侵害行为引发的社会公共利益损害，即消费公共利益损害。[6] 虽然内容不完全相同，但是相关国家和地区均对权益损害要件作出特别规定。

权益损害要件的难点在于明确权益损害要件的判断标准。例如，美国集团诉讼要求多数人权益受损。关于集团诉讼的人数，并没有统一的标准。可能 25 人就能构成集团诉讼，也可能 350 人也不符合条件。当受害者人数在 5 人以下时，通常不符合集团诉讼的要求。[7] 对权益损害要件标准作出细化规定，是公共利益损害抽象性的内在要求。

我国虽然明确了公共利益损害要件，但是欠缺关于公共利益损害的判断标准。结合本书第二章对消费民事公益诉讼请求之逻辑起点的分析，应将公共利益损害分为公共利益损害和公共利益危险两类。在此基础上，将"受害消费者人数无法特定或是在特定技术和经济条件下难以特定"以及"受害消费者利益损害不具有救济期待性"作为公共利益实际损害的原则化标准。而将不特定多数消费者现实的或潜在的危险作为公共利益危险的原则化标准。

---

① 具体论证详见本节第一部分(二)"美国"相关内容。
② 具体论证详见本节第一部分(三)"日本"相关内容。
③ 具体论证详见本节第一部分(四)"德国"相关内容。
④ 具体论证详见本节第一部分(五)"欧盟"相关内容。
⑤ 具体论证详见本节第一部分(六)"韩国"相关内容。
⑥ 具体论证详见本节第一部分(一)"中国"相关内容。
⑦ 范愉编著:《集团诉讼问题研究》,北京大学出版社 2005 年版,第 158、127 页。

另外需要注意的是,我国立法只是将公共利益损害作为民事公益诉讼的起诉条件。① 这与我国民事诉讼法尚不存在诉讼要件的立法现状有关。根据诉的利益理论,应当将公共利益损害明确为消费民事公益诉讼的实体判决要件。

(二) 前置程序要件的分析与总结

非诉解纷程序是消费民事公益诉讼请求实体判决的特殊前置要件。设置专门的非诉解纷程序旨在提升消费民事公益诉讼的程序效益和适用价值。前置程序的设置既源于消费民事公益诉讼的补充性地位,同时也是对民事公益诉讼程序效益和被告权益的基本保障。其一,消费民事公益诉讼是在消费公共利益出现救济漏洞时增加的一种补充性救济手段。补充性的救济地位决定了消费民事公益诉讼的适用应以穷尽其他救济手段为前提。前置程序的设置拓展了诉请争议的解纷途径,能够使一部分简单的争议在诉讼前得到解决,符合消费民事公益诉讼的补充地位。其二,消费公益诉讼程序应在保障公共利益的前提下,兼顾诉讼资源的有效利用和被告权益的合理保障。如前所述,消费民事公益诉讼成本昂贵,警告、磋商、调解等前置非诉解纷程序的合理适用,不仅降低了被告承受诉累的可能性,也保障了消费民事公益诉讼的程序效益。

域外国家和地区重视前置非诉程序的设置且形成诸多有益做法。日本与韩国的书面请求程序、德国的警告程序、欧盟的事先咨询程序都属于类似的前置程序。相关程序均要求起诉主体于诉讼前以书面形式向可能成为被告的不法经营者发出通知。通知的目的是告知对方起诉事项,并且力图谋求通过非诉方式解决的可能性。这样的做法为被告提供了协商解决的机会。如果双方在此阶段达成一致或是不法经营者停止了相关行为,那么消费民事公益诉讼

① 根据《民事诉讼法解释》(2020 年修订版)第 282 条、《公益诉讼实施办法》(已失效)第 17 条、《消费公益诉讼解释》第 4 条的规定,适格主体起诉时应提交社会公共利益损害的证据。具体论证详见本节第一部分(一)"中国"相关内容。

请求的目的在诉前就能得以实现,此时就不具有提起诉讼的必要性。如果被告在法定的时间内没有作出回应或是表示拒绝,则起诉主体可以向法院提起诉讼请求并获得相应的实体判决。域外考察表明,法定的期限一般为 7 天或 14 天。① 除上述必需的前置程序以外,还存在一些非必需的程序,如韩国的集体争议调解程序。尽管调解并非必要的程序要件,但也能为消费民事公益诉讼争议的诉前解决提供可能的途径。

我国现有立法中也有针对消费者协会的前置调解程序。根据相关规定,消费者协会应当于起诉之前向有关部门反映、查询,提出建议,并对消费者的投诉事项进行调查、调解。② 上述规定与域外国家的前置解纷程序具有相似的功能,既有助于推动行政机关的积极参与和共同解决,又增加了消费者与经营者于诉前解决争议的可能性。然而,该规定的不足之处也较为明显。其一,前置程序要件仅局限于消费者协会提起的公益诉讼,而不包括检察公益诉讼。其二,该规定只要求消费者协会向行政机关反映、查询和提出建议,并未强调行政机关的充分参与和行政执法手段的充分运用。其三,上述规定还属于原则化的立法规定,缺乏明确的强制性要求和细致的规则性内容。

(三) 优先程序要件的分析与总结

优先适用程序是消费民事公益诉讼请求实体判决的特殊程序要件。设置专门的优先适用程序旨在化解多元适格主体提起诉讼的诉权冲突问题。优先适用程序要件的设置既能确保特定主体提起消费民事公益诉讼请求的优先性,又能为避免主体多元化可能导致的重复诉讼提供规则指引。多元化的适格主体突破了一般民事诉讼的起诉要求,如果不施以合理且正当化的规则设

---

① 日本《消费者合同法》第 41 条第 1 款规定为 7 天,欧盟 EU2020/1828 指令第 8 条规定为 14 天。具体论证详见本节第一部分(三)"日本"和(五)"欧盟"相关内容。
② 《消费公益诉讼解释》第 4 条第三项。具体论证详见本节第一部分(一)"中国"相关内容。

计,难免会引起不必要的诉权冲突,并在结果上导致重复诉讼的程序诟病。为了确保消费民事公益诉讼请求的有序提起,消费民事公益诉讼应对多元适格主体提起诉讼请求的合理顺位作出明确规定。

关于优先适用的程序要件,美国有相关规定。检察长在提起集团诉讼之前,要向相关团体进行调查。如果已经有人提起了集团诉讼,检察长则不启动诉讼程序。① 根据前文考察可知,联邦贸易委员会在提起集团诉讼之前应当向总检察长发出书面通知。如果总检察长未在收到该通知后的 45 日内提起或者干预诉讼,委员会可以提起集团诉讼。②

我国也有优先适用程序要件的规定。③ 类似的规定能够有效避免多元适格主体提起重复诉讼的可能性。为了确保优先适用程序取得更好地解纷效果,我国《公益诉讼办案规则》还明确了检察机关支持起诉的职能和形式。④关于检察机关支持起诉的规定,有助于起诉主体在诉讼力量上形成优势,从而更好地维护公共利益。

(四) 诉权滥用妨碍要件的分析与总结

诉权滥用属于诉讼请求之实体判决的妨碍要件,消费民事公益诉讼中诉权滥用妨碍要件的特殊目的在于防止非直接利害关系起诉主体偏离公益维护初衷。换言之,公益诉讼起诉主体诉权滥用的可能性,决定了公益诉讼程序对诉权滥用予以特别规制的必要性。事实上,私益诉讼中也存在着诉权滥用的现象。原告滥用诉权可能是为了使被告陷入诉累或使其承受道德、时间或是

---

① 陶建国:《消费者公益诉讼研究》,人民出版社 2013 年版,第 127 页。
② 美国《联邦贸易委员会法》第 16(a)(1)。具体论证详见本节第一部分(二)"美国"相关内容。
③ 《检察公益诉讼解释》第 13 条、《公益诉讼办案规则》第 96 条。具体论证详见本节第一部分(一)"中国"相关内容。
④ 《公益诉讼办案规则》第 100 条第二项规定,下列案件,人民检察院可以支持起诉:(二)适格主体提起的民事公益诉讼案件;第 101 条规定,人民检察院可以采取提供法律咨询、向人民法院提交支持起诉意见书、协助调查取证、出席法庭等方式支持起诉。

经济上的负担,也有可能是为了通过诉讼得到非法利益。消费民事公益诉讼起诉主体与直接利害关系主体在利益形态上并非完全吻合,更增加了诉权滥用的可能性。适格主体完全有可能为了自己或第三人的不当利益而偏离公共利益维护初衷。这也是消费民事公益诉讼对起诉主体和请求权类型进行限制的原因所在。起诉主体滥用诉权的行为,不仅会对消费民事公益诉讼请求施以不当影响,甚至有可能会导致消费民事公益诉讼在根本上丧失诉的利益。

域外国家和地区对于诉权滥用行为的规制具有可借鉴之处。一是要尽可能地明确诉权滥用的规制对象。如,日本《消费者合同法》将追求消费者团体利益、第三人利益以及损害相对方合法利益等不当行为,作为诉权滥用的规制对象。① 又如,德国《不作为之诉法》将为了向对方主张诉讼成本费用而提起诉讼的行为列为诉权滥用的规制对象。② 二是要在明确规制对象的基础上,设置诉权滥用的不利后果。根据日本《消费者合同法》第 49 条第 1 款的规定,消费者团体接受捐款、赞助金或其他金钱和利益,未行使或放弃行使禁令请求权,或者与相对方达成和解,或者以其他事由终结与禁令请求权有关的诉讼或其他程序的,判处 3 年以下有期徒刑或 300 万日元以下罚款。③

综合来看,我国公益诉讼相关司法解释并没有对诉权滥用行为进行特别规定,因而只能参照适用民事诉讼的现有规定。但是,这与消费民事公益诉讼中诉权主体的特殊性不相符合,也不利于诉的利益的审查与保障。2021 年《公益诉讼办案规则》的实施间接推动了诉权滥用妨碍要件的形成。根据规则第 102 条的规定,人民检察院发现原告存在法律规定的特定情形时,可以撤

---

① 日本《消费者合同法》第 12 之 2 条第 1 款(1)规定。具体论证详见本节第一部分(三)"日本"相关内容。
② 德国《不作为之诉法》第 2 条第 3 款规定。具体论证详见本节第一部分(四)"德国"相关内容。
③ 日本《消费者合同法》第 49 条第 1 款规定,适格消费者团体的官员、职员或专家顾问接受或让第三人接受相对方的捐赠、补贴或其他名目的金钱或财产利益,不行使或曾经不行使停止请求权、放弃或曾经放弃行使停止请求权,与相对方就停止请求达成或曾经达成和解、以其他事由终结法律程序等,判处 3 年以下有期徒刑或 300 万日元以下罚款。

回支持起诉。特定情形包括:原告无正当理由变更、撤回部分诉讼请求、原告撤回或与被告达成和解协议致使社会公共利益不能得到有效保护;原告要求被告承担的律师费或其他费用过高,明显不利于公共利益保护。① 从性质上来看,上述行为构成了诉权滥用的情形。该条规定虽然并非诉权滥用妨碍要件,但是却通过赋予检察院撤回支持起诉的权利,对诉权滥用行为进行了一定的规制。

（五）重复诉讼妨碍要件的分析与总结

重复诉讼属于诉讼请求之实体判决的妨碍要件。消费民事公益诉讼中重复诉讼妨碍要件的特殊任务是防止多元适格主体提起重复诉讼。重复诉讼属于私益诉讼中的判决妨碍要件。之所以要在消费民事公益诉讼作特别强调,主要是源于多元适格主体的存在。多元化的适格主体较好地解决了消费民事公益诉讼的程序启动问题,但是同时也增加了重复诉讼的可能性。因此,与一般的民事诉讼不同,消费民事公益诉讼应设置专门的要件内容对多元适格主体可能引发的重复诉讼进行特别规制。

日本、韩国等国家明确规定了重复诉讼的禁止情形和例外情形。日本《消费者保护法》规定的禁止情形是,当存在最终判决、存在具有约束力的判决以及具有相同效力的任何事物时,其他适格主体不得就相同内容对相同的主体再行提起诉讼。例外情形包括:消费者组织因放弃请求、达成和解或者其他不当行为损害了不明且大量消费者的合法权益,而被撤销资格的情形;基于

---

① 《公益诉讼办案规则》第 102 条规定,人民检察院在向人民法院提交支持起诉意见书后,发现有以下不适合支持起诉情形的,可以撤回支持起诉:(一)原告无正当理由变更、撤回部分诉讼请求,致使社会公共利益不能得到有效保护的;(二)原告撤回起诉或者与被告达成和解协议,致使社会公共利益不能得到有效保护的;(三)原告请求被告承担的律师费以及为诉讼支出的其他费用过高,对社会公共利益保护产生明显不利影响的;(四)其他不适合支持起诉的情形。人民检察院撤回支持起诉的,应当制作《撤回支持起诉决定书》,在三日内提交人民法院,并发送原告。

口头辩论或判决生效之后产生新的理由,而提起诉讼请求的情形。① 韩国《消费者框架法》规定的禁止情形是,当驳回原告提出请求之判决成为最终判决时,任何其他组织不得就同一事项提起集体诉讼。例外情形是,终局裁判后发现有新的证据或者驳回判决是由原告的任何故意行为引起的情形。②

我国《消费公益诉讼解释》第 15 条对多元适格主体的重复诉讼作了禁止性规定。对于重复诉讼的例外情形仅在《公益诉讼办案规则》第 103 条中有所涉及。③ 检察院撤回支持起诉之后,认为现有诉讼请求不能充分维护公共利益的,可另行立案。相较国外,我国将重复诉讼的例外情形限定于检察院撤回支持起诉的特定情形,具有一定的局限性。

第三节　诉的利益要件的审查与判断

诉的利益的程序目的在于确保消费民事公益诉讼请求之实体判决的必要性和实效性。诉的利益的审查与判断需要在诉讼程序中展开和完成。本节将根据消费民事公益诉讼的程序特点,对诉的利益要件之审查原则、调查方式以及判断和裁判的相关问题进行分析。

一、诉的利益要件的审查原则

在消费民事公益诉讼的个案适用中,法官对诉的利益要件的具体审查,应

---

① 日本《消费者合同法》第 12 之 2 条第 1 款(2)和第 12 之 2 条。具体论证详见本节第一部分(三)"日本"相关内容。

② 韩国《消费者框架法》第 75 条。具体论证详见本节第一部分(六)"韩国"相关内容。

③ 《消费公益诉讼解释》第 15 条、《公益诉讼办案规则》第 103 条。具体论证详见本节第一部分(一)"中国"相关内容。

当以公益性原则、整体性原则、合理性原则和诚信原则为基本遵循。

（一）公益性原则

公益性原则要求法官应当将消费公共利益的充分维护作为诉的利益审查的基本原则。民事公益诉讼的公益性本质,要求消费民事公益诉讼应以消费公共利益的充分维护为根本目标。作为消费公共利益维护目标实现的程序载体,消费民事公益诉讼请求也应当具有公益性。公益性是消费民事公益诉讼具有诉的利益的最基本要求。公益性原则对于诉的利益的审查提出两方面的要求:一是诉讼请求在性质上的公益性。性质上的公益性通过诉讼请求所欲维护的实体权益进行判断。如果消费民事公益诉讼请求的逻辑起点是具有主观公共利益属性的消费者权利,抑或是对于消费者私益救济的支持利益,那么该诉讼请求就具有公益性。反之如果诉讼请求的直接目的是维护或救济消费者个人利益,那么该请求便不具有公益性。例如,将赔偿款分配给消费者个人的惩罚性赔偿请求,就不符合公益性的基本要求。二是诉讼请求维护消费公共利益的充分性。诉讼请求公益维护目的之充分实现,要求消费民事公益诉讼请求能够全面维护公共利益,而且这种全面性应当贯穿于整个消费民事公益诉讼程序,直到消费民事公益诉讼请求获得法院的终局性判决。当然,如果诉讼请求追求的消费公共利益保护目的已经充分且永久性地实现,那么消费民事公益诉讼请求也就不具有获得法院实体判决的必要性。

（二）整体性原则

整体性原则要求法官对诉的利益要件的审查应以社会整体利益的增进为判断边界。即法官应在确保公益性原则的前提下,以公共利益、国家利益和被告利益之整体利益的最大化为基本参照。忽略国家利益和被告利益,以公共利益为唯一标准对消费民事公益诉讼请求之实体判决的必要性和实效性进行判断,有可能将公共利益变相为另外一种"私益",致使消费民事公益诉讼请求丧失公益性。诚如 Barry Bozeman(巴里·博兹曼)教授说所,"没有帕累托最优的计算相当于是对公共利益的错误选择。"①消费民事公益诉讼请求之实体判决的必要性和实效性判断应当建立在公共利益、国家利益和被告利益等整体利益最大化的综合考量之上。离开整体利益维护公共利益的做法,不仅不利于国家利益或是被告利益的合理保障,也不利于整体利益框架下的公共利益的维护。离开实质理性,过度追求案件数量和判决结果,抑或是过度追求惩戒力度和适用广度等情况都是在不同层面上对整体性原则的破坏,不利于帕累托最优的达成。为此,有学者主张将社会整体利益作为公益诉讼的理论基础。② 总而言之,法官在对诉的利益要件进行审查时,应当以整体性为判断原则。如果消费民事公益诉讼请求的适用打破了公共利益、国家利益和被告利益等多方利益的平衡关系,并将在根本上阻碍社会整体利益的推进或提升,那么该诉讼请求就不应具有获得实体判决的必要性和实效性。

(三) 合理性原则

合理性的本义应当还原至"理性"和"意义"的视角加以解释。③ 法官对消费民事公益诉讼请求实体判决之必要性和实效性的判断,应综合考虑个案中的权益损害情况,以及权益损害的救济可行性等因素作合目的之理性判断。抛开合理性原则只会让我们陷入实用主义或是功利主义所造成的现实困扰之中。具体来说,一方面要根据权益损害程度作合比例的考量。合比例的考量要求诉讼请求的适用要兼顾公共利益的维护和被告权益的保障。将多倍数的私益诉讼惩罚性赔偿请求权适用于消费民事公益诉讼中,在某种程度上已经构成以公共利益之名而对被告施加的过度惩罚。过度惩罚很有可能让被告陷

---

① Barry Bozeman: *Toward a Pragmatic Public Interest Theory from Public Values and Public Interest—Counterbalancing Economic Individualism* , Georgetown University Press , 2007 , p.100.

② 参见李友根:《社会整体利益代表机制研究——兼论公益诉讼的理论基础》,《南京大学学报(哲学·人文科学·社会科学版)》2002 年第 2 期。

③ 参见[俄]П.П.盖坚科、余青:《20 世纪末的合理性问题》,《哲学译丛》1992 年第 4 期。

于技术革新的资本困境,甚至还会导致破产。另一方面要综合实际情况作可实现性的考量。可实现性的考量要求诉讼请求要在客观上能够实现,无法实现的诉讼请求意味着对诉讼目的的远离和对诉讼资源的浪费,是一种无意义的做法。为此,将不具有可实现性或难以实现的诉讼请求置于民事公益诉讼中并获得法院实体判决的情况,有违合理性原则的要求。当诉讼请求的内容不具有可实现性时,原告和法官应采取灵活变通的态度,通过其他方式予以替代,以确保消费民事公益诉讼请求的可实现性。总之,合理性原则的具体适用应当以诉讼请求的合比例性和可实现性为基本考量。

(四) 诚信原则

诚信即善良、忠实、守信。将诚信原则列为基本原则有利于确保消费民事公益诉讼请求实体判决之价值的最大化。无论是诉讼请求的提起、变更、放弃,抑或是诉讼请求的审理与裁判都需要由诉讼主体实施诉讼行为予以实现。鉴于诚信原则对诉讼主体实施诉讼行为的正向引导作用,有必要将诚信原则引入诉的利益的审查过程中。就消费民事公益诉讼请求之实体判决资格而言,法官既要对原告提起、变更、放弃请求等行为作出诚信审查,又要适时且诚实地将与案件审理和裁判相关的心证情况公开。诚信原则要求消费民事公益诉讼原告尽职、善意且忠实于公共利益的维护,禁止不利于消费民事公益诉讼请求实体判决价值发挥的诉权滥用行为,特别是为了主体自身或是第三人的利益损害消费公共利益或是损害被告合法利益的行为。作为最终的审查者和决定者,法官既要对起诉主体是否违反诚信原则进行审查,又要注重对原告、被告之程序权利的保障,避免突袭性裁判的发生。① 总之,诚信原则是诉讼请求公共利益维护目标和原告、被告程序权利保障的共同要求,有利于提升消费民事公益诉讼请求实体判决的可接受性和正当性。

---

① 张特生等:《民事诉讼法之研讨》(四),三民书局有限公司 1993 年版,第 446 页。

二、诉的利益要件的调查方式

诉的利益的审查应当以各要件内容的全面调查和相关资料的收集为前提。明确诉的利益要件的调查方式成为消费民事公益诉讼请求之实体判决必须要解决的程序问题。

(一) 调查方式的种类

大陆法系民事诉讼理论认为,诉讼要件的调查方式包括法院依职权调查和被告抗辩两类。大部分诉讼要件由法院依职权调查完成,只有少数诉讼要件(如仲裁协议等)应当由被告抗辩提出。[1] 职权调查是从法官职权出发设立的关于诉之合法性的调查方式,而被告抗辩是为了保护被告利益而设立的调查方式。诉的利益要件不仅涉及被告的利益,更决定着法院实体判决的程序利益。所以,无论被告是否提出抗辩,法官都必须对诉的利益进行审查。也正因为如此,一般认为,除不存仲裁协议等事项应当由被告抗辩提出以外,其他诉的利益要件内容都应当适用职权调查方式。

如果把职权调查理解为依职权斟酌(判断)之意,还可以按照收集方式的不同,将职权调查的要件事项分为职权探知事项、辩论主义事项、职权审查事项三种类型。职权探知强调法官收集诉讼资料的主导权,且不受自认的限制。与职权探知相对应的是辩论主义。辩论主义是指案件的事实和证据等诉讼资料,应当由当事人提出,而且法官裁判受当事人自认的拘束。职权审查主张诉讼资料可以由当事人收集,但是法官不受当事人自认的限制,可依职权调查相

---

[1]　职权调查事项是指即使当事人没有提出法院也必须依职权斟酌的要件,而所谓抗辩事项是指只要被告没有主张就不能作为审查对象的要件事项。参见[日]高桥宏志:《重点讲义民事诉讼法》,张卫平、许可等译,法律出版社2007年版,第5页;[日]兼子一、竹下守夫:《民事诉讼法》,白绿铉译,法律出版社1995年版,第50页。

关事实。对于诉的利益要件相关事项的收集方式,理论上形成了两种较为典型的观点:一种观点认为与诉的利益相关的要件事项应当适用辩论主义;另一种观点则认为与诉的利益相关的要件内容应当适用职权审查方式。①

采取何种方式进行调查收集,理论上形成三种标准。第一类标准,是陈宗荣教授认为,具体判断应视特定要件对法院所要求性质的程度加以决定。具体来说,与起诉相关的诸如法院管辖、当事人能力等要件由法院调查收集。而具有诉讼障碍性质,与权利保护利益相关的要件,由当事人提出。② 第二类标准,是张卫平教授认为应当根据"是否属于法院主动判断的范畴"以及"是否属于法院主动收集的范围"两个因素加以判断。法院可以主动判断和调查的诉讼要件,适用职权探知主义。法院可以主动判断,但不主动收集的诉讼要件适用职权审查。须要由当事人主张,法院才能判断的诉讼要件适用辩论主义。③ 第三类标准,是有日本学者认为应根据诉讼要件的公益性加以考量。依此,法院管辖、当事人能力适用职权探知主义,诉的利益、当事人适格适用辩论主义。④

(二) 具体调查方式的确定:职权审查和职权探知

结合上述分析,笔者认为消费民事公益诉讼中诉的利益相关要件,即消费民事公益诉讼的权益损害要件、前置程序要件、优先程序要件、诉权滥用妨碍要件、重复诉讼妨碍要件可分别通过职权审查和职权探知的职权调查方式完成。

1. 职权审查要件事项

权益损害要件、前置程序要件和优先程序要件应通过职权审查的方式调查收集。即上述要件事项应由当事人提出并完成资料的收集,同时法官不受

① 参见[日]高桥宏志:《重点讲义民事诉讼法》,张卫平、许可等译,法律出版社2007年版,第6—8页。
② 参见陈荣宗、林庆苗:《民事诉讼法》,三民书局1996年版,第328页。
③ 参见张卫平:《民事诉讼:关键词展开》,中国人民大学出版社2005年版,第82—83页。
④ 参见闫宾:《民事诉讼要件论》,《兰州学刊》2011年第10期。

当事人调查或自认的限制。理由在于：其一，上述要件首先属于与权利保护利益最为密切的要件事项，应由当事人提出。其二，虽然上述要件事项应由当事人提出，但是由于是发生在民事公益诉讼中，与诉讼程序的利用效益和公共利益的维护相关，所以不能依据辩论主义的方式全部依赖当事人予以收集。总而言之，消费民事公益诉讼中的权益损害要件、前置程序要件和优先程序要件应当采用职权审查的方式收集，即在由当事人提供相关资料的同时，增加法院的职权审查要素。如果当事人的收集行为或收集资料不利于公共利益的全面与充分维护时，法官就不应受当事人收集资料的限制，应当依职权进行调查收集。

2.职权探知要件事项

重复诉讼和诉权滥用妨碍要件应当采用职权探知的方式调查收集。理由在于：其一，从性质上来看，上述要件是与法院程序利益最为密切的消极要件事项。特别是诉权滥用妨碍事项的发生完全是由于起诉主体的主观过错造成的。诉权滥用行为会对国家法律、审判权、审判资源以及他人利用诉讼的机会造成多方面影响。① 其二，消费民事公益诉讼中的起诉主体具有特殊性。一方面，公益诉讼的起诉主体具有多元性。另一方面，公益诉讼中的原告并非直接利害关系人。为了避免由此引发的重复诉讼和公益偏离性，法官应被赋予更多的职权色彩。故而在民事公益诉讼中应当更加强调对重复诉讼和诉权滥用情形的查明，与此同时相关要件的调查收集必须由法院依职权探知完成。当然，为了保障诉权，起诉主体也可以提供资料证明重复诉讼和诉权滥用例外情形的存在。

三、诉的利益要件的判断与裁判

消费民事公益诉讼请求，是否具有实体判决之必要性和实效性，取决于法

---

① 参见邵明：《滥用民事诉权及其规制》，《政法论坛》2011 年第 6 期。

院对诉的利益要件内容的审查结果。个案中法官应依职权对各要件内容进行审查,并根据审查结果对消费民事公益诉讼请求之实体判决的必要性与实效性作出判断。

经审查判断,如果法官认为本案消费民事公益诉讼请求具有获得法院实体判决的条件或资格,那么应进入下一审理阶段。法官根据相关法律规定,综合当事人的事实主张和证据材料,对本案要件事实的满足情况进行认定,并且作出最终的实体判决结果。

经审查判断,如果法官认为本案消费民事公益诉讼请求不具有获得法院实体判决资格,则应作出不同于实体判决的裁判。至于采取何种形式的裁判,取决于立法对诉的利益理论的不同认识。如果采"胜诉条件说"的观点,将诉的利益理解为诉讼法上的诉的前提条件,那么诉的利益的欠缺意味着其所欲保护的实体权利不符合获得司法保护的要求,法院应当依法驳回诉。驳回诉与诉讼驳回不同,它是一种具有实体性质的裁判。①如果采"诉讼要件说",也即"实体判决要件说"的观点,将诉的利益理解为法院作出实体判决的必备条件,那么法院应当作出程序上的裁定,即驳回裁定。由于本书采"实体判决要件说"理解诉的利益,所以法院审查后认为本案诉讼请求不具有实体判决之必要性和实效性时,就应当作出程序性的处理,即作出驳回裁定。

特别需要注意的是,尽管我国采用了立案登记的方式,但是实际上还是存在着将诉讼要件前移至起诉要件的情况,即起诉高阶化的问题,这与我国欠缺专门的诉讼要件审查制度有关。② 据此,法院应当根据具体情况作出不同的程序性处理:在起诉立案阶段发现本案诉讼请求不具有获得法院实体判决的资格时,应作出不予受理的决定;在案件实体审理过程中发现本案诉讼请求不能获得法院实体判决时,应作出驳回裁定。

---

① 参见[德]赫尔维格:《诉权与诉的可能性:当代民事诉讼基本问题研究》,任重译,法律出版社 2018 年版,第 107—108 页。

② 参见张卫平:《诉的利益:内涵、功用与制度设计》,《法学评论》2017 年第 4 期。

当然,最为理想的应当是随着立法的推进,对民事公益诉讼的审理结构作出整体调整,即区分起诉要件、诉讼要件和胜诉要件,并作分别而论。形式上的要求应当归入起诉要件,在起诉要件阶段审查。诉的利益等诉讼要件,在诉讼要件阶段审查。而与实体判决结果相关的要件事实,则应在胜诉要件阶段审查。由此在民事公益诉讼程序中形成分阶段和分层次的审理结构,在推动民事公益诉讼程序合理化设置的同时,促进纯粹的立案登记制的构建。纯粹的立案登记制将更利于消费者群体诉权的保护。①

小　结

实体判决资格是消费民事公益诉讼请求获得法院实体判决的适法性要求。民事诉讼的诸多实体判决要件中,与诉讼请求本体适法性相关的要件事项是诉的利益要件。诉的利益要件能够确保消费民事公益诉讼请求之实体判决的必要性和实效性。根据诉的利益理论以及消费民事公益诉讼的特殊性,消费民事公益诉讼请求获得法院实体判决应满足特殊要件内容的要求。通过比较分析,相关国家和地区在权益损害要件、前置程序要件、优先程序要件、诉权滥用妨碍要件和重复诉讼妨碍要件方面形成共性。权益损害要件即消费民事公益诉讼请求应以消费公共利益的危害为前提;前置程序要件是消费民事公益诉讼请求应尝试在前置的非诉程序中予以解决;优先程序要件是消费民事公益诉讼请求的提起和适用应遵循特定的顺位要求;诉权滥用妨碍要件主要预防消费民事公益诉讼起诉主体与直接利害关系主体相分离所带来的公益偏离危险;重复诉讼妨碍要件则主要解决消费民事公益诉讼适格主体多元化带来的特殊重复诉讼问题。

---

① 参见范晓亮:《我国消费公益诉讼实证分析——兼论〈欧盟集体救济建议〉之借鉴》,《苏州大学学报(法学版)》2016年第3期。

在对诉的利益要件进行审查时,法官应采取职权调查方式,遵循公益性原则、整体性原则、合理性原则、诚信原则进行审查。根据资料的收集方式来看,权益损害要件、前置程序要件和优先程序要件应通过职权审查的方式收集,诉权滥用妨碍要件和重复诉讼妨碍要件应通过职权探知的方式收集。经审查,如果法院认为本案消费民事公益诉讼请求具有获得法院实体判决的资格,则应根据相关法律规定,综合当事人的事实主张和证据材料,作出实体判决。如果法院认为本案诉讼请求不具有获得法院实体判决的资格,则应视情况作出相应的程序性处理。

第五章　我国消费民事公益诉讼请求的司法实践与制度保障

理论研究的目的在于获取科学的认知方法,并为司法实践提供指导。根据消费民事公益诉讼请求法律构造的理论研究,检视我国消费民事公益诉讼请求的实践问题,进而提出行之有效的制度保障措施是研究的重要目的。

本章将以消费民事公益诉讼请求的法律构造为理论指引,对我国现有相关立法基础进行评析,并通过实证分析的方法深描我国消费民事公益诉讼请求的实践问题。在此基础上,结合前文对消费民事公益诉讼请求之逻辑起点、请求权类型和实体判决资格的理论分析,尝试为我国消费民事公益诉讼请求的理性运行提供制度保障对策。

第一节　我国消费民事公益诉讼请求的实践展开

按照规范出发型的裁判构造,诉讼请求的提起、审理和裁判,离不开实体权利内容和程序法律规定的支持。立法分析是研究消费民事公益诉讼请求实践展开的基本前提。对消费民事公益诉讼请求的实证分析,是探讨消费民事公益诉讼请求实践的具体方法。本节将在评析相关立法规定的基础上进行实证考察,并对我国消费民事公益诉讼请求的实践运行情况作整体和分类分析。

一、实践展开的立法基础

本书对我国消费民事公益诉讼请求实践运行立法基础的分析,主要是从广义的立法层面,对与消费民事公益诉讼请求之逻辑起点、请求权类型和实体判决要件的相关法律规定和司法解释进行评析。分析范围主要包括《民事诉讼法》《民事诉讼法解释》《公益诉讼实施办法》《消费公益诉讼解释》《检察公益诉讼解释》《公益诉讼办案规则》。

(一) 立法基础概览

消费民事公益诉讼请求之逻辑起点、请求权类型和实体判决要件等内容,散见于《民事诉讼法》《民事诉讼法解释》《公益诉讼实施办法》《消费公益诉讼解释》《检察公益诉讼解释》《公益诉讼办案规则》等法律和司法解释中。

1. 关于逻辑起点的立法情况

2012 年《民事诉讼法》修订,第 55 条最早作了一般性规定。① 根据该条"侵害众多消费者合法权益等损害社会公共利益"的表述,可知我国消费民事公益诉讼请求所欲保护的实体权益是公共利益,而且该公共利益内容与"众多消费者合法权益"相关。

2015 年《公益诉讼实施办法》(已失效)第 1 条、2017 年《民事诉讼法》第 55 条以及 2018 年《检察公益诉讼解释》第 13 条,保留 2012 年《民

---

① 《中华人民共和国民事诉讼法》(2012 年修订版)第 55 条规定,对污染环境、侵害众多消费者合法权益等损害社会公共利益的行为,法律规定的机关和有关组织可以向人民法院提起诉讼。

事诉讼法》第 55 条的规定内容。同时增加限制性的规定,将检察消费民事公益诉讼请求之逻辑起点限定为食药领域的社会公共利益。① 这一做法极大地限缩了检察消费民事公益诉讼请求的适用范围。

在前述规定的基础上,2016 年《消费公益诉讼解释》第 1 条将社会公共利益的修饰语由"众多消费者合法权益"变更为"不特定多数消费者合法权益"。同时增加"消费者人身安全危险和财产安全危险"的社会公共利益损害。② 该法第 2 条将缺陷产品、虚假宣传、场所危险、格式条款引起的社会公共利益损害明确为消费民事公益诉讼的适用情形。③ 相较其他立法规定和司法解释,《消费公益诉讼解释》中的相关规定更加细致。

---

① 《中华人民共和国民事诉讼法》(2017 年版)第 55 条规定,对污染环境、侵害众多消费者合法权益等损害社会公共利益的行为,法律规定的机关和有关组织可以向人民法院提起诉讼。人民检察院履行职责中发现污染环境、食品药品安全领域侵害众多消费者合法权益等损害社会公共利益的行为,在没有适格主体或者适格主体不提起诉讼的情况下,可以向人民法院提起民事公益诉讼。《公益诉讼实施办法》第 1 条第 1 款规定,人民检察院履行职责中发现污染环境、食品药品安全领域侵害众多消费者合法权益等损害社会公共利益的行为,在没有适格主体或者适格主体不提起诉讼的情况下,可以向人民法院提起民事公益诉讼。《检察公益诉讼解释》第 13 条第 1 款规定,人民检察院在履行职责中发现破坏生态环境和资源保护,食品药品安全领域侵害众多消费者合法权益,侵害英雄烈士等的姓名、肖像、名誉、荣誉等损害社会公共利益的行为,拟提起公益诉讼的,应当依法公告,公告期间为 30 日。

② 《消费公益诉讼解释》第 1 条第 1 款规定,中国消费者协会以及在省、自治区、直辖市设立的消费者协会,对经营者侵害众多不特定消费者合法权益或者具有危及消费者人身、财产安全危险等损害社会公共利益的行为提起消费民事公益诉讼的,适用本解释。

③ 《消费公益诉讼解释》第 2 条规定,经营者提供的商品或者服务具有下列情形之一的,适用消费者权益保护法第 47 条规定:(一)提供的商品或者服务存在缺陷,侵害众多不特定消费者合法权益的;(二)提供的商品或者服务可能危及消费者人身、财产安全,未作出真实的说明和明确的警示,未标明正确使用商品或者接受服务的方法以及防止危害发生方法的;对提供的商品或者服务质量、性能、用途、有效期限等信息作虚假或引人误解宣传的;(三)宾馆、商场、餐馆、银行、机场、车站、港口、影剧院、景区、体育场馆、娱乐场所等经营场所存在危及消费者人身、财产安全危险的;(四)以格式条款、通知、声明、店堂告示等方式,作出排除或者限制消费者权利、减轻或者免除经营者责任、加重消费者责任等对消费者不公平、不合理规定的;(五)其他侵害众多不特定消费者合法权益或者具有危及消费者人身、财产安全危险等损害社会公共利益的行为。

表 5-1　关于逻辑起点（消费公共利益）的立法情况

时间（年份）	规范名称	法条	消费公共利益	立法解析
2012	《民事诉讼法》	55 条	社会公共利益	以"众多消费者合法权益"为修饰语
2017	《民事诉讼法》	55 条第 1 款	社会公共利益	以"众多消费者合法权益"为修饰语
		55 条第 2 款	食药安全领域社会公共利益（检察院提起）	以"众多消费者合法权益"为修饰语
2021（2023 年修订）	《民事诉讼法》	58 条第 1 款	社会公共利益	以"众多消费者合法权益"为修饰语
		58 条第 2 款	食药安全领域社会公共利益（检察院提起）	以"众多消费者合法权益"为修饰语
2015	《公益诉讼实施办法》（已失效）	1 条第 1 款	食药安全领域社会公共利益（检察院提起）	以"众多消费者合法权益"为修饰语
2016（2020 年修订）	《消费公益诉讼解释》	1 条	社会公共利益	以"众多不特定消费者合法权益和消费者人身、财产安全危险"为修饰语
		2 条	社会公共利益	列举侵害行为（详见法条规定）
2018（2020 年修订）	《检察公益诉讼解释》	13 条第 1 款	食药安全领域社会公共利益（检察院提起）	以"众多消费者合法权益"为修饰语

2. 关于请求权类型的立法情况

2015 年《公益诉讼实施办法》（已失效）第 16 条规定了四类请求权。分别为禁令型请求权、恢复型请求权、赔偿型请求权、人格型请求权。禁令型请求权包括请求停止侵害、请求排除妨碍和请求消除危险的请求权。恢复型请求权即请求恢复原状的请求权。赔偿型请求权指请求赔偿损失的请求权。人格型请求权仅指请求赔礼道歉的请求权。①

2016 年《消费公益诉讼解释》第 13 条第 1 款规定了禁令型和人格型两类请求权。第 2 款增加一项确认型请求权,即在格式条款或通知、声明、告示等存在不公平、不合理情形时,原告可以请求确认无效。② 另外,虽然该条没有明确规定损害赔偿请求权,但是该法第 17 条和第 18 条提到了相关费用赔偿请求权。其中,第 17 条是基于合理预防和处置措施而产生的费用,第 18 条是基于诉讼而产生的调查费、取证费、鉴定费和律师费。③

2021 年最新颁布的《公益诉讼办案规则》第 98 条第 1 款从总体上对民事公益诉讼的请求权作了规定,包括禁令请求权、恢复原状请求权、赔偿损失请求权。④ 第 2 款分类型作了细化规定,其中第二项强调消费民事公益诉讼中原告可以请求被告召回并依法处置相关食品药品、请求支付相关费用和请求承担惩罚性赔偿。⑤ 对于食品药品的召回和处置请求,实质上可以归为停止侵害请求权或者消除危险请求权等范畴,召回和处置行为其实是上述请求权的具体实现方式。相关费用请求与《消费公益诉讼解释》中规定的相关费用请求相当。而该法对惩罚性赔偿请求权的规定是立法的首次明确。

---

① 《公益诉讼实施办法》第 16 条(已失效)规定,人民检察院可以向人民法院提出要求被告停止侵害、排除妨碍、消除危险、恢复原状、赔偿损失、赔礼道歉等诉讼请求。

② 《消费公益诉讼解释》第 13 条第 1 款规定,原告在消费民事公益诉讼案件中,请求被告承担停止侵害、排除妨碍、消除危险、赔礼道歉等民事责任的,人民法院可予支持。该条第 2 款规定,经营者利用格式条款或者通知、声明、店堂告示等,排除或者限制消费者权利、减轻或者免除经营者责任、加重消费者责任,原告认为对消费者不公平、不合理主张无效的,人民法院应依法予以支持。

③ 《消费公益诉讼解释》第 17 条规定,原告为停止侵害、排除妨碍、消除危险采取合理预防、处置措施而发生的费用,请求被告承担的,人民法院应依法予以支持。第 18 条规定,原告及其诉讼代理人对侵权行为进行调查、取证的合理费用、鉴定费用、合理的律师代理费用,人民法院可根据实际情况予以相应支持。

④ 《公益诉讼办案规则》第 98 条第 1 款规定,人民检察院可以向人民法院提出要求被告停止侵害、排除妨碍、消除危险、恢复原状、赔偿损失等诉讼请求。

⑤ 《公益诉讼办案规则》第 98 条第 2 款第二项规定,食品药品安全领域案件,可以提出要求被告召回并依法处置相关食品药品以及承担相关费用和惩罚性赔偿等诉讼请求。

表 5-2　关于请求权类型的立法情况

时间（年份）	规范名称	法条	请求权类型	立法解析
2015	《公益诉讼实施办法》（已失效）	16 条	停止侵害、排除妨碍、消除危险、恢复原状、赔偿损失、赔礼道歉等诉讼请求	禁令型请求权 恢复型请求权 赔偿型请求权 人格型请求权
2016（2020 年修订）	《消费公益诉讼解释》	13 条第 1 款	停止侵害、排除妨碍、消除危险、赔礼道歉	禁令型请求权 人格型请求权
		13 条第 2 款	确认无效（确认格式条款或者通知、声明、店堂告示等无效）	确认型请求权
		17 条 18 条	相关费用（合理预防与处置措施费用；调查费、取证费、鉴定费、律师费）	赔偿型请求权
2021	《公益诉讼办案规则》	98 条第 1 款	停止侵害、排除妨碍、消除危险、恢复原状、赔偿损失	禁令型请求权 恢复型请求权 赔偿型请求权
		98 条第 2 款	召回并处置（停止侵害、排除妨碍请求权的实现方式）、支付相关费用、惩罚性赔偿	禁令型请求权 赔偿型请求权

3. 关于实体判决（资格）要件的立法情况①

2015 年《民事诉讼法解释》第 284 条第三项（2022 年修订版第 282 条第三项）、2015 年《公益诉讼实施办法》（已失效）第 17 条、2016 年《消费公益诉讼解释》第 4 条和 2021 年《公益诉讼办案规则》第 96 条均提及了消费民事公益诉讼中的社会公共利益损害要件。② 上述规定仅是将社会公共利益作为起

---

① 如前所述,我国民事诉讼立法中并没有明确诉讼要件,也并未对诉讼要件和起诉要件作出区分,存在着将诉讼要件规定为起诉要件的情形。本部分主要从理论应然层面对实体判决要件相关内容进行评析。

② 《民事诉讼法解释》（2015 年版）第 284 条（2022 年修订版第 282 条）、《公益诉讼实施办法》（已失效）第 17 条、《消费公益诉讼解释》第 4 条第二项、《公益诉讼办案规则》第 96 条。具体论证详见本书第四章第二节第一部分（一）1"社会公共利益受到侵害"相关内容。

诉要件加以明确,这与我国未区分诉讼要件和起诉要件的立法现状相关。

2016 年《消费公益诉讼解释》第 4 条第三项关于调解等前置事项的规定,实质上属于消费者协会提起消费民事公益诉讼请求的前置程序要件。①

根据 2015 年《公益诉讼实施办法》(已失效)第 14 条、2017 年《民事诉讼法》第 55 条第 2 款、2018 年《检察公益诉讼解释》第 13 条第 2 款、2021 年《公益诉讼办案规则》第 96 条第二项的规定,其他适格主体优先提起消费民事公益诉讼是检察消费民事公益诉讼请求能够获得法院实体判决的优先适用程序要求。②

2016 年《消费公益诉讼解释》第 15 条对多元适格主体的重复诉讼作了特别规定,禁止其他适格主体提起重复诉讼。《公益诉讼办案规则》第 103 条,将检察院撤回支持起诉,且认为诉讼请求不能充分维护公共利益的情形作为重复诉讼的例外情形。③

表 5-3　关于实体判决(资格)要件的立法情况

时间 (年份)	规范名称	法条	实体判决要件	立法解析
2017(2021 2023 年 修订)	《民事诉讼法》	55 条第二款 (2021、2023 年 修订版 58 条 第 2 款)	法定机关和组织不提起 诉讼(检察院提起)	优先程序要件
2015 (2022 年 修订)	《民事诉讼法解释》	284 条 第三项(2022 年 修订版 282 条 第三项)	社会公共利益损害	权益损害要件

---

① 《消费公益诉讼解释》第 4 条第三项。具体论证详见本书第四章第二节第一部分(一)2 "诉请争议未能在前置程序中解决或未在优先程序中提起"相关内容。

② 《公益诉讼实施办法》(已失效)第 14 条、《民事诉讼法》(2017 年修订版)第 55 条第 2 款、《检察公益诉讼解释》第 13 条第 2 款、《公益诉讼办案规则》第 96 条第二项。具体论证详见本书第四章第二节第一部分(一)2"诉请争议未能在前置程序中解决或未在优先程序中提起"相关内容。

③ 《消费公益诉讼解释》第 15 条、《公益诉讼办案规则》第 103 条。具体论证详见本书第四章第二节第一部分(一)3"不存在重复诉讼的情形"相关内容。

续表

时间 （年份）	规范名称	法条	实体判决要件	立法解析
2015	《公益诉讼 实施办法》 （已失效）	17条	社会公共利益损害	权益损害要件
		14条	法定机关和组织不提起诉讼（检察院提起）	优先程序要件
2016 （2020年 修订）	《消费公益 诉讼解释》	4条 第二项	社会公共利益损害	权益损害要件
		4条 第三项	反映、查询、提出建议；调查、调解（消费者协会提起）	前置程序要件
		15条	重复诉讼的禁止情形	重复诉讼妨碍要件
2018 （2020年 修订）	《检察公益 诉讼解释》	13条	法定机关和组织不提起（检察院提起）	优先程序要件
2021	《公益诉讼 办案规则》	96条	公共利益仍然处于受损害状态	权益损害要件
			法定机关和组织不提起（检察院提起）	优先程序要件
		103条	重复诉讼的例外情形	重复诉讼妨碍要件

（二）立法的原则化、碎片化和区别化

上述立法情况表明,我国消费民事公益诉讼请求实践展开的立法基础已经基本形成。

适格主体提起消费民事公益诉讼请求的逻辑起点、请求权类型以及实体判决要件均有基本的立法规范作为支撑和保障。然而现有立法基础的局限和不足也较为明显,集中表现为立法的原则化、立法的碎片化和立法的区别化。

1. 立法的原则化问题

立法的原则化问题主要表现在逻辑起点和请求权类型的相关规定中。大

多数规定只是将消费公共利益作抽象化的表述。例如,众多或不特定多数消费者合法利益,以及与人身和财产危险相关的社会公共利益。而何为"众多",何为"不特定多数",何为"社会公共利益"却未作明确。关于请求权类型的立法规范采用较为笼统的表达形式。除 2021 年新颁布的《公益诉讼办案规则》以外,其他相关司法解释均将消费民事公益诉讼和其他类型的民事公益诉讼作统一规定,①不能充分体现消费民事公益诉讼的请求权特点。原则化的立法规定还体现在各类请求权与其所欲保护的实体权益无法建立对应关系上。严格来讲,只有与实体权益特质相契合的请求权类型才具有合理性和科学性。以上情况说明,我国立法需要在明确消费公共利益的基础上,细化请求权类型。

2. 立法的碎片化问题

相关立法中的碎片化问题尤为严重。无论是消费民事公益诉讼请求的逻辑起点、请求权类型还是实体判决(资格)要件的相关内容,均零散地出现在多部法律规范中。除已失效的《公益诉讼实施办法》外,还包括《民事诉讼法》和四部不同部门发布的司法解释即,最高人民法院发布的《民事诉讼法解释》和《消费公益诉讼解释》,"两高"共同发布的《检察公益诉讼解释》,最高人民检察院发布的《公益诉讼办案规则》。实践中,对消费民事公益诉讼请求之实体判决资格的判断,需要综合上述多部规范中的多个规定加以识别。各种法律渊源的零碎和分散状态会导致相关立法的形式理性不足。单行立法的形式极易造成规则的不统一,甚至是矛盾或冲突。②如此,既不利于消费领域公共利益的切实保障,也不利于消费民事公益诉讼的统一化立法,是立法尚不成熟的表现。

---

　　① 《公益诉讼实施办法》(已失效)第 16 条、《消费公益诉讼解释》第 13 条、《公益诉讼办案规则》第 98 条。详见"表 5-2　关于请求权类型的立法情况"。

　　② 王利明:《民法典的体系化功能及其实现》,《法商研究》2021 年第 4 期。

3. 立法的区别化问题

立法的区别化问题突出表现在逻辑起点、请求权类型的相关规定中。

关于消费民事公益诉讼请求之逻辑起点，即与消费公共利益相关的立法规定存在着区别化的问题。《民事诉讼法》《公益诉讼实施办法》（已失效）和《检察公益诉讼解释》中的规定是"与众多消费者合法权益相关的社会公共利益"。①《消费公益诉讼解释》的规定是"与不特定多数消费者合法权益相关的社会公共利益"。② 而就不同起诉主体提起的消费民事公益诉讼而言，诉讼请求的逻辑起点又有所不同，主要表现为相关司法解释将检察消费民事公益诉讼的逻辑起点限定为食药品安全领域的公共利益。③

关于请求权类型的区别化问题更为明显。《公益诉讼实施办法》（已失效）和《消费公益诉讼解释》中均有赔礼道歉的规定，而《公益诉讼办案规则》并没有明确赔礼道歉请求权。又如《公益诉讼实施办法》（已失效）和《公益诉讼办案规则》规定原告可以提起恢复原状请求，然而《消费公益诉讼解释》并没有具体列明。类似情况还有赔偿型请求权。《公益诉讼实施办法》（已失效）明确可以提起赔偿损失请求，《消费公益诉讼解释》仅规定了合理费用和相关费用的损失赔偿，而依《公益诉讼办案规则》的规定，检察院还可以提起惩罚性赔偿请求。④

综上，虽然我国消费民事公益诉讼请求的实践展开具有立法基础支撑，但是相关立法规定还存在着原则化、碎片化和区别化的问题。

---

① 《公益诉讼实施办法》（已失效）第1条第1款、《民事诉讼法》（2023年修订版）第58条第1款、《检察公益诉讼解释》第13条第1款。详见本节第一部分（一）1"关于逻辑起点的立法情况"相关内容。

② 《消费公益诉讼解释》第1条。详见本节第一部分（一）1"关于逻辑起点的立法情况"相关内容。

③ 《公益诉讼实施办法》（已失效）第1条、《民事诉讼法》（2023年修订版）第58条第2款、《检察公益诉讼解释》第13条第1款详见本节第一部分（一）1"关于逻辑起点的立法情况"相关内容。

④ 《公益诉讼实施办法》（已失效）第16条、《消费公益诉讼解释》第13、17、18条、《公益诉讼办案规则》第98条。详见本节第一部分（一）2"关于请求权类型的立法情况"相关内容。

二、实践展开的司法现状

本书对我国消费民事公益诉讼请求实践情况的分析,主要是通过对裁判文书和相关典型案例的检索,整理并汇总实证分析的案例样本。进而在案例样本范围内,对消费民事公益诉讼请求的司法运行现状进行整体和分类评析。

(一) 实证检索步骤与过程

本书在 2021 年 1 月 1 日之前不设时间限制,对可查询完整诉讼请求内容的消费民事公益诉讼案件信息进行检索和整理。具体检索范围是公开的消费民事公益诉讼裁判文书,以及最高人民法院、最高人民检察院和各地法院、检察院或职能部门公布的消费民事公益诉讼典型案例以及其他媒体报道的相关案件,不包括刑事附带消费民事公益诉讼案件。

具体检索步骤和过程为:

第一步在北大法意实证平台进行主要检索:1.在北大法意实证平台中选择"高级检索";2.变量体系中选择"民事案件";3.根据案件性质选择"是否是公益诉讼"并且选择"等于";4.选择"且"增加条件,根据案件性质选择"公益诉讼类型""在……之内""侵害众多消费者合法权益",搜索得到相关或相近案件共计 330 件;5.选择"筛选观察",筛选样本,进行人工识别,剔除检索中混入的其他类型的公益诉讼案件,以及未显示任何实体性内容无法确定为消费民事公益诉讼的案件共计 187 件;6.在剩余案件中,按顺序逐项排除未显示诉讼请求内容的管辖裁定 14 件、未显示诉讼请求内容的撤诉裁定 8 件,因裁判文书书写错误而将普通民事公益诉讼写成消费民事公益诉讼的案件 6 件,在此基础之上排除重复案件 2 件,剩余消费民事公益诉讼案件 113 件。

第二步在北大法宝数据库进行补充检索:1.选择"民事案件",以"消费民事公益诉讼"为关键词选择全文检索和在结果中检索,从中得出 183 个案件(截至 2021 年 1 月 1 日前入库的案件数量);2.在 183 个案例中进行人工筛选,除去不相关案例和在第一步检索中已经发现的重复案件,增加 2 件消费民事公益诉讼案例样本。

第三步在百度搜索引擎中进行补充检索:1.在百度搜索中以"消费民事公益诉讼"为检索词进行检索,检索到大量相关及不相关数据;2.对前 30 页的检索数据进行人工分析,除去不相关内容和已经发现的重复案件,另发现 4 件消费民事公益诉讼案件,但均未显示完整的诉讼请求内容。

经过以上检索和整理,收集到显示完整诉讼请求内容的消费民事公益诉讼案例样本共计 115 件。受文书公开情况以及个人收集能力所限,样本数据收集很可能具有不完全性。但是,管中窥豹,可以从中提炼某些具有一般性或典型性的问题。综上,本书中关于消费民事公益诉讼请求的实践分析,均以按照上述过程收集到的案例样本为基础。

(二) 司法现状的整体分析

根据样本,2021 年 1 月 1 日之前公开可查询到的显示完整诉讼请求内容的消费民事公益诉讼案件共有 115 件。其中 2015 年 2 件、①2016 年 6 件、2017 年 9 件、2018 年 20 件、2019 年 34 件、2020 年 44 件。整体来看,我国消费民事公益诉讼案件数量总体不多,但是案件数量的增速较快。2015 年、2016 年、2017 年保持在个位数量,之后大幅增加。

---

① 上海铁路运输法院于 2015 年针对"浙江省消费者委员会诉上海市铁路局购票案"作出不予受理裁定,由于(2015)沪铁受初字第 1 号民事裁定书未载明完整诉讼请求内容,出于严谨性的考虑,本书未将其归入统计范畴。关于该案相关信息参见方双复:《公益诉讼的门槛到底应多高 从我国消费公益诉讼第一案说起》,《中国律师》2015 年第 4 期;黄安琪:《"公益诉讼第一案":浙江消保委与上海铁路局达成谅解》,2015 年 12 月 14 日,见 https://www.pkulaw.com/pal/a3ecfd5d734f711dad43de93b524b67cdee816f9a6a8218dbdfb.html。

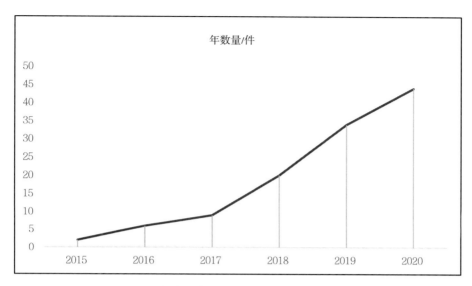

图 5-1　样本消费民事公益诉讼案件年数量图示

注:以立案年份为准。

从提起原因来看,大多数案件是由于不法经营者生产销售不安全、不合格产品所引发,也有少数案件是由于不法经营者侵犯注册商标、进行虚假宣传、制定不公平格式条款等行为所引发。就程序类型来看,大多数案件是在刑事诉讼程序之后,由检察机关另行提起的消费民事公益诉讼案件。只有少量案件是不涉及刑事诉讼程序的消费民事公益诉讼案件。总体而言,在消费民事公益诉讼制度的初级阶段,特别是在当前立法规范相对不完善的情况下,我国消费民事公益诉讼的实践适用率较低。

根据适用领域来看,我国消费民事公益诉讼主要出现在食品、药品、医疗用品、美容与减肥用品、保健品、电子产品、其他产品等商品消费领域,还有部分诉讼发生在服务提供过程中,涉及票价、押金、非法行医等相关争议。

食品、药品案件 93 件,占到样本案件总数的 80.9%,医疗用品、美容与减肥用品、保健品案件 13 件(分别为表 5-4 10 号、17 号、18 号、19 号、21 号、33

号、46 号、50 号、55 号、58 号、61 号、72 号、74 号案件),占到样本案件总数的 11.3%。此类案件中,适格主体提起相关诉讼请求的主要原因是不法经营者生产销售假冒伪劣产品,侵害或威胁不特定多数消费者身体权、生命权、健康权等合法权益。

电子产品案件 4 件(分别为表 5-4 94 号、62 号、113 号、114 号案件)、其他产品案件 1 件(表 5-4 109 号案件),占到样本案件总数的 4.3%。此类案件中,适格主体提起相关诉讼请求的主要原因包括:不法经营者利用手机 APP 等软件非法收集消费者个人信息,侵害或威胁不特定多数消费者的信息安全;不法经营者未经消费者同意强行播放开机广告,妨碍消费者正常使用产品;不法经营者预装应用软件但未尽相关说明和警示义务,侵害不特定多数消费者的知情权;不法经营者生产并销售不符合国家强制标准的三轮摩托车,欺诈并侵害不特定多数消费者的合法权益。

押金、票价、水费案件各 1 件(分别为表 5-4 98 号、110 号、115 号案件)。上述案件中,消费民事公益诉讼请求的提起原因分别是:不法经营者限制不特定多数未成年消费者享受票价优惠,侵害或者威胁不特定多数消费者公平权;不法经营者拖延退还消费者押金,侵害或者威胁不特定多数消费者财产权;不法经营者以不公平、不合理的标准收取自来水费违约金,侵害或威胁不特定多数消费者公平交易权。此外,还有 1 个消费民事公益诉讼案件(表 5-4 63 号案件)是因非法行医而提起。适格主体认为被告的行为侵害、威胁不特定多数消费者的生命权、身体权和健康权等合法权益。

上述案件中,法院的结案方式有实体判决、调解以及诉讼请求实现后的撤诉裁定。获得实体判决的案件 104 件、调解结案的案件 6 件、诉讼请求实现后的撤诉裁定案件 5 件。由此可知,样本中的消费民事公益诉讼请求在绝大多数情况下,都能获得法院的实体判决。而且样本案例显示,除证据不足的原因以外,大多数诉讼请求都能获得法院的胜诉支持。调解结案的案件中,2 件是

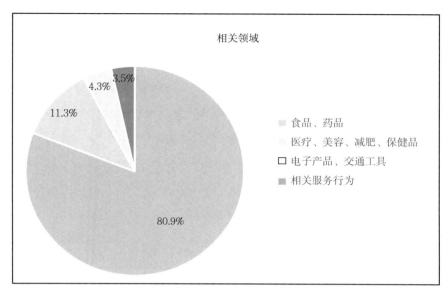

图 5-2　样本消费民事公益诉讼提起领域图示

因为被告在疫情期间销售假冒伪劣口罩,3 件是因为被告生产、销售不安全食品,1 件是因为被告生产销售不符合国家标准的三轮摩托车。根据调解书内容来看,调解结果与诉讼请求内容基本对应,但是赔偿费用有所降低或是通过其他方式替代。[1] 裁定撤诉的案件有 5 件,诉讼请求的原因行为包括被告违法收集消费者个人信息、以身高限制票价优惠、销售附带无法卸载软件的电子产品、不公平收取水费违约金等。根据裁定书来看,不法经营行为在撤诉裁定

---

① 参见《江西省景德镇市人民检察院与黄侠公益诉讼案一审民事调解书》,(2020)赣 02 民初 45 号;《四川省广安市人民检察院与冯兰公益诉讼案一审民事调解书》,(2019)川 16 民初 101 号;《四川省广安市人民检察院与谭皓月等公益诉讼案一审民事调解书》,(2020)川 16 民初 174 号;《四川省广安市人民检察院与华蓥市风生水起火锅店公益诉讼案一审民事调解书》,(2020)川 16 民初 175 号;《安徽省阜阳市人民检察院与刘东雨公益诉讼案一审民事调解书》,(2019)皖 12 民初 153 号;《中国消费者协会与北京天华旭自行车商店等公益诉讼案一审民事调解书》,(2016)京 04 民初 94 号。

作出之前均已得到纠正。①

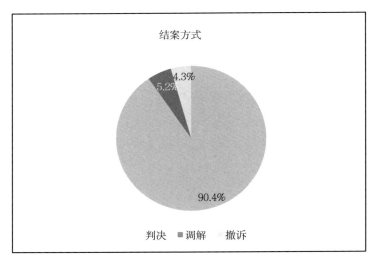

图 5-3　样本消费民事公益诉讼结案方式

（三）司法现状的分类评析

样本显示,实践中的消费民事公益诉讼请求包括停止侵害、排除妨碍、消除危险、赔偿损失、惩罚性赔偿、合理费用请求以及其他类型。据统计,在 115 个显示完整诉讼请求内容的样本中,有 108 个案件包含赔礼道歉请求,约占案件总数的 94%;71 个案件包含惩罚性赔偿类请求,约占案件总数的 62%;21 个案件包含消除危险类请求,约占案件总数的 18%;10 个案件涉及停止侵害

---

① 参见《江苏省消费者权益保护委员会与北京百度网讯科技有限公司公益诉讼案一审民事裁定书》,(2018)苏 01 民初 1 号;《上海市消费者权益保护委员会诉广东欧珀移动通信有限公司公益诉讼案一审民事裁定书》,(2015)沪一中民一(民)初字第 9 号;《上海市消费者权益保护委员会与天津三星通信技术有限公司公益诉讼案一审民事裁定书》,(2015)沪一中民一(民)初字第 10 号;《广州法院弘扬社会主义核心价值观十大典型案例之五:广东省消费者委员会诉某公司消费民事公益诉讼案——以身高限制未成年人享受票价优惠案》,2020 年 7 月 9 日,见 https://www.pkulaw.com/pal/a3ecfd5d734f711decebb34374d672b53787201b9a96654bbdfb.html;《江苏省消费者协会诉南京水务公司不公平格式条款公益诉讼案一审民事裁判书》,(2016)苏 01 民初 2034 号。

类请求,约占到案件总数的 9%;9 个案件涉及相关费用类请求,约占案件总数的 8%;10 个案件涉及损害赔偿(赔偿损失)类请求,约占案件总数的 9%。此外还有 3 个案件涉及排除妨碍类请求,2 个案件中还提起了确认请求。总体来看,现有消费民事公益诉讼司法实践表明,赔礼道歉和惩罚性赔偿诉讼请求适用最多,而停止侵害、排除妨碍,特别是确认诉讼请求适用相对较少。

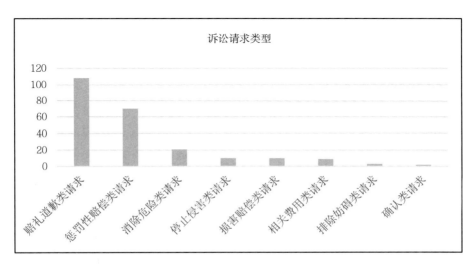

图 5-4　样本消费民事公益诉讼请求类型图示

1. 停止侵害类诉讼请求

停止侵害诉讼请求在司法实践中适用较少。115 个样本案件中,共有 10 个案件包含停止侵害请求。[①] 停止侵害类诉讼请求主要通过要求被告作出或者不作出某种行为的方式得以实现,归属于给付之诉。其中大多数请求是要求被告停止某种侵害行为。如,停止生产销售,停止收集违法信息等。另外,还有一些消费民事公益诉讼案例较为特殊。例如,在"广东消委会诉悦骑公司拖延退还押金案"(表 5-4 98 号案件)中,原告针对被告拖延退还押金的行

①　分别是表 5-4 中 12 号、14 号、15 号、29 号、37 号、94 号、98 号、109 号、110 号、111 号案件。

为提起诉讼,请求被告停止该拖延行为。① 该案中虽用"停止"这一词语表达,但实际上构成积极的给付之诉。此外,还有一类特殊的消费民事公益诉讼案件针对不公平格式条款提出停止侵害请求。在"广东消委会诉某公司优惠票价案"(表5-4 110号案件)中,广东消委会认为,被告限制儿童票价优惠的行为对身高超过1.5米的不特定多数的未成年人消费者造成不公,于是提起诉讼,请求被告停止不公平定价行为。从性质上来看,被告的行为实际上构成了不公平、不合理格式条款,但是原告并未提起确认无效请求,而是提起了停止侵害请求。②

2. 排除妨碍类诉讼请求

排除妨碍诉讼请求在司法实践中极少适用。在本书的样本范围内,只有3个案件涉及与排除妨碍相关的诉讼请求。③相关案件中,原告提起排除妨碍请求主要是为排除商品或者服务中存在的使用障碍。如在"江苏消委会诉乐融致新公司开机广告案"(表5-4 62号案件)中,被告在其销售的产品中强行加载15秒的开机广告,消费者无法于前10秒内选择关闭。原告认为该行为降低了消费者观看电视的体验,提起诉讼要求被告提供一键关闭功能。④又如在"上海消委会诉欧珀移动公司预装软件案"和"上海消委会诉三星通信公司预装软件案"(表5-4 113号、114号案件)中,被告在其销售的电子产品中预装各类软件,却没有提供卸载路径。原告认为该行为减弱了消费者的选择权,

---

① 参见《广东省消费者委员会与广州悦骑信息科技有限公司公益诉讼案一审民事判决书》,(2017)粤01民初445号。

② 参见《广州法院弘扬社会主义核心价值观十大典型案例之五:广东省消费者委员会诉某公司消费民事公益诉讼案——以身高限制未成年人享受票价优惠案》,2020年7月9日,见 https://www.pkulaw.com/pal/a3ecfd5d734f711decebb34374d672b53787201b9a96654bbdfb.html。

③ 分别为表5-4中62号、113号、114号案件。上述案件中的部分请求可归为排除妨碍请求的实现方式。

④ 参见《江苏省消费者权益保护委员会与被告乐融致新电子科技(天津)有限公司公益诉讼案一审民事判决书》,(2020)苏01民初62号。

提起诉讼请求要求被告提供相应的卸载途径。① 由于上述诉讼请求的主要目的在于消除消费者正常使用产品的某种障碍,与排除妨碍请求相同,因而将其归为排除妨碍类诉讼请求。

3. 消除危险类诉讼请求

在本书的样本范围内,有 21 个案件涉及与消除危险相关的诉讼请求。②21 个案例中消除危险的实现方式包括公布违法事实、收回产品(收回并销毁)、提示产品危害、发布警示公告、消除违法获取权限、由第三方监管、向消费者披露、消除违规销售产品风险等。由于上述诉讼请求的主要目的在于消除缺陷产品引发的人身、财产损害等现实危险,所以将其归为消除危险类诉讼请求。除此之外,还有一些诉讼请求并非针对现实危险,而是为了预防将来可能发生的潜在性危险而提起。例如,在"上海消委会诉百度公司违法获取信息案"(表5-4 94 号案件)中,原告针对被告利用"手机百度"等 APP 非法获取消费者个人信息的行为提起诉讼,诉请被告在获取用户个人信息前将相关获取权限告知用户并取得用户同意,防止侵权行为给将来使用该 APP 的用户造成损害。③ 在"广东消委会诉悦骑公司拖延押金案"(表5-4 98 号案件)中,为了防止被告拖延返还押金给未来消费者造成财产损害,原告提起诉讼请求要求被告对新用户采取全部免押金的方式提供单车租赁服务。④ 在上海消委会提起的诉欧珀移动公司案和诉三星通信公司两起案件(表 5-4 113

① 参见《上海市消费者权益保护委员会诉广东欧珀移动通信有限公司公益诉讼案一审民事裁定书》,(2015)沪-中民-(民)初字第 9 号;《上海市消费者权益保护委员会与天津三星通信技术有限公司公益诉讼案一审民事裁定书》,(2015)沪-中民-(民)初字第 10 号。
② 分别为表 5-4 中 3 号、14 号、15 号、25 号、35 号、48 号、51 号、55 号、58 号、61 号、62 号、77 号、86 号、92 号、94 号、98 号、102 号、109 号、111 号、113 号、114 号案件。上述案件中,有些案件会较为明确地载明消除危险请求,有些案件间接表明了消除危险的实现方式。
③ 参见《江苏省消费者权益保护委员会与北京百度网讯科技有限公司公益诉讼案一审民事裁定书》,(2018)苏、01 民初 1 号。
④ 参见《广东省消费者委员会与广州悦骑信息科技有限公司公益诉讼案一审民事判决书》,(2017)粤 01 民初 445 号。

号、114 号案件）中也有类似的请求，原告提起诉讼请求要求被告对将来的手机购买者进行明确告知。[①] 上述类型的诉讼请求虽然以消除危险为目的，但是由于主要是针对潜在的危害发挥预防作用，因而将其归为广义上的消除危险。

4. 赔礼道歉类诉讼请求

根据样本分析，实践中提起最多的诉讼请求类型是"赔礼道歉"。提起赔礼道歉诉讼请求的消费民事公益诉讼案件占到了案件总数的 94%。在 115 个样本案件中，仅有 7 个案件未提起赔礼道歉诉讼请求。[②] 无论是单独提起，还是同其他类型的诉讼请求一并提起，所有的赔礼道歉请求都获得了法院的实体判决（除调解结案和撤诉的案件以外）。而且从判决结果来看，除个别案件因为证据不足没有获得法院支持以外，[③] 其余案件都获得了法院实体判决的支持。根据样本案件中的裁判说理内容，赔礼道歉请求获得法院实体判决的主要理由有："众多消费者不知情未主张权利，被告应当愧疚"（如表 5-4 7号、41 号案件）[④]"社会公众消费环境精神利益受损"（如表 5-4 15 号案件）；[⑤]"社会公众享受良好消费环境、秩序的精神利益受损"（如表 5-4 69 号

---

① 参见《上海市消费者权益保护委员会诉广东欧珀移动通信有限公司公益诉讼案一审民事裁定书》，(2015)沪-中民-(民)初字第 9 号；《上海市消费者权益保护委员会与天津三星通信技术有限公司公益诉讼案一审民事裁定书》，(2015)沪-中民-(民)初字第 10 号。
② 分别为表 5-4 中的 58 号、62 号、94 号、109 号、113 号、114 号、115 号案件。
③ 例如，在"广东省东莞市人民检察院诉张某某、吴某某生产、销售不符合食品安全标准猪肉案"（表 5-4 100 号案件）中，一审法院以原告证据不足为由未予以支持。后来原告提起上诉，赔礼道歉请求在二审程序中得到支持。参见《广东省东莞市人民检察院与张森彬等公益诉讼案一审民事判决书》，(2017)粤 19 民初 95 号；《广东省东莞市人民检察院与张森彬等公益诉讼案二审民事判决书》，(2019)粤民终 379 号。
④ 参见《广东省广州市人民检察院与刘邦亮公益诉讼案一审民事判决书》，(2017)粤 01 民初 383 号；《广东省消费者委员会与钟槛锋等公益诉讼案一审民事判决书》，(2017)粤 01 民初 387 号。
⑤ 参见《北京市人民检察院第四分院与杜某某公益诉讼案一审民事判决书》，(2019)京 04 民初 251 号。

案件);①"社会公众享受安全消费环境的精神利益受损"(如表5-4 92 号案件);②"打击消费信心"(如表5-4 98 号案件);③"社会公众享受正常、有序、安全的消费环境受损或产生负面影响"(如表5-4 108 号案件)。④ 以上情况说明赔礼道歉诉讼请求已经在消费民事公益诉讼司法实践中普遍运用,并且获得了较为一致的认可。

5. 损害赔偿(赔偿损失)类诉讼请求

样本范围内,共有 10 个案件涉及损害赔偿类诉讼请求。⑤ 分析上述 10 个裁判文书发现,实践中对于赔偿请求的认识不完全相同。具体表现为,有的案件中称为"退还价款"(表5-4 1 号案件)、⑥有的案件中称为"赔偿损失"(表5-4 18 号、21 号、34 号、43 号、44 号、46 号、59 号、100 号)、⑦有的案件中称为"社会公共利益赔偿损害"(表5-4 58 号案件)。⑧ 就赔偿数额来看,多数案件中赔偿损失请求是以不法经营者的销售款或利润款为标准进行赔偿。只

---

①　参见《安徽省亳州市人民检察院与安徽源和堂药业股份有限公司消费公益诉讼案一审民事判决书》,(2020)皖 16 民初 446 号。

②　参见《新疆维吾尔自治区乌鲁木齐市人民检察院与肖克拉提·亚生等公益诉讼案一审民事判决书》,(2018)新 01 民初 290 号。

③　参见《广东省消费者委员会与广州悦骑信息科技公司公益诉讼案一审民事判决书》,(2017)粤 01 民初 445 号。

④　参见《江苏省无锡市人民检察院与范敏华等公益诉讼案一审民事判决书》,(2019)苏 02 民初 585 号。

⑤　分别表5-4 中的 1 号、18 号、21 号、34 号、43 号、44 号、46 号、58 号、59 号、100 号案件。

⑥　参见《江苏省泰州市人民检察院与尚涛等公益诉讼案一审民事判决书》,(2019)苏 12 民初 108 号。

⑦　参见《安徽省颍上县人民检察院与孙亮一审公益诉讼案民事判决书》,(2019)皖 1226 民初 5114 号;《安徽省阜阳市人民检察院与胡振鹏公益诉讼案一审民事判决书》,(2019)皖 12 民初 406 号;《安徽省阜阳市人民检察院与汪吉山公益诉讼案一审民事判决书》,(2019)皖 12 民初 121 号;《山西省消费者协会与闫浩公益诉讼案一审民事判决书》,(2018)晋 06 民初 36 号;《安徽省阜阳市人民检察院与李振强等公益诉讼案一审民事判决书》,(2019)皖 12 民初 98 号;《安徽省阜阳市人民检察院与时峰公益诉讼案一审民事判决》,(2019)皖 12 民初 583 号;《安徽省阜阳市人民检察院与刘东雨公益诉讼案一审民事调解书》,(2019)皖 12 民初 153 号;《广东省东莞市人民检察院与张森彬等公益诉讼案一审民事判决书》,(2017)皖 19 民初 95 号。

⑧　参见《四川省广安市人民检察院与谭皓月等公益诉讼案一审民事调解书》,(2021)川 16 号民初 174 号。

有个别案件中,例如,在"四川省广安市人民检察院诉谭某某、陈某销售假冒伪劣口罩案"(表5-4 58号案件)中,原告按照被告销售额3倍的标准,主张社会公共利益损害赔偿。该案中虽称为损害赔偿,但实际上构成了惩罚性赔偿。① 根据裁判结果,除调解结案的案件以外,只有2个案件未获得实体判决的支持。在"广东省东莞市人民检察院诉张某某等生产和销售不符合安全标准的猪肉案"(表5-4 100号案件)中,原告提起诉讼请求要求被告进行赔偿,法院以原告提供的证据不足以证明损失等实际情况为理由,判决不予支持。② 一审判决之后原告提起上诉,该赔偿请求在二审中得到了支持。③ 另外在"山西省消费者协会诉闫某销售假冒伪劣食盐产品案"(表5-4 43号案件)中,原告要求被告偿付货款损失共计3060元。法院认为,消费民事公益诉讼中的原告并不是直接的受害者,也非财产的实际权利人,加之被告在此之前已经受到过刑事和行政处罚,而且已退缴获利并缴纳罚金6500元,再令被告赔偿货款损失责任显然违反公平,因而判决不予支持。④

6. 惩罚性赔偿类诉讼请求

实践中,惩罚性赔偿请求的出现频率仅次于赔礼道歉请求,占到案件总数的62%。根据样本显示来看,惩罚性赔偿的赔偿数额主要根据私益诉讼标准,即按照销售额的倍数予以确定。而且值得一提的是,实践中关于惩罚性赔偿请求的认识不尽相同。就名称而言,多数案件中称之为"惩罚性赔偿",个别案件中称之为"惩罚性损害赔偿"(表5-4 77号、102号案件)。⑤ 还有的认

---

① 参见《四川省广安市人民检察院与谭皓月等公益诉讼案一审民事调解书》,(2020)川16民初174号。

② 参见《广东省东莞市人民检察院与张森彬等公益诉讼案一审民事判决书》,(2017)粤19民初95号。

③ 参见《广东省东莞市人民检察院与张森彬等公益诉讼案二审民事判决书》,(2019)粤19民终379号。

④ 参见《山西省消费者协会与闫浩公益诉讼案一审民事判决书》,(2018)晋06民初36号。

⑤ 参见《河北省石家庄市人民检察院与薛栋林等公益诉讼案一审民事判决书》,(2018)冀01民初1212号;《河北省石家庄市人民检察院与段彩霞等公益诉讼案一审民事判决书》,(2018)冀01民初2053号。

识不一致体现在原告与法官的不同认识上。例如,原告认为是多倍赔偿,法院在判决时称为"消费者损失"(表5-4 6号案件),①抑或称为"公共利益损害赔偿"(表5-4 61号、69号案件)。② 从裁判情况来看,大部分惩罚性赔偿请求都获得了法院实体判决的支持,少数案件因欠缺法律依据未获支持。③ 只有个别法院认为惩罚性赔偿请求不具有正当性和合理性,不应获得法院的实体判决。例如,在"广西贵港市人民检察院诉梁某某等人销售假冒伪劣食盐案"(表5-4 25号案件)中,原告认为被告销售假盐的行为损害了社会公共利益,诉请法院要求对方按照销售的假冒食盐价款十倍的标准支付赔偿金57758.71元,一审法院最终仅支持5000元作为惩罚性赔偿款。④ 然而,二审法院却持有不同观点。二审法院认为,惩罚性赔偿请求不属于法院的审理范围,并指出一审法院对该请求作出实体判决的行为不当,应当予以纠正。⑤

7. 确认类诉讼请求

在所有的诉讼请求类型中,确认类诉讼请求适用最少。在样本案件范围内,只有2个案件涉及确认类请求,分别是"中国消费者协会与北京天华旭自行车商店等产品责任案"(表5-4 109号案件)以及"江苏省消费者协会诉南京水务公司不公平格式条款案"(表5-4 115号案件)。在"中国消费者协会

---

① 《江苏省常州市人民检察院与常州强盛生物科技有限公司等公益诉讼案一审民事判决书》,(2019)苏04民初373号。

② 《浙江省杭州市拱墅区人民检察院与李正声等公益诉讼案一审民事判决书》,(2019)浙0192民初5464号;《安徽省亳州市人民检察院与安徽源和堂药业股份有限公司消费公益诉讼案一审民事判决书》,(2020)皖16民初446号。

③ 如,"山西省消费者协会诉闫某销售假冒伪劣食盐产品案"(表5-4 43号案件)和"广东消委会诉李某某等生产、销售病死猪案"(表5-4 20号案件)中,法院认为公益诉讼中提起惩罚性赔偿欠缺法律依据。参见《山西省消费者协会与闫浩公益诉讼案一审民事判决书》,(2018)晋06民初36号;《广东省消费者委员会与李华文等公益诉讼案一审民事判决书》,(2017)粤03民初547号。

④ 参见《广西贵港市人民检察院与梁耀平等公益诉讼案一审民事判决书》,(2018)桂08民初27号。

⑤ 参见《广西贵港市人民检察院与梁耀平等公益诉讼案二审民事判决书》,(2019)桂民初227号。

与北京天华旭自行车商店等产品责任案"(表5-4 109号案件)中,原告认为被告生产、销售不符合国家标准规定和已被撤销产品的行为,构成对消费者的欺诈,提起"确认欺诈"的诉讼请求,本案最终调解解决。① 在"江苏消委会诉南京水务公司不公平格式条款案"(表5-4 115号案件)中,原告认为被告制定的《供用水合同》中关于逾期违约金的规定过高(每日为应缴额度的0.5%),属于不公平格式条款,提起"确认无效"的诉讼请求。该案中,由于被告已经纠正了不公平的格式条款行为,所以在经原告提出申请之后,法院作出了允许撤诉的裁定。②

8. 相关费用类请求

在样本范围内,有9个裁判文书涉及支付相关费用的请求。③ 就内容来看,相关费用主要包括相关部门为销毁和处置不符合食品安全标准的产品而产生的预防处置费用,以及因为诉讼而产生的律师费、公告费、专家咨询费等诉讼成本费用。

表5-4 样本消费民事公益诉讼请求的实践情况图示④

序号	文书案号或案件名称	诉讼请求	获得实体判决情况
1	(2019)苏12民初108号	赔礼道歉;赔偿损失(退还价款)惩罚性赔偿	获得实体判决
2	(2016)吉01民初191号	赔礼道歉	获得实体判决
3	(2020)京04民初33号	消除危险(以公布违法事实的方式);赔礼道歉	获得实体判决

---

① 参见《中国消费者协会与北京天华旭自行车商店等公益诉讼案一审民事调解书》,(2016)京04民初94号。

② 参见《江苏省消费者协会诉南京水务公司不公平格式条款公益诉讼案一审民事裁判书》,(2016)苏01民初2034号;《江苏法院2016年度十大典型案例之四:江苏省消费者协会诉南京水务集团有限公司消费民事公益诉讼案》,2017年1月17日,见 https://www.pkulaw.com/pal/a3ecfd5d734f711dbd2424df-dc3f06ac59453144df4fe537bdfb.html。

③ 分别为表5-4中20号、44号、48号、91号、96号、98号、109号、111号、112号案件。

④ 本部分统计的诉讼请求不包括案件受理费等相关请求。

续表

序号	文书案号或案件名称	诉讼请求	获得实体判决情况
4	（2020）皖 06 民初 94 号	惩罚性赔偿；赔礼道歉	获得实体判决
5	（2019）闽 03 民初 983 号	惩罚性赔偿；赔礼道歉	获得实体判决
6	（2019）苏 04 民初 373 号	赔礼道歉；惩罚性赔偿	获得实体判决（惩罚性赔偿变为消费者损失）
7	（2017）粤 01 民初 383 号	惩罚性赔偿；赔礼道歉	获得实体判决
8	（2020）浙 08 民初 107 号	赔礼道歉；惩罚性赔偿	获得实体判决
9	（2020）皖 06 民初 111 号	赔礼道歉；惩罚性赔偿	获得实体判决
10	（2020）皖 06 民初 132 号	赔礼道歉	获得实体判决
11	（2020）皖 06 民初 86 号	赔礼道歉；惩罚性赔偿	获得实体判决
12	（2020）辽 13 民初 6 号	停止侵害；赔礼道歉	获得实体判决
13	（2020）辽 13 民初 15 号	赔礼道歉	获得实体判决
14	（2019）京 04 民初 1 号	停止侵害（停止生产销售）；消除危险（以公布违法事实的方式）；赔礼道歉	获得实体判决
15	（2019）京 04 民初 251 号	停止侵害（停止生产销售）；消除危险（以公布违法事实的方式）；赔礼道歉	获得实体判决
16	（2019）皖 06 民初 177 号	赔礼道歉	获得实体判决
17	（2020）冀 11 民初 25 号	赔礼道歉；惩罚性赔偿	获得实体判决
18	（2019）皖 1226 民初 5114 号	赔偿损失；惩罚性赔偿；赔礼道歉	获得实体判决
19	（2020）赣 02 民初 45 号	惩罚性赔偿；赔礼道歉	调解书
20	（2017）粤 03 民初 547 号	惩罚性赔偿；赔礼道歉；相关费用（律师费）	获得实体判决（未支持惩罚性赔偿金）
21	（2019）皖 12 民初 406 号	赔偿损失；惩罚性赔偿；赔礼道歉	获得实体判决
22	（2020）皖 06 民初 133 号	赔礼道歉；惩罚性赔偿	获得实体判决
23	（2020）皖 06 民初 3 号	赔礼道歉；惩罚性赔偿	获得实体判决

续表

序号	文书案号或案件名称	诉讼请求	获得实体判决情况
24	（2018）皖 08 民初 119 号	惩罚性赔偿；赔礼道歉	获得实体判决
25	（2018）桂 08 民初 27 号	消除危险；赔礼道歉；惩罚性赔偿	获得实体判决（二审法院认为惩罚性赔偿不应作出实体判决）
26	（2020）辽 13 民初 14 号	赔礼道歉	获得实体判决
27	（2018）内 04 民初 92 号	惩罚性赔偿；赔礼道歉	获得实体判决（惩罚性赔偿与罚金抵扣）
28	（2020）浙 08 民初 106 号	赔礼道歉；惩罚性赔偿	获得实体判决
29	（2020）辽 13 民初 10 号	停止侵害（停止销售）；赔礼道歉	获得实体判决
30	（2020）川 32 民初 2 号	惩罚性赔偿；赔礼道歉	获得实体判决
31	（2017）粤 01 民初 384 号	惩罚性赔偿；赔礼道歉	获得实体判决
32	（2019）皖 06 民初 176 号	赔礼道歉	获得实体判决
33	（2020）辽 13 民初 3 号	赔礼道歉	获得实体判决
34	（2019）皖 12 民初 121 号	赔偿损失；惩罚性赔偿；赔礼道歉	获得实体判决
35	（2016）鄂 03 民初 118 号	消除危险（以收回产品、消除食品安全隐患的方式）；赔礼道歉	获得实体判决
36	（2019）皖 06 民初 178 号	赔礼道歉	获得实体判决
37	（2019）辽 13 民初 28 号	停止侵害（停止销售）；赔礼道歉	获得实体判决
38	（2016）吉 01 民初 819 号	赔礼道歉	获得实体判决
39	（2018）内 04 民初 96 号	惩罚性赔偿；赔礼道歉	获得实体判决
40	（2020）鲁 01 民初 440 号	赔礼道歉	获得实体判决
41	（2017）粤 01 民初 387 号	惩罚性赔偿；赔礼道歉	获得实体判决
42	（2018）内 04 民初 100 号	惩罚性赔偿；赔礼道歉	获得实体判决

序号	文书案号或案件名称	诉讼请求	获得实体判决情况
43	（2018）晋 06 民初 36 号	赔偿损失；惩罚性赔偿；赔礼道歉	获得实体判决（未支持赔偿请求）
44	（2019）皖 12 民初 98 号	赔偿损失；惩罚性赔偿；赔礼道歉；支付相关费用（公告费用）	获得实体判决
45	（2020）川 17 民初 130 号	赔礼道歉；惩罚性赔偿	获得实体判决
46	（2019）皖 12 民初 583 号	赔偿损失；惩罚性赔偿；赔礼道歉	获得实体判决
47	（2020）皖 06 民初 95 号	赔礼道歉	获得实体判决
48	（2018）琼 01 民初 882 号	消除危险（以发布公告或其他方式提示危险、以召回产品的方式消除危险）；赔礼道歉；相关费用（专家咨询费用）	获得实体判决
49	（2020）皖 0122 民初 5185 号	惩罚性赔偿；赔礼道歉	获得实体判决
50	（2019）皖 06 民初 181 号	赔礼道歉	获得实体判
51	（2020）皖 0304 民初 2194 号	赔礼道歉；消除危险（以收回产品，由法院销毁的方式）；惩罚性赔偿	获得实体判决（惩罚性赔偿不予支持）
52	（2020）皖 0304 民初 2339 号	赔礼道歉；惩罚性赔偿	获得实体判决
53	（2019）皖 04 民终 1553 号	赔礼道歉；惩罚性赔偿；	获得实体判决（惩罚性赔偿不予支持）
54	（2019）皖 0421 民初 4556 号	赔礼道歉；惩罚性赔偿金	获得实体判决
55	（2019）晋 03 民初 129 号	惩罚性赔偿；消除危险（以发布警示公告的方式）；赔礼道歉	获得实体判决（惩罚性赔偿改为公共利益损害赔偿）
56	（2020）鲁 01 民初 444 号	赔礼道歉	获得实体判决
57	（2016）粤 03 民初 2867 号	赔礼道歉	获得实体判决
58	（2020）川 16 民初 174 号	社会公共利益赔偿损害；消除危险（以发布警示、召回产品的方式）	调解书

续表

序号	文书案号或案件名称	诉讼请求	获得实体判决情况
59	（2019）皖 12 民初 153 号	赔偿损失；惩罚性赔偿；赔礼道歉	调解书
60	（2020）皖 06 民初 4 号	惩罚性赔偿；赔礼道歉	获得实体判决
61	（2019）浙 0192 民初 5464 号	惩罚性赔偿；赔礼道歉；消除危险（在赔礼道歉时，提示危害）	获得实体判决（惩罚性赔偿变为公共利益损害赔偿）
62	（2020）苏 01 民初 62 号	预防、消除危险（以要求告知的方式）；排除妨碍（以提供一键关闭开机广告功能的方式）	获得实体判决
63	（2020）皖 12 民初 526 号	赔礼道歉	获得实体判决
64	（2018）内 04 民初 95 号	惩罚性赔偿；赔礼道歉	获得实体判决
65	（2020）皖 06 民初 130 号	赔礼道歉；惩罚性赔偿	获得实体判决
66	（2018）内 04 民初 99 号	惩罚性赔偿；赔礼道歉	获得实体判决
67	（2017）吉 01 民初 191 号	赔礼道歉	获得实体判决
68	（2019）皖 06 民初 183 号	赔礼道歉	获得实体判决
69	（2020）皖 16 民初 446 号	惩罚性赔偿；赔礼道歉	获得实体判决（惩罚性赔偿改为公共利益损害赔偿）
70	（2019）黔 06 民初 74 号	惩罚性赔偿；赔礼道歉	获得实体判决
71	（2019）苏 02 民初 451 号	赔礼道歉；惩罚性赔偿	获得实体判决
72	（2020）浙 0192 民初 1147 号	消除危险（以发布警示公告，召回产品的方式）；惩罚性赔偿；赔礼道歉	获得实体判决
73	（2020）皖 06 民初 110 号	赔礼道歉；惩罚性赔偿	获得实体判决
74	（2017）吉 05 民初 86 号	赔礼道歉	获得实体判决
75	（2018）内 04 民初 98 号	惩罚性赔偿；赔礼道歉	获得实体判决
76	（2019）川 16 民初 101 号	惩罚性赔偿；赔礼道歉	调解书
77	（2018）冀 01 民初 2053 号	消除危险（以收回并销毁的方式）；赔礼道歉；惩罚性损害赔偿	获得实体判决

续表

序号	文书案号或案件名称	诉讼请求	获得实体判决情况
78	（2020）川 16 民初 175 号	惩罚性赔偿；赔礼道歉	调解书（自愿支付公益损害赔偿金）
79	（2019）皖 06 民初 180 号	赔礼道歉	获得实体判决
80	（2020）川 17 民初 100 号	赔礼道歉；惩罚性赔偿	获得实体判决
81	（2020）皖 06 民初 63 号	赔礼道歉	获得实体判决
82	（2019）皖 0122 民初 1110 号	赔礼道歉	获得实体判决
83	（2020）皖 08 民初 440 号	惩罚性赔偿；赔礼道歉	获得实体判决
84	（2017）粤 01 民初 386 号	惩罚性赔偿；赔礼道歉	获得实体判决（惩罚性赔偿与罚金抵扣）
85	（2018）内 04 民初 93 号	惩罚性赔偿；赔礼道歉	获得实体判决
86	（2020）京 04 民初 32 号	消除危险（以召回已售产品、公布违法事实、提示产品的危害性的方式）；赔礼道歉	获得实体判决
87	（2019）皖 06 民初 182 号	惩罚性赔偿；赔礼道歉	获得实体判决
88	（2020）云 0112 民初 4763 号	惩罚性赔偿；赔礼道歉	获得实体判决
89	（2018）内 04 民初 91 号	惩罚性赔偿；赔礼道歉	获得实体判决
90	（2019）皖 06 民初 175 号	赔礼道歉	获得实体判决
91	（2019）浙 08 民初 549 号	赔礼道歉；惩罚性赔偿；相关费用（公告费）	获得实体判决
92	（2018）新 01 民初 290 号	消除危险（以收回并依法处置的方式）；赔礼道歉	获得实体判决
93	（2019）晋 03 民初 128 号	惩罚性赔偿；赔礼道歉	获得实体判决（惩罚性赔偿改为公共利益损害赔偿）
94	（2018）苏 01 民初 1 号	停止侵害；消除危险（以消除违法获取权限的方式）；消除危险（告知获取权限相关信息并取得同意）	撤诉裁定
95	（2020）皖 06 民初 112 号	赔礼道歉；惩罚性赔偿	获得实体判决

续表

序号	文书案号或案件名称	诉讼请求	获得实体判决情况
96	（2019）浙 08 民初 550 号	赔礼道歉；惩罚性赔偿；相关费用（公告费）	获得实体判决
97	（2020）苏 09 民初 118 号	惩罚性赔偿；赔礼道歉	获得实体判决（惩罚性赔偿改为公共利益损害赔偿）
98	（2017）粤 01 民初 445 号	停止侵害；消除危险（以专款专用、第三方监管、向消费者披露、免押金服务的方式）；赔礼道歉；相关费用（公证费、律师费）	获得实体判决
99	（2020）鲁 15 民初 11 号	赔礼道歉；惩罚性赔偿	获得实体判决
100	（2017）粤 19 民初 95 号	赔礼道歉；赔偿损失	获得实体判决（一审赔偿请求未予支持，二审支持）
101	（2018）内 04 民初 97 号	惩罚性赔偿；赔礼道歉	获得实体判决
102	（2018）冀 01 民初 1212 号	消除危险（以回收并销毁的方式）；赔礼道歉；惩罚性损害赔偿	获得实体判决
103	（2020）皖 06 民初 131 号	赔礼道歉；惩罚性赔偿	获得实体判决
104	（2020）皖 06 民初 5 号	惩罚性赔偿；赔礼道歉	获得实体判决
105	（2019）皖 06 民初 179 号	惩罚性赔偿；赔礼道歉	获得实体判决
106	（2018）内 04 民初 94 号	惩罚性赔偿；赔礼道歉	获得实体判决
107	（2020）皖 06 民初 2 号	赔礼道歉	获得实体判决
108	（2019）苏 02 民初 585 号	惩罚性赔偿；赔礼道歉	获得实体判决
109	（2016）京 04 民初 94 号	停止侵害（停止生产销售）；消除危险（消除违法、违规产品安全风险）；确认"欺诈行为"；相关费用	调解书
110	2019 广东消委会诉某公司优惠票价案（广州法院弘扬社会主义核心价值观十大典型案例）	停止侵害（停止以身高限制未成年人享受票价优惠）；赔礼道歉	撤诉裁定

续表

序号	文书案号或案件名称	诉讼请求	获得实体判决情况
111	2018 海口市检察院诉某公司生产销售不合格饮品案（最高人民检察院公益诉讼典型案例）	停止侵害,消除危险(以召回产品的方式);赔礼道歉;相关费用(专家咨询费)	获得实体判决
112	（2018）沪 03 民初 24 号	相关费用(销毁处置费用);惩罚性赔偿;赔礼道歉	获得实体判决(赔偿请求未予支持)
113	（2015）沪一中民一(民)初字第 9 号	预防、消除危险(以明示告知的方式);排除妨碍(以提供卸载途径的方式)	撤诉裁定
114	（2015）沪一中民一(民)初字第 10 号	预防、消除危险(以明示告知的方式);排除妨碍(以提供卸载途径的方式)	撤诉裁定
115	（2016）苏 01 民初 2034 号①	确认无效	撤诉裁定

第二节　我国消费民事公益诉讼
请求实践的不足

在前述实证分析的基础上,探讨我国消费民事公益诉讼请求的不足并对此进行总结和反思,是加强制度保障的现实依据。经过由表及里的分析,可知诉讼请求之逻辑起点的异化倾向、请求权类型的适用乱象以及实体判决必要性和实效性不足的程序瑕疵共同构成了我国消费民事公益诉讼请求的实践困境。

---

① 裁判文书未显示具体的诉讼请求,本案诉讼请求内容来源于典型案件公告。参见《江苏法院 2016 年度十大典型案例之四:江苏省消费者协会诉南京水务集团有限公司消费民事公益诉讼案》,2017 年 1 月 17 日,见 https://www.pkulaw.com/pal/a3ecfd5d734f711dbd2424df-dc3f06ac59453144df4fe537bdfb.html。

一、逻辑起点的异化倾向

我国消费民事公益诉讼请求之逻辑起点存在着非公共利益的异化表现。[①] 公益性是公益诉讼请求的本质特点,消费民事公益诉讼请求的逻辑起点是主观层面的消费公共利益。然而样本显示,我国消费民事公益诉讼请求之逻辑起点存在三种非公共利益化倾向。

一是将消费民事公益诉讼请求之逻辑起点异化为人数相对特定的众多消费者利益。如前所述,作为消费民事公益诉讼请求之逻辑起点的消费公共利益应当是一种主观意义上的公共利益。只有在不特定多数实际性消费者、潜在性消费者或整体性消费者的公共性权利受到侵害或存有侵害危险时,才能作为消费民事公益诉讼请求的提起原因。就不特定多数实际性消费者而言,需要满足人数难以特定或是不具有特定可行性的条件。然而司法实践中,却存在着将人数相对特定的众多消费者利益纳入消费公共利益的范畴,并提起消费民事公益诉讼请求的情形。例如,在"安徽省淮北市人民检察院诉范某某制作销售不合格馒头案"(表5-4 107号案件)中,市场监管部门的执法人员对某矿业有限公司二楼食堂进行检查时,发现范某某食堂当日加工的馒头中铝含量超标。原告认为范某某的行为侵害了公共利益,提起诉讼请求要求被告赔礼道歉。[②] 该案中,被告的行为将给在单位食堂就餐的人员造成现实侵害,如果不加以制止损害还会造成持续性的潜在危险。但是依据常理来看,单位食堂的就餐人员主要是本单位的工作人员,因而人数相对特定,不存在难

---

① "异化"一词在哲学领域内多指劳动的异化,用来描述某种不满或无意义的状态。此处用来阐释消费民事公益诉讼请求逻辑起点在司法实践中的非公共利益化弊病。参见肖恩·塞尔斯:《马克思〈1844年经济学哲学手稿〉中的"异化劳动"概念》,高雯君译,《当代国外马克思主义评论》2008年第1期。

② 参见《安徽省淮北市人民检察院与范中庭公益诉讼案一审民事判决书》,(2020)皖06民初2号。

以特定或不具有特定可行性的情况。即使人数不能特定,由于该案已经过市场监管部门的处理,危害行为应当已经停止,不具有继续侵害的危险。在此情况下,将众多消费者的合法利益解释为消费民事公益诉讼请求之逻辑起点是对消费公共利益的一种异化。

二是直接将消费民事公益诉讼请求之逻辑起点异化为纯粹的私人利益。消费公共利益与私人利益密切相关,但是二者绝对不相等同。样本范围内,不少案件存在着将消费公共利益异化为消费者个人利益,为消费者个人损失提起诉讼请求的情形。例如,在"广东消委会诉悦骑公司退还押金案"(表5-4 98号案件)中,被告拖延退还单车租赁押金的行为,侵害了单车租赁消费者的合法权益,同时也可能对潜在性消费者以及整体消费者的合法权益造成损害。于是原告提起消费民事公益诉讼请求,要求原告按照约定向消费者退还押金。①由于该案存在公共利益属性,所以具有适用消费民事公益诉讼程序的正当性。但是原告提起的要求被告返还受害者押金的诉讼请求,却并非出于对消费公共利益的救济和保障初衷,而是为了补救受害消费者的个人押金损失。显然,这一做法已经将消费民事公益诉讼请求之逻辑起点异化为纯粹的消费者个人利益。

除此之外,还有不少消费民事公益诉讼案件将赔偿款分配给消费者个人,用于弥补消费者的个人利益损害,致使消费民事公益诉讼请求的逻辑起点发生私益化。如,在"广东省消委会提起的生产和销售假盐公益诉讼案"中,惩罚性赔偿款暂由法院托管。3年诉讼时效之后,未被领取的剩余赔偿款上缴国库。② 还有的公益诉讼案件中,惩罚性赔偿金被纳入专门的公益基金,用于对受害群众进行赔偿。③以上情况说明,我国消费民事公益诉讼请求在运行实

---

①　参见《广东省消费者委员会与广州悦骑信息科技有限公司公益诉讼案一审民事判决书》,(2018)粤01民初445号。

②　参见冯海宁:《赔偿性公益诉讼提振消费者信心》,《浙江人大》2018年第6期。

③　参见《中央依法治国办联合相关部门发布食药监管执法司法典型案例》,《人民法院报》2020年1月1日。

践中还存在着将公共利益与个人利益相混淆的问题。

　　消费民事公益诉讼请求之逻辑起点的异化会造成诸多影响。毋庸置疑，消费公共利益、消费者个人利益都具有应然的司法保护价值。但是对消费公共利益的异化解释却会造成对现有救济制度的混乱适用，对消费者个人诉权的不当侵害以及对程序公正价值的严重破坏等不利后果。一是对现有救济制度的混乱适用。不同的利益内容设有不同的救济制度。人数特定的众多消费者利益受损应当通过代表人诉讼制度予以救济。消费者个人利益损害应当按照传统私益诉讼制度加以救济。而消费公共利益损害则应通过消费民事公益诉讼制度予以救济。尽管代表人诉讼和私益诉讼程序可能会受到诉讼动力、诉讼成本等问题的限制无法充分发挥司法价值，但也不能直接由消费民事公益诉讼取而代之。二是对消费者个人诉权的不当损害。民事诉权是法律赋予民事主体的获得司法保护的权利。国家应当保障当事人依法享有诉权，不受其他人干涉或限制。公益诉讼原告在未经消费者授权的情况下，提起以消费者个人利益救济为目标的诉讼请求，即便会有益于消费者实体权利的保障，但也同时构成了对消费者个人诉权的不当侵害。理论上，实体权利与诉权同样重要，并不存在以救济实体权利为目的而侵害个人诉权的合理性。三是对程序公正价值的严重破坏。消费民事公益诉讼程序具有较强的职权色彩，而私益诉讼程序更加强调"武器对等"和"平等对抗"。将消费民事公益诉讼请求的逻辑起点异化为私人利益，意味着借用检察机关以及消费者协会的优势力量，在职权色彩浓厚的公益诉讼程序中对消费者的个人利益进行救济。就此从被告视角来看，容易构成对被告的程序不公。

　　消费民事公益诉讼请求逻辑起点的异化根源在于立法规范的不成熟、法律解释的片面性以及消费者群体利益救济通道的堵塞。

　　立法规范的不成熟是消费民事公益诉讼请求逻辑起点异化的立法原因。根据《民事诉讼法》第58条的规定，消费民事公益诉讼请求的逻辑起点是"与众多消费者合法权益"相关的社会公共利益。而根据《消费公益诉讼解释》

第1条的规定,消费民事公益诉讼请求的逻辑起点是与"不特定多数消费者合法权益"或是与"消费者人身安全、财产安全"相关的社会公共利益。① 由此可知,立法的原则化规定以及司法解释的区别化规定,是消费民事公益诉讼请求之逻辑起点异化的重要原因。

法律解释的片面性是消费民事公益诉讼请求逻辑起点异化的司法原因。司法对于法律规范的片面认识和不当解释,致使消费公共利益异化为消费者的众人利益和个人利益。按照文义解释,《民事诉讼法》第58条中关于"侵害众多消费者合法权益"的规定,只是消费公共利益的行为表达,"损害社会公共利益"的结果才是消费民事公益诉讼请求的根本原因。按照体系解释和目的解释,消费公益诉讼应以社会正义为追求,以消费公共利益的全面维护为目标。片面的或者不当的扩大化解释致使消费公共利益等同于消费者众人利益或个人利益,由此造成了消费民事公益诉讼请求逻辑起点的异化。

消费者群体利益救济通道的堵塞是消费民事公益诉讼请求逻辑起点异化的制度原因。我国早在1991年的《民事诉讼法》中就规定了代表人诉讼。② 代表人诉讼制度吸收了集团诉讼和当事人选定制度的优势,对于群体性纠纷的解决具有积极意义。然而自该制度实施以来,却一直备受冷落。司法实践中,人数确定的代表人诉讼虽有所适用,但是总体数量却在下降,而人数不确定的代表人诉讼则是踪影难觅。③ 代表人诉讼制度的"销声匿迹"说明受到损

---

① 《中华人民共和国民事诉讼法》(2023年修订版)第58条、《消费公益诉讼解释》第1条。具体论证详见本章第一节第一部分(二)1"立法的原则化问题"和3"立法的区别化问题"相关内容。

② 1991年《中华人民共和国民事诉讼法》第58条规定,诉讼标的是同一种类、当事人一方人数众多在起诉时人数尚未确定的,人民法院可以发出公告,说明案件情况和诉讼请求,通知权利人在一定期间向人民法院登记。向人民法院登记的权利人可以推选代表人进行诉讼;推选不出代表人的,人民法院可以与参加登记的权利人商定代表人。代表人的诉讼行为对其所代表的当事人发生效力,但代表人变更、放弃诉讼请求或者承认对方当事人的诉讼请求,进行和解,必须经被代表的当事人同意。人民法院作出的判决、裁定,对参加登记的全体权利人发生效力。未参加登记的权利人在诉讼时效期间提起诉讼的,适用该判决、裁定。

③ 参见章武生、杨严炎:《我国群体诉讼的立法与司法实践》,《法学研究》2007年第2期。

害的消费者众人利益难以得到有效救济。正因为如此,众人利益救济需求涌入消费民事公益诉讼程序,致使消费民事公益诉讼请求逻辑起点异化。

二、请求权类型的适用乱象

请求权是消费民事公益诉讼请求的本体内容和依据所在。根据消费民事公益诉讼司法实践来看,各类请求权的适用存在着比重失调、认识混乱以及矫枉过正的问题。

一是各类请求权比重失调,呈现两极化状态。司法实践中,各类请求权适用的两极化情况特别明显地体现在赔礼道歉请求和惩罚性赔偿请求的高频率适用,以及确认型请求的极少数适用情况中。样本范围内,数量最多的赔礼道歉请求和惩罚性赔偿请求分别占到样本案件总数的94%和62%,而确认型请求仅出现在2起案件中,占案件总数的1.7%。上述情况说明,实践中消费民事公益诉讼请求主要依据赔礼道歉请求权和惩罚性赔偿请求权提起,而确认请求权等其他类型的请求权并没有得到充分适用。这与司法解释明确规定确认型请求权,而未明确惩罚性赔偿请求权的立法现状形成鲜明对比。① 就功能而言,赔偿型请求权主要发挥救济功能,确认型请求权主要发挥私益支持功能。确认请求的极少数适用间接表明,我国消费民事公益诉讼的私益支持功能尚未充分发挥。

二是赔偿型请求权认识混乱,适用不一。如前所述,相比其他类型的诉讼请求,赔偿型请求在司法实践中适用较多,其数量仅次于赔礼道歉请求。但样本也同时显示,不同案件对赔偿型请求权的理解并不一致。在提起赔偿损失

---

① 《公益诉讼办案规则》第98条虽然明确规定了惩罚性赔偿请求权,但是该司法解释于2021年7月1日起开始实施,而本书统计的案例发生于2021年1月1日前,所以在案件发生时并不存在明确的惩罚性赔偿请求权的法律依据。

的诉讼请求中,有的理解为是"价款损失赔偿"(如表5-4 18 号案件)、①有的解释为"利润款赔偿"(如表5-4 100 号案件)。② 就惩罚性赔偿请求权而言,有的将其等同于私益诉讼中的惩罚性赔偿请求权予以适用(如表5-4 1 号案件),有的将其理解为公共利益损害赔偿,也按照私益诉讼惩罚性赔偿的赔偿标准予以适用(如表5-4 58 号案件)。③ 由此说明,尽管赔偿型请求权已经广泛适用,但是却存在着认识与适用上的混乱弊病。

　　三是惩罚性赔偿请求权的适用存在着矫枉过正的问题。惩罚性赔偿请求权的矫枉过正问题主要体现在个别案件对惩罚性赔偿的过度适用上。例如,在"安徽省淮北市人民检察院诉王某粉皮加工坊侵权责任案"(表5-4 22 号案件)中,法庭调查显示王某销售不合格粉皮收入金额 500 元,盈利 100 元。被告先是被行政主管机关处以没收违法所得 100 元,罚款 30000 元,之后又在刑事诉讼程序中被判处拘役 2 个月,罚金 20000 元。此时,王某已经为其不法经营行为负拘役 2 个月、罚款等费用共计 50100 元的责罚。然而在由检察机关发起的消费民事公益诉讼程序中,王某再次被罚,被判处按销售金额的 10 倍,缴纳惩罚性赔偿款 5000 元。④ 此案中,不法经营者的违法行为早已停止。警示不法经营者不敢再犯之惩戒目的,其实已在刑事诉讼和行政执法中得以实现。消费民事公益诉讼惩罚性赔偿请求的过度适用,致使惩罚性赔偿请求权变成矫枉过正的报复性工具。

　　消费民事公益诉讼中请求权的适用乱象造成了我国消费民事公益诉讼制度功能的局限和制度功能的质变。一是关于制度功能的局限。如前所述,请

---

　　①　参见《安徽省颍上县人民检察院与孙亮一审公益诉讼案民事判决书》,(2019)皖 1226 民初 5114 号。

　　②　参见《广东省东莞市人民检察院与张森彬等公益诉讼案一审民事判决书》,(2017)粤 19 民初 95 号。

　　③　参见《四川省广安市人民检察院与谭皓月等公益诉讼案一审民事调解书》,(2020)川 16 民初 174 号。

　　④　参见《安徽省淮北市人民检察院与濉溪县刘桥王标粉皮加工坊公益诉讼案一审民事判决书》,(2020)皖 06 民初 133 号。

求权的救济目标源于消费民事公益诉讼的制度功能。依适用目的来看,消费民事公益诉讼制度应当发挥公益预防、公益救济和私益支持的功能。赔偿损失请求权具有弥补公益性损失的救济效果,惩罚性赔偿请求权具有威慑不法经营者和警示其他经营者的效果,确认欺诈等关键事实确认请求权具有支持私益的特别效果。赔偿型请求权的广泛适用固然可以在救济财产性损失与行为预防方面展现优势,但是却无法填补确认型请求权所能够发挥的私益支持作用。赔偿型请求权和确认型请求权的两极化适用致使消费民事公益诉讼制度功能失衡。如此,既不利于预防功能的更好发挥,也限制了私益支持功能的正常实现。二是关于消费民事公益诉讼制度功能的质变。毋庸赘言,预防功能是消费民事公益诉讼制度的重要功能,消费民事公益诉讼中惩罚性赔偿请求权的适用应重点定位于惩罚遏制和预防功能的发挥。研究表明,有效的惩罚会加强各方合作,提高整体效益。而无效的惩罚会降低个人和团体的总体收益。[①] 然而,司法实践中惩罚性赔偿的不当解释和过度适用致使惩罚性赔偿请求权演化为一种报复性手段。众所周知,民事公益诉讼辐射范畴广泛。在消费民事公益诉讼中不当套用私益诉讼中的惩罚性赔偿标准,会成倍增加惩罚性赔偿的惩戒力度,甚至使其演化为一种报复性惩罚。诚然,报复性惩罚能够极大地促进消费民事公益诉讼制度预防功能的充分发挥,但是同时也会造成对不法经营者的"超负荷惩治"。如此,不仅无益于企业技术的革新以及行业发展水平的提升,而且是对社会整体利益的折损,有违于消费民事公益诉讼维护消费公共利益的制度初衷。

案件适用领域的局限性、请求权规范的区别化和原则化、司法审查的不充分和赔偿标准的不当选择共同造成我国消费民事公益诉讼中各类型请求权的适用乱象。

案件适用领域的局限性促成了消费民事公益诉讼中各类请求权的两极化

---

① Martijn Egas,Arno Riedl,"*The economics of altruistic punishment and the maintenance of cooperation*",Proceedings of the Royal Society B:Biological Sciences,2008,p.877.

适用。根据实证分析可知,相比消费者协会公益诉讼而言,检察消费民事公益诉讼案件在数量上占有绝对优势。有学者将这种现象解释为"公益诉讼的国家化"趋势。① 另外如前所述,相关司法解释将检察消费民事公益诉讼案件限定于食药安全领域。综合上述两方面原因,我国消费民事公益诉讼案件主要出现在食药安全领域,而诉讼请求的类型也多数是针对不特定多数消费者身体健康、生命安全和财产安全而提起的赔礼道歉请求和赔偿型请求,很少有基于格式条款而提起的确认请求权。可以说,适用领域的局限性导致案件类型受限,造成了我国消费民事公益诉讼中各类请求权的两极化适用现状。

请求权规范的区别化和原则化是赔偿型请求权之适用乱象的主要原因。我国相关立法对消费民事公益诉讼请求权的规定并不完善,其中既有区别化的不一致规定,又有原则化的笼统性规定。《公益诉讼实施办法》(已失效)第16条规定了赔偿损失的请求权,但是《消费公益诉讼解释》第13条未明确规定赔偿损失请求权,只是在第17条和第18条中规定了相关费用请求权。2021年7月开始实施的《公益诉讼办案规则》第98条虽然明确规定了赔偿损失和惩罚性赔偿请求权,然而该法也仅是作了笼统性的规定,并未对赔偿请求的适用规则进行详细说明。② 区别化与原则化的规范内容致使赔偿型请求权的适用依据不明确,这也成为司法实践中赔偿型请求权个案表现相异、呈不同面貌的主要原因。

司法审查的不充分和赔偿标准的不当选择是惩罚性赔偿请求权演变为报复性惩罚工具的直接原因。一方面是法官在对惩罚性赔偿请求权作出实体判决之前,忽略对其适用必要性的审查。理论上,在威慑预防目的已经实现的情况下,惩罚性赔偿请求权就不再具有适用的必要性。然而裁判文书显示,很少有法官会对必要性相关内容进行充分说理。另一方面,惩罚性赔偿的适用几

---

① 陈杭平、周晗隽:《公益诉讼"国家化"的反思》,《北方法学》2019年第6期。
② 《公益诉讼实施办法》(已失效)第16条、《消费公益诉讼解释》第13条、《公益诉讼办案规则》第98条。具体论证见本章第一节第一部分(二)3"立法的区别化问题"相关内容。

乎完全根据既有法律规定,套用私益诉讼中的赔偿标准,按照支付价款或服务费用 3 倍、10 倍的方式计算惩罚性赔偿数额。[①] 上述惩罚性赔偿的赔偿标准是私益诉讼起诉概率和胜诉可能性的合理化产物,并不能完全适用于消费民事公益诉讼中。总之,司法审查的不充分和赔偿标准的不当选择致使消费民事公益诉讼惩罚性赔偿请求权出现矫枉过正的适用问题。

三、实体判决必要性和实效性不足的程序瑕疵

消费民事公益诉讼请求的适法资格源于诉讼请求获得法院实体判决的必要性和实效性。然而实践表明,我国消费民事公益诉讼请求存在必要性和实效性不足的问题。

一是必要性不足。根据诉的利益理论,如果诉讼请求内容已经实现或是无须经过诉讼即可以实现,那么就不具有获得法院实体判决的必要性。在本书的样本案件中,不少案件中存在着必要性不足的情况。例如,在"辽宁省朝阳市人民检察院诉张某某非法销售鼻炎灵滴鼻液案"(表 5-4 29 号案件)中,张某某非法购进鼻炎灵滴鼻液 110 盒,对外销售 60 盒,其余自用或送人。法院作出刑事判决之后,原告另行提起诉讼请求要求被告停止销售、赔礼道歉。

---

① 《中华人民共和国消费者权益保护法》第 55 条第 1 款规定,经营者提供商品或者服务有欺诈行为的,应当按照消费者的要求增加赔偿其受到的损失,增加赔偿的金额为消费者购买商品的价款或者接受服务的费用的 3 倍;增加赔偿的金额不足 500 元的,为 500 元。法律另有规定的,依照其规定。《中华人民共和国食品安全法》第 148 条第 2 款规定,生产不符合食品安全标准的食品或者经营明知是不符合食品安全标准的食品,消费者除要求赔偿损失外,还可以向生产者或者经营者要求支付价款 10 倍或者损失 3 倍的赔偿金;增加赔偿的金额不足 1000 元的,为 1000 元。但是,食品的标签、说明书存在不影响食品安全且不会对消费者造成误导的瑕疵的除外。《最高人民法院关于审理食品药品纠纷案件适用法律若干问题的规定》规定,生产不符合安全标准的食品或者销售明知是不符合安全标准的食品,消费者除要求赔偿损失外,依据食品安全法等法律规定向生产者、销售者主张赔偿金的,人民法院应予支持。生产假药、劣药或者明知是假药、劣药仍然销售、使用的,受害人或者其近亲属除请求赔偿损失外,依据药品管理法等法律规定向生产者、销售者主张赔偿金的,人民法院应予支持。

判决书显示,张某某对所述事实均已认可,并且表示同意赔礼道歉,法院依此作出支持判决。① 事实上,经过刑事判决,被告的非法销售行为已经停止,停止侵害请求的目的已经实现。而且裁判文书显示,被告也同意进行赔礼道歉。在此情况下,利用消费民事公益诉讼对上述两项请求进行审判就不具有十分的必要性。此外,实践中还有不少案件中只提起一项请求,即赔礼道歉请求。② 而且其中部分裁判文书显示,被告对于赔礼道歉诉讼请求并无异议。③ 一般来说,食药安全领域的民事公益诉讼大多都经过了刑事审理程序,而且整个过程中不乏相关行政管理部门和消费者协会的参与。按常理来看,在检察机关依法提起诉讼之前,不法经营者很可能已经受到或者正要受到刑事罚金、有期徒刑等刑事惩罚,经历了行政罚款、责令停止营业等行政执法过程,也可能经过了由消费者协会主持的调查和调解。虽然公共性的消费精神利益需要通过赔礼道歉得到救济,但是这一完全可以通过非诉解决的请求内容,就没必要另行启动成本昂贵的消费公益诉讼程序。总之,将不必有审判必要的诉讼请求引入消费民事公益诉讼的做法,并不具有程序适用的正当性。

二是实效性不足。实效性要求法院对诉讼请求的实体判决应当具有现实性和实际意义。样本裁判文书显示,部分法院在处理消费公益诉讼案件时,存在轻视和忽略判决之实际效果,片面追求判决之文字效果的问题。以"广西贵港市人民检察院诉梁某某等人销售假冒伪劣食盐案"(表 5-4 25 号案件)为例。该案中,被告于 2014 年 2 月至 7 月间,曾购买某品牌假冒碘盐,批发或

---

① 参见《辽宁省朝阳市人民检察院与张国芳公益诉讼案一审民事判决书》,(2020)辽 13 民初 10 号。

② 表 5-4 2 号、10 号、13 号、16 号、26 号、32 号、33 号、36 号、38 号、40 号、47 号、50 号、56 号、57 号、63 号、67 号、68 号、74 号、79 号、81 号、82 号、90 号、107 号案件。

③ 例如在表 5-4 案件中,被告辩称:"起诉书所述的事实我都认可,我同意检察机关的起诉意见,同意在国家级报纸上公开赔礼道歉。"参见《辽宁省朝阳市人民检察院与初涛等公益诉讼案一审民事判决书》,(2020)辽 13 民初 3 号。又如在表 5-4 56 号案件中,被告辩称:"对济南市检察院起诉其销售涉案减肥药的事实没有异议,现知错悔错,愿意按照起诉要求在全国主流媒体上赔礼道歉,并保证今后加强法律学习,做遵纪守法的好公民。"参见《山东省济南市人民检察院与马相峰等公益诉讼案一审民事判决书》,(2020)鲁 01 民初 444 号。

零售给本镇各小店或周边的街坊居民。此案于 2015 年经过刑事一审,2016 年进行刑事二审。后又经公告等诉前程序提起消民事公益诉讼,并在经历一审、二审程序后,于 2019 年 8 月作出终审判决。根据原告的诉讼请求,法院判决要求被告于判决生效之日起的一个月内,收回并依法处置已流入消费市场但未被食用的假冒盐品。① 按照常识,食盐保质期一般为 3 年左右。该案发生于 2014 年,最终判决时间为 2019 年 8 月。除去从生产到销售所花费的必要时间,当本案实体判决生效之时,上述食盐至少已经存放了 5 年半或者更久的时间。对于普通消费者来说,食盐属于日常消耗品。收回并且销毁存放 5 年以上还未被食用的食盐几乎不具有现实可能性。事实上,法院也无法对执行结果作出切实有效的强制性保障。因此可以说,上述相关诉讼请求的实体判决结果更多的是在文字意义上彰显社会正义,而不具有任何实质性意义。在这种情况下,相关主体完全可以通过其他类型的请求,比如说金钱赔偿等替代性方案予以纠正或是通过诉前保全等方式增强诉讼请求的可实现性。总之,实效性不足的实体判决极大地削弱了消费民事公益诉讼的程序正当性和程序价值。

　　消费民事公益诉讼请求之实体判决的必要性和实效性不足将会造成两方面的程序弊病。其一,将不具有必要性和实效性的诉讼请求纳入法院实体判决的范畴之内,其实是一种"实用"有余,而"理性"不足的程序观。诚如张卫平教授所言,民事诉讼的各种价值具有紧张关系,制度构建时必须注意妥当处理各类关系,在程序工具价值和独立价值之间寻求衡平。② 只注重消费民事公益诉讼的工具价值,而忽略其内在所具有的效益、公正价值,会使得消费民事公益诉讼演化为一种没有内在理性的程序工具,丧失诉讼程序的独立价值。

---

　　① 参见《广西贵港市人民检察院与梁耀平等公益诉讼案一审民事判决书》,(2018)桂 08 民初 27 号;《广西贵港市人民检察院与梁耀平等公益诉讼案二审民事判决书》,(2019)桂民初 227 号。

　　② 参见张卫平:《双向审视:民事诉讼制度建构的实体与程序之维》,《法制与社会发展》2021 年第 2 期。

其二,不具有必要性和实效性的诉讼请求同时也是对被告合法权益的不当侵害。原告提起诉讼请求的行为不仅指向法院,而且指向被告。诉讼系属一旦形成就意味着被告须要进入诉讼程序,而且还要针对原告的权利主张和事实主张进行抗辩。原告诉权滥用的行为会对被告的正常生活秩序造成不当干扰,使其进入无意义的诉讼程序并且承受额外的诉累。在适用最多的食药安全领域消费民事公益诉讼中,除民事责任以外,被告的不法经营行为一般还会面临刑事和行政等多重责任。倘若原告的诉讼请求已经实现或是已经获得被告的认诺,就不应启动消费民事公益诉讼程序。否则,既是对法院诉讼资源的不当浪费,同时也构成了对被告的程序干扰。

程序设置的不完善、诉权履行的不充分、行政救济的不彻底以及法院审查职能的不全面是我国消费民事公益诉讼请求实体判决之必要性和实效性问题的主要原因。

一是程序设置的不完善。诉前公告程序和诉前的反映、调查、调解等规定是关于消费民事公益诉讼程序的适用要求。《检察公益诉讼解释》第 13 条第 1 款规定,人民检察院提起消费民事公益诉讼请求之前要依法公告 30 日。①《消费公益诉讼解释》第 4 条明确,消费者协会需要在起诉前完成反映、查询、建议以及调查、调解等前置程序事宜。② 然而事实表明,上诉程序性要求应得到进一步的完善和加强。司法解释要求检察机关于诉前进行公告,但却缺少对各起诉主体之间的通力协作要求,致使诉前公告程序在很大程度上被流于形式。另外,虽然司法解释规定消费者协会于诉前对相关争议进行调查和非诉处理,但却并未对此作强制性要求。如此,不仅降低了消费民事公益诉讼请求于诉前解决的可能性,同时也无益于实体判决之必要性和实效性的提升。

---

① 《检察公益诉讼解释》第 13 条第 1 款规定,人民检察院在履行职责中发现破坏生态环境和资源保护,食品药品安全领域侵害众多消费者合法权益,侵害英雄烈士等的姓名、肖像、名誉、荣誉等损害社会公共利益的行为,拟提起公益诉讼的,应当依法公告,公告期间为 30 日。
② 《消费公益诉讼解释》第 4 条第三项、《消费者权益保护法》第 37 条第四项或者第五项。具体论证详见本章第一节第一部分(一)3"关于实体判决要件的立法情况"相关内容。

二是诉权履行的不充分。样本裁判文书显示,检察机关一般都会在诉前进行形式性公告,极少数案件中也会向消费者协会发出起诉建议。然而消费者协会对于检察机关的公告内容或起诉建议并不总是十分积极。例如在收到检察机关的起诉建议后,有的消费者协会回函不起诉。在"河北省衡水市人民检察院诉韩某某销售不符合安全保健品案"(表5-4 17号案件)中,检察机关依法进行诉前公告,同时向河北省消费者协会发出检察建议书,但消费者权益保护委员会回函决定不起诉。① 有的消费者协会虽然作出了肯定性回复,但却不展开实质性工作。在"广东省东莞市人民检察院诉张某某等生产和销售不符合安全标准的猪肉案"(表5-4 100号案件)中,检察机关向广东省消费者委员会发出起诉建议,同时在《检察日报》发出公告。广东省消费者委员会回应将在一个月内依法办理,但经过半年多时间仍未进行实质性的起诉工作,于是检察机关提起了诉讼。② 检察机关公告程序的形式化以及消费者协会公益诉权的不积极履行,表明各适格主体之间缺少必要的通力协作,不利于消费民事公益诉讼程序效果的充分发挥。

三是行政救济的不彻底。行政执法手段是制止公共利益侵害行为的最有效方式,消费民事公益诉讼的提起应以穷尽行政执法手段为前提。样本裁判文书显示,实践中除少数案件以外,③大量案件存在着行政执法救济不充分的情况。特别是在不少案件中,行政执法机关只是承担着检察公益诉讼的配合和辅助工作,通过行政执法手段救济公共利益的主动性不强。如果市场监督

---

① 参见《河北省衡水市人民检察院与韩国瑞公益诉讼案一审民事判决书》,(2020)冀11民初25号。
② 参见《广东省东莞市人民检察院与张森彬等公益诉讼案一审民事判决书》,(2017)粤19民初95号。
③ 如在"海口市检察院诉某公司生产销售不合格饮品案"中,被告公司自2015年以来,多次被查出铜绿假单胞菌、菌落总数、霉菌等项目不符合国家食品安全标准要求,并被认定为不合格产品。为此,海口市食品药品监督管理局已经先后对其作出5次行政处罚。但是该公司生产的不合格包装饮用水每年均销往海南多个市县,销售数量大,对广大消费者的身体健康构成潜在危害,仍需提起民事公益诉讼。参见《最高人民检察院发布26件公益诉讼典型案例》,2019年10月10日,见 http://fzzfyjy.cupl.edu.cn/info/1075/11263.html。

局在行政执法阶段,利用警示、罚款、责令停止营业等执法手段就能够制止不法侵害行为,或救济公共利益,就不必要启动消费民事公益诉讼。行政救济不足便提起消费民事公益诉讼请求,不仅会助增"懒政"或"不作为"的现象,还会打破行政权和司法权之间应有的权力界限。总之,行政救济不彻底也是消费民事公益诉讼请求实体判决之必要性和实效性问题的主要原因之一。

四是法院审查职能的不全面。由于原告的公益性诉权是由立法直接赋予,而非基于直接利害关系理论,所以原告利益与公共利益并非总是一致。当原告所提诉讼请求不能充分维护或救济公共利益时,就需要强化法官的职权保障。样本裁判文书显示,很少有法院会就判决的必要性和实效性进行充分说理。而且样本案例中很少出现由于原告诉讼请求不充分而被释明,并要求其变更诉讼请求的情况。在"广东消委会诉李某某等生产、销售病死猪案"(表5-4 20号案件)中,被告指出消费者协会未能提供履行前置程序的证明资料时,法官则认为履行该程序并非提起消费民事公益诉讼的必要前置条件(虽然法院作出说明,认为原告在事实上履行了相关职责)。① 上述相关情况侧面反映了法官对相关问题的认识分歧,同时也说明了法官对实体判决要件审查不足的现实状况。尽管不能一概而论,但是某种程度上可以说明我国消费民事公益诉讼中法院的审查职能尚未充分发挥。审查不全面是造成消费民事公益诉讼请求之必要性和实效性问题的程序原因。

四、总结

根据规范分析可知,我国消费民事公益诉讼请求实践展开的立法基础已经基本形成。然而实证分析同时表明,逻辑起点的异化倾向、请求权类型的适用乱象以及实体判决之必要性和实效性不足的程序瑕疵成为我国消费民事公

---

① 参见《广东省消费者委员会与李华文等公益诉讼案一审民事判决书》,(2017)粤03民初547号。

益诉讼请求司法实践的现实弊病。上述困境的存在说明,仅依靠现有立法之原则化、区别化和碎片化的规范基础,无法为消费民事公益诉讼请求的理性化运行提供充分的制度保障支持。

深层透视而论,问题的本质在于现有法律规范与规范出发型裁判构造之间的供需失衡,诉讼程序与诉的利益之间的不相适配性以及群体权利救济通道堵塞和消费民事公益诉讼功能局限导致的制度罅隙。其一,规范出发型的裁判构造下,消费民事公益诉讼请求的提出、审理与裁判应以必要且充分的法律规范为基本条件。诚如季卫东教授所言,当法官不能适用普遍性的法律,而是通过大胆的"解释"进行法律创造。那么怎样保证这种司法性立法的正当性、防止恣意?[1] 法律规范不能满足规范出发型裁判构造的适用需求是司法实践问题的立法根源。其二,法院的实体判决必须具有诉的利益,诉的利益以诉讼程序的合理设置以及诉权和审判权的正当行使为前提。突破诉的利益适用消费民事公益诉讼程序,虽然也能够发挥消费公共利益保障的功能,但是却不利于社会整体利益的推进,同时也是对消费民事公益诉讼程序独立价值的贬损。其三,简单的嫁接方式,无法在真正意义上填补消费者群体利益救济的制度罅隙。直接将私益性质的消费者权利请求嫁接于消费民事公益诉讼中的做法,不仅面临着计算分配的难题,而且也将带来救济制度混乱、程序正义扭曲以及司法公信力丧失等新的司法问题。因此,在消费民事公益诉讼中谋求消费者群体利益的救济和保障,不应是功利性的简单选择,而应是结合消费民事公益诉讼请求相关理论要求而作出的整体制度安排。

深层问题的客观存在是我国民事公益诉讼请求实践问题的主要症结,同时也是对消费民事公益诉讼请求实践运行提供制度化保障的根本缘由。我国消费民事公益诉讼请求之制度化保障的必要性和紧迫性彰显。只有从根本上

---

[1] 季卫东:《正义思考的轨迹》,法律出版社 2007 年版,第 223 页,转引自季卫东:《面向二十一世纪的法与社会——参加法社会学国际协会第 31 届学术大会之后的思考》,《中国社会科学》1999 年第 3 期。

推进并完善制度构建,才能消除实践障碍、突破发展瓶颈。概言之,以问题意识为出发点进行反思的结果是,消费民事公益诉讼请求之制度化保障既是规范出发型裁判构造的规范要求,也是诉的利益实现的程序前提,同时还是消费民事公益诉讼请求功能拓展的现实需要。

"制度虽然不是万能的,但没有制度却是一种机制性的缺陷。"①对消费民事公益诉讼请求作制度化保障的根本目的在于确保消费民事公益诉讼请求的理性运行,进而推进消费民事公益诉讼程序价值和制度功能的充分发挥。结合现有立法基础与司法实践情况来看,消费民事公益诉讼请求适法性的实现,需要理论研究与制度构建的共同推进。具言之,既要加强理论研究,为消费民事公益诉讼请求的理性运行提供法理支撑,又要加强制度构建,为消费民事公益诉讼请求的制度化保障提供切实可行的实施路径。

第三节　我国消费民事公益诉讼请求的制度保障措施

为我国消费民事公益诉讼请求的理性运行提供制度保障是本书研究的最终目的。本节主要是根据消费民事公益诉讼请求的法律构造与实践问题,从实体权利规范、程序保障机制和私益支持平台三个层面加以思考,进而提出相应的制度化保障对策。

一、优化权利规范体系

"法律是理性的产物"。② 消费民事公益诉讼请求之规范基础的优化应当

---

① 高鸿:《行政行为自我纠正的制度构建》,《中国法律评论》2021 年第 3 期。
② 邓文正:《细读〈政治学〉》,生活·读书·新知三联书店 2018 年版,第 257 页。

以合理的立法体例为体例保障,以全面的立法内容为内容保障。

（一）关于立法体例

作为消费民事公益诉讼的一部分,消费民事公益诉讼请求相关依据的立法形式取决于消费民事公益诉讼的立法体例。综合各国的立法实践来看,根据相关规定是否集中,可以将消费民事公益诉讼立法分为统一型的立法体例和分散型的立法体例。统一立法例即是将相关内容集中于一部或是较少几部立法当中。巴西将关于消费者公共民事诉讼的核心内容集中在《消费者权益保护法》和专门的《公共民事诉讼法》中。根据学者的研究,巴西已经在进一步作统一立法。据称,目前巴西已经启动了废止《消费者保护法》和《公共民事诉讼法》中的相关规定,统一制定《集团诉讼法典》的立法改革程序。该修改案已经进入司法委员会审查阶段。① 对此,我国也有学者建议制定统一的公益诉讼法典。② 还有的国家采用较为分散的立法体例,将相关内容分散于大量的法律规范中,较为典型的就是德国的立法形式。在德国,与消费民事公益诉讼请求相关的实体权利内容分散于多部立法中,包括《反不正当竞争法》《不作为之诉法》《反竞争限制法》《食品特产法》《牛肉标签法》《电信法》等相关法律。③

目前,我国关于消费民事公益诉讼请求的相关内容分散《民事诉讼法》《民事诉讼法解释》《检察公益诉讼解释》《消费公益诉讼解释》《公益诉讼办案规则》《消费者权益保护法》等相关法律和司法解释中。如有学者所言,分散的立法体系具有对精细设计的优势,但缺点在于规范烦琐不透明,给援引使用造成不便。④而就我国现有的立法规定来看,相关内容散见于不同的法律规

---

① 参见陶建国:《消费者公益诉讼研究》,人民出版社 2013 年版,第 145 页。
② 参见颜运秋:《中国特色公益诉讼制度体系化构建》,《甘肃社会科学》2021 年第 3 期。
③ 参见吴泽勇:《德国团体诉讼的历史考察》,《中外法学》2009 年第 4 期。
④ 参见周翠:《民事公益诉讼的功能承担与程序设计》,《北方法学》2014 年第 5 期。

定中,既不具有充分性特点,也不具有精细度优势,未体现出任何一种立法体例的优势。另外,从性质上来看,大多数规范存在于具有程序法性质的法律或司法解释中。依实体法与诉讼法的区别,诉讼法律规范主要规定程序性的内容,即便涉及个别实体问题也都与程序相关。所以,采用这种模式,很难将消费民事公益诉讼请求的实体权益内容容纳进去。廖中洪教授认为,民事诉讼法应当主要用来解决私益纠纷。以德国《民事诉讼法》为例,该部法律自颁布以后已经修改了 100 多次,但是却没有关于民事公益诉讼的相关规定。① 综上,未来立法要摆脱散乱且不精细的体例弊病,采取统一化或是尽量统一化的立法体例,并尝试探寻更为合理的立法形式。

就统一的立法体例来看,有两种方案可供选择。第一种是在《消费者权益保护法》中作统一化的规定,如日本、韩国的消费者保护法律。第二种是在《公益诉讼法》或《民事公益诉讼法》中作法典化的统一规定,类似于巴西《集团诉讼法典》的制定。综合来看,上述两种纯粹的统一化体例与我国实际情况不相符合。就第一种方式来看,完全实现在《消费者权益保护法》中的统一化规定,不仅需要对《消费者权益保护法》进行全面修订,而且还需要废除其他立法。特别是在《消费公益诉讼解释》《公益诉讼解释》刚完成修订,《公益诉讼办案规则》刚开始实施的情况下,短期内再行修订,不利于保持立法的稳定性。就第二种方式来看,目前也不具备制定统一《民事公益诉讼法》的立法条件。巴西于 1985 年就颁布了《公共民事诉讼法》,之后 1990 年的《消费者保护法》又对此作了更为细致的规定,经过多次修订后已经积累了较为丰富的理论和实践经验。此种情况下,制定统一的《集团诉讼法典》尚需要严谨周延的多方考量。对比而言,我国消费民事公益诉讼正式立法尚不足 10 年的时间,目前还处于"草创期"②。而且我国公益诉讼法涉及诸多领域,仅民事公益诉讼就涉及环境、消费、英烈以及文物保护等诸多领域。特别是在拓展公益诉

---

① 参见廖中洪:《对我国〈民诉法〉确立公益诉讼制度的质疑》,《法学评论》2012 年第 1 期。

② 胡印富、张霞:《公益诉讼的司法图式及其反思》,《山东社会科学》2019 年第 12 期。

讼范围的发展趋势中,相关领域还在不断扩充。显然,此时制定统一公益诉讼法典尚不具备条件。正因如此,虽然有学者提出并呼吁建立专门的公益诉讼救济法,但也只是从长远的角度进行规划和展望。①

综合其他国家的立法经验以及我国立法现状和司法实践的现实情况,较为妥当的做法是以现有的《消费者权益保护法》《消费公益诉讼解释》《检察公益诉讼解释》《检察公益诉讼办案规则》为基础,逐步地进行阶段化推进。如此,既可以避免贸然行事,又可以灵活变通,与我国消费民事公益诉讼的初步发展阶段相符。当前,法官在对消费民事公益诉讼案件进行审理时,可以按照"公共利益具体化"的解释思路推进利益的权利化进程。在将来修订《消费者权益保护法》时,明确主观公共利益属性之消费者权利的领域范畴和行为范畴,并且针对不同的权益内容,配置相应的请求权内容。在理论储备和司法经验足够充分时,通过严格的论证过程和科学的立法程序实现立法的统一化。

(二) 权利规范内容

在立法体例得到明确的情况下,与消费民事公益诉讼请求相关的实体权利规范的优化应从基础性权利内容和手段性权利内容,即基础性权利内容与请求权内容两个方面展开。

1. 基础性权利内容

完善现有立法关于逻辑起点的原则化规定,结合消费者权利的具体内容推进消费领域公共利益的权利化。这既是规范出发型裁判构造的规范要求,也是消费民事公益诉讼长远发展的制度需求。作为消费民事公益诉讼请求之逻辑起点的公共利益应当是一种主观的公共利益,而非客观的公共利益,其权益享有者是不同层次的消费者,即不特定多数实际性消费者、潜在性消费者和整体性消费者。尽管消费者个人权益与消费公共利益息息相关,但是消费者

---

① 参见巩固:《环境民事公益诉讼性质定位省思》,《法学研究》2019 年第 3 期。

公共权益的享有者并非某个具体的消费者,也并非特定多数的消费者。如果受害消费者人数众多,但是数量可以特定或是具有特定的现实性,那么就不属于消费公共利益。具言之,根据对不特定多数实际性消费者、潜在性消费者和整体性消费者权利的区分,可以将消费民事公益诉讼请求的逻辑起点分为公共性人身安全权、公共性财产安全权、公共性知情权、公共性自主选择权、公共性公平交易权、公共性受尊重权、公共性信息保护权利以及公共性财产利益和消费精神利益。

　　突破现有消费民事公益诉讼主要适用于食品药品领域的局限,在更为广泛的领域内,将危害消费公共利益的行为作为消费民事公益诉讼请求的原因行为。在现有基础上,扩充消费民事公益诉讼请求的原因行为:1.提供商品或服务有缺陷,给不特定多数实际性消费者和潜在性消费者造成实际侵害或侵害危险的行为;2.未对存有危险的商品和服务尽真实、充分的说明义务和危险警示义务,或是实施虚假、引人误解的宣传行为,侵害众多不特定实际性消费者和潜在性消费者公共性知情权的情形;3.宾馆、商场、餐馆、银行、机场、车站、港口、影剧院、景区、体育场馆、娱乐场等线下营业场所以及直播、微商平台和淘宝店铺等线上经营场所,危害不特定多数实际性消费者和潜在性消费者公共性人身、财产和信息保护权利的情形;4.以格式条款类行为对消费者作出不公平、不合理规定,侵害不特定多数实际性消费者和潜在性消费者合法权益的情形;5.提供商品或是服务中存在歧视或其他违反人格尊严、善良风俗的行为,侵害不特定多数实际性消费者、潜在性消费者或是整体性消费者精神利益的情形;6.非法获利行为造成外部性公共财产利益损害的情形;7.破坏市场经济秩序,进而侵害整体性消费者精神利益的行为。

　　2. 请求权内容

　　在现有立法基础上,扩充消费民事公益诉讼请求之请求权类型。具言之,应以公益预防目标、公益救济目标以及私益支持目标的实现为根本追求,在侵权类、合同类和人格类请求权的解释范畴中,设置符合消费者公共权益之救济需求的请求权类型。根据本书第三章对消费民事公益诉讼请求权的类型化分析,可在立法中明确禁令型请求权(请求停止侵害、请求排除妨碍和请求消除危险的请求权)、确认型请求权(请求确认无效的请求权、请求确认关键事实的请求权)、人格请求权(请求赔礼道歉的请求权)、赔偿型请求权(请求损害赔偿的请求权、请求惩罚性赔偿的请求权、请求相关费用的请求权)。

请求停止侵害、排除妨碍、消除危险的禁令型请求权用于预防或救济公共性人身安全权、公共性财产安全权、公共性知情权、公共性自主选择权、公共性公平交易权、公共性受尊重权、公共性信息保护权利以及公共性财产利益和消费精神利益的危险或者损害。

请求确认无效的请求权主要预防或救济公共性知情权、公共性自主选择权、公共性公平交易权的危险或者损害。确认欺诈等关键事实确认请求权以确认利益的存在为逻辑起点。确认利益主要体现在公益诉讼确认请求权对私益救济的支持力上。

赔礼道歉的请求权主要预防和救济消费精神利益的危险或者损害。具体包括不特定多数实际性消费者、潜在性消费者和整体性消费者的公共性受尊重权危险或损害,以及因消费环境秩序破坏而产生的整体性消费者精神利益损害。

损害赔偿的请求权主要救济外部性公共财产利益损害,在适用标准上等同于不法经营者的非法获利。惩罚性赔偿请求权主要救济公共性知情权和公共性人身安全权。惩罚性赔偿请求权的具体适用,应以不法经营者的非法获利为基准,由法官依据比例原则,并结合不法经营者的主观恶意、侵害后果、经济情况等进行综合认定。

相关费用的请求权主要救济公共性财产利益的二次损失,包括相关主体因预防危险和救济损害而产生的合理预防和处置费用,以及适格主体因提起消费民事公益诉讼而产生的公告费、鉴定费、律师费等合理的诉讼成本费用。

二、健全程序保障机制

诉讼请求的适法性不仅需要静态的权利规范保障,还需要动态的诉讼程序保障。健全消费民事公益诉讼的程序保障机制,是确保并提升消费民事公益诉讼之诉的利益,也即确保诉讼请求具有实体判决资格的程序要求。

(一) 加强程序设置

加强程序设置是健全程序保障机制的程序前提。结合域外经验和消费民事公益诉讼请求的司法实践,我国应通过健全前置非诉解纷程序和完善诉前告知程序推进程序设置。

一是健全前置非诉解纷程序。前置非诉解纷程序旨在提高消费民事公益诉讼请求实体判决的必要性与实效性。实践中,不少案件具有诉前非诉解决的可能性与合理性。然而,前置非诉解纷程序的不足,致使大量不具有实体判决必要性的诉讼请求流入消费民事公益诉讼程序。这种情形明显地体现在赔礼道歉诉讼请求中。根据实证分析,115 个样本案例中包含赔礼道歉请求的案件共 108 个,其中仅提起一项诉讼请求,即赔礼道歉诉讼请求的案件也有 23 个,占所有含赔礼道歉诉讼请求案件的 21%。此类案件诉请争议简单,极有可能在诉前得到解决。而且如前所述,不少案件中被告对于赔礼道歉并无异议。① 这表明我国消费民事公益诉讼的前置非诉解纷程序亟待完善。对此可以参照域外经验,在现有要求消费者协会于诉前进行调查、调解等程序的基础上,增设特殊的前置非诉解纷程序。具体来说,应要求适格主体于起诉前向可能作为被告的不法经营者发出通知,如果对方在收到通知后 7 个工作日内明确拒绝或是以其行为来看不具有磋商可能性的,适格主体可以直接提起诉

---

① 如表 5-4 33 号、56 号案例。具体论证详见本章第二节第三部分"实体判决必要性和实效性不足"相关内容。

讼请求,要求法院作出实体判决。此外,诉讼的前置程序的实质是对当事人诉诸法院之权利的一种限制。① 如果程序设置不当或者适用不当,很可能对公益诉权和消费公共利益造成不利。因此,在设置前置非诉解纷程序时应该采取较为审慎的态度,暂先将非诉解决的内容限于非财产型的请求权类型,同时要注重前置非诉解纷的程序保障。随着程序的逐渐完善,适当增设其他的请求权类型。

二是完善诉前告知程序。诉前告知程序的完善目的在于改变适格主体缺乏实质性协作的司法现状,进而提升消费民事公益诉讼的程序效果。如前所述,检察机关需要在起诉前进行为期 30 日的诉前公告。如果公告流于形式而没有发挥实质性的作用,不仅意味着诉前程序的虚化,会引发重复诉讼,而且也会延长诉讼周期,不利于诉讼效率的保障。为此值得尝试的做法是要求检察机关在发出公告时,同时向当地省级以上消费者协会发出起诉建议,确保相关适格主体完全知晓。② 与此同时,消费者协会在提起消费民事公益诉讼时,也应将起诉相关事项,特别是与诉讼请求相关的事项于诉前全面告知当地检察机关。一方面有利于增加检察机关对消费民事公益诉讼的干预和监督,另一方面也有利于加强适格主体之间的实质性协作,保障诉讼请求内容和相关行为的正当性,充分发挥诉讼请求的公益维护效果。此外,诉前告知程序的完善不仅要在立法上有所体现,适当情况下还应通过升级技术手段的方式加以保障。如,设立统一的电子数据系统,确保不同起诉主体能够知晓消费民事公益诉讼的相关情况,并及时参与或提出意见。

---

① 参见刘敏:《论民事诉讼前置程序》,《中国法学》2011 年第 6 期。
② 《公益诉讼实施办法》(已失效)第 13 条虽有所涉及,但是该条规定现已失效。《公益诉讼实施办法》(已失效)第 13 条规定,人民检察院在提起民事公益诉讼之前,应当履行以下诉前程序:(一)依法督促法律规定的机关提起民事公益诉讼;(二)建议辖区内符合法律规定条件的有关组织提起民事公益诉讼。有关组织提出需要人民检察院支持起诉的,可以依照相关法律规定支持其提起民事公益诉讼。法律规定的机关和有关组织应当在收到督促起诉意见书或者检察建议书后一个月内依法办理,并将办理情况及时书面回复人民检察院。

（二）增加对原告诉权的要求、保障与规制

我国消费民事公益诉讼的适格主体是享有公益性诉权的检察机关和消费者协会。消费民事公益诉讼请求之基础性权利的享有者不是原告，而是不特定多数实际性消费者、潜在性消费者和整体性消费者。由于基础性权利的实际受益者不具有诉权资格，也欠缺诉讼动力和诉讼能力，所以立法将消费民事公益诉讼的请求权主体明确为检察机关和消费者协会。如此就导致了消费民事公益诉讼中基础性权利主体和请求权主体的分离状态。正是因为如此，消费民事公益诉讼中，须要特别强调对原告诉权的要求、保障与规制。

一是对原告诉权的要求。消费民事公益诉讼原告应当积极履行公益性诉权。适格主体的多元化存在，不仅提升了消费公益诉讼的适用概率，也增加了重复诉讼或互相推诿的可能性。需要强调的是，检察机关和消费者协会的公益性诉权具有特殊之处。表现为公益性诉权既来源于立法的明确规定，同时也是适格主体公益性职责的基本要求。《人民检察院组织法》第 2 条将维护社会公共利益、维护社会公平正义明确为检察机关的公益性职责。① 《消费者权益保护法》第 37 条和第 47 条将通过提起诉讼或是支持诉讼（公益诉讼）维护消费者合法权益明确为消费者协会的公益性职责。② 可以说，现行立法中的适格主体都具有强烈的公益性职责。公益性职责对适格起诉主体提出更高的要求。这就意味着，检察机关和消费者协会不仅要尽到基本的起诉职责和诉讼义务，更要极力谋求公益诉讼的良好效果。综上，检察机关和消费者协会依法提起民事诉讼请求维护公共利益，不仅是公益性诉权的体现，更是二者公

---

① 《人民检察院组织法》第 2 条规定，人民检察院是国家的法律监督机关。人民检察院通过行使检察权，追诉犯罪，维护国家安全和社会秩序，维护个人和组织的合法权益，维护国家利益和社会公共利益，保障法律正确实施，维护社会公平正义，维护国家法制统一、尊严和权威，保障中国特色社会主义建设的顺利进行。

② 《消费者权益保护法》第 37 条第七项、第 47 条。具体论证详见本书第一章第二节第三部分（二）"我国消费民事公益诉讼请求的制度依托"相关内容。

益性职责和工作任务的内在要求。

二是对原告诉权的保障。从本质上来说,公益诉讼的诉权是一种纯粹的利他型诉权,原告提起诉讼请求维护公共利益具有较强的正外部效应。消费民事公益诉讼的受益者是不特定多数实际性消费者、潜在性消费者和整体性消费者。如前所述,消费民事公益诉讼原告作为公益性诉权的实施者,其提起诉权的动力来源于立法规定和职权要求。但是,仅依靠职责或者使命的驱动力很难保障公益性诉权的积极履行,而且消费民事公益诉讼又是较为复杂的诉讼程序,不仅要消耗大量的时间、精力,而且还需要付出相当的费用。为提高起诉主体,特别是消费者协会诉权履行的积极性,就必须施以相应的激励措施。具体来说,除了减免或由被告承担诉讼成本以外,国家、社会以及各类消费公益基金也应给予更多的资金支持,缓减消费者协会的费用压力。此外,相关单位和组织应适当调整考核要求和评奖规则,通过有效的政策引导,提升适格主体诉权履行的积极性。

三是对原告诉权的规制。消费民事公益诉讼程序的重要任务和特殊使命就是要兼顾并且最大化地消弭原告利益与公共利益的不一致性,严格规制原告的诉权滥用行为。根据本书第四章第二节关于诉权滥用要件的比较与总结,笔者认为应当将下列情形明确为诉权滥用行为:原告无正当理由变更、撤回部分诉讼请求,不利于公共利益维护的情形;原告撤回诉讼或与被告达成和解协议,不利于公共利益维护的情形;原告请求被告承担的律师费以及为诉讼支出的其他费用过高,不利于公共利益维护的情形;原有诉讼请求不能充分维护公共利益,经释明后拒不更正的情形。此外,消费民事公益诉讼程序还要注重对相关主体权利滥用的适当惩处,明确将受到权利滥用行为影响的诉讼请求作为法院实体判决的排除事由。考虑到适格主体提起诉讼的积极性,一般情况下不宜对其作出处罚,但是如果情节和后果较为严重时,也应视情况给予相应惩处。

（三）推进法院与行政执法机关的协调配合

推进法院与行政执法机关的协调配合主要是源于司法权与行政权的职能分工不同以及行政救济不充分的公共利益维护现状。在协调过程中,应首先明确"行政优先"的顶层思路,并在此前提下,设置多层次的协调配合机制和相应的配套保障措施。

一是明确"行政优先"的顶层思路。行政执法手段具有效率高、执行力强的优势。只有在行政机关无法提供充分救济时,消费民事公益诉讼的提起才具有正当性。根据前述实证分析可知,不少案件中存在着行政救济不足的情形,这种情况在食药领域民事公益诉讼中尤其多见。长远来看,忽略行政执法手段的充分适用,大量提起运动式公益诉讼的做法,极有可能扩大行政机关的寻租空间,①甚至造成行政权与司法权的失衡或者越界。而且允许不必要的诉讼请求获得实体判决不仅是对宝贵诉讼资源的浪费,同时也降低了消费民事公益诉讼的程序价值。为此,在消费公共利益的救济过程中,既要加强行政执法救济的充分性,又要将不必要的消费民事公益诉讼请求排除在实体判决之外。简言之,就是要从顶层设计出发,合理统筹司法权与行政权的相互关系。有学者在研究环境公益诉讼时提出了"相互尊重专长"和"行政权优先"的处理原则,即行政权应当充分保护公共利益,而司法权则应该关注并确保行政权对公共利益的维护。② 笔者认为,消费民事公益诉讼也可参照上述协调原则,在确保行政权优先适用的前提下提起诉讼请求维护公共利益。如此,既能兼顾行政权与司法权的有序化,又能够最大程度地缓解消费民事公益诉讼司法实践中行政权与司法权的紧张关系。

二是形成层次多样的协调机制。依现行立法来看,当前已经具备了一定

---

① 参见陈杭平、周晗隽:《公益诉讼"国家化"的反思》,《北方法学》2019 年第 6 期。

② 参见王明远:《论我国环境公益诉讼的发展方向:基于行政权与司法权关系理论的分析》,《中国法学》2016 年第 1 期。

的协调基础。《民事诉讼法解释》第 284 条是关于案件受理后的衔接规定。根据该条规定,法院应当在案件受理后的 10 日之内,将相关情况以书面形式告知行政主管部门。① 而《消费公益诉讼解释》第 14 条则是关于裁判生效后的衔接规定。② 根据该条规定,人民法院应在裁判生效后的 10 日之内,以书面形式向行政主管部门履行告知义务,同时也可以向其发出司法建议。③ 上述内容是行政权与司法权协调配合的立法基础。结合行政救济不充分的司法现状,目前还应当在实质化落实和加强制度保障方面予以推进。

具体来说,应当在行政权优先的顶层指导下,进一步推进诉前告知程序的实质化落实。当前,司法权与行政权主要通过案件受理后的告知程序与裁判生效后的告知与建议程序进行协调。基于行政权的优先性和司法权的谦抑性,相比诉后的司法建议,加强诉前建议更为重要。诉前的实质化落实要求法院不仅要将起诉事项告知主管机关,更要提供实质性的履职建议。如果纠纷可以通过行政执法解决,就无须适用民事公益诉讼程序。

此外,加强协调机制的制度保障尤为重要。最新修订的《行政处罚法》第 27 条,要求通过案件移送制度和信息通报机制完善刑事案件中行政机关与司法机关的配合机制。④ 笔者认为,关于案件和证据材料的移送制度以及信息通报机制,应同样适用于消费民事公益诉讼程序。构建符合消费民事公益诉讼程序特点的材料移送制度和信息通报机制,是确保消费民事公益诉讼程序

---

① 《民事诉讼法解释》第 284 条规定,人民法院受理公益诉讼案件后,应当在 10 日内书面告知相关行政主管部门。

② 参见杜万华主编:《最高人民法院消费公益诉讼司法解释理解与适用》,人民法院出版社 2016 年版,第 261 页。

③ 《消费公益诉讼解释》第 14 条规定,消费民事公益诉讼案件裁判生效后,人民法院应当在 10 日内书面告知相关行政主管部门,并可发出司法建议。

④ 《行政处罚法》第 27 条规定,违法行为涉嫌犯罪的,行政机关应当及时将案件移送司法机关,依法追究刑事责任。对依法不需要追究刑事责任或者免予刑事处罚,但应当给予行政处罚的,司法机关应当及时将案件移送有关行政机关。行政处罚实施机关与司法机关之间应当加强协调配合,建立健全案件移送制度,加强证据材料移交、接收衔接,完善案件处理信息通报机制。

中行政权与司法权各司其职的基本保障。

（四）强化法官的职权审查

强化法官的职权审查是提高我国消费民事公益诉讼程序正当性和适用价值的根本保障。《消费公益诉讼解释》第 5 条和《检察公益诉讼解释》第 18 条,要求法官应当对消费民事公益诉讼请求维护公共利益之充分性行使审查职能和履行释明义务。① 上述规定对于提升消费民事公益诉讼请求维护公共利益的实际效果具有积极的意义。然而客观来讲,仅仅是关于充分性的审查,并不能全面涵盖法官的审查职能要求。司法实践中,法官职能履行不足而引起程序正当性问题的情况并不鲜见。审查不足的情况,可能表现为法官对诉前程序审查的粗略化,也可能表现为法官对实体判决要件审查事项的不重视,还可能表现为法官对原告撤诉申请的不当处理。② 为此,消费民事公益诉讼程序应进一步强化法官的审查职能,确保消费民事公益诉讼请求实体判决之必要性和实效性。

强化法官职权审查的前提是明确消费民事公益诉讼请求之实体判决(资格)要件。根据本书第四章第二节中关于实体判决要件的论述,可将权益损害要件、前置程序要件、优先程序要件、诉权滥用妨碍要件、重复诉讼妨碍要件列为我国消费民事公益诉讼请求获得实体判决的必要条件。在具体审查层面,法官应当以公益性原则、整体性原则、合理性原则和诚信原则为基本原则,

---

① 《消费公益诉讼解释》第 5 条规定,人民法院认为原告提出的诉讼请求不足以保护社会公共利益的,可以向其释明变更或者增加停止侵害等诉讼请求。《检察公益诉讼解释》第 18 条规定,人民法院认为人民检察院提出的诉讼请求不足以保护社会公共利益的,可以向其释明变更或者增加停止侵害、恢复原状等诉讼请求。

② 《检察公益诉讼解释》第 19 条规定,诉讼请求全部实现的,应当准予撤诉。样本裁判文书显示并不是所有的撤诉案件,都是以诉讼请求全部实现为条件。有的以发现新证据为撤诉理由。如,"在湖北省荆州市人民检察院诉李某某等销售假药案"中,检察机关以发现新证据为由向法院申请撤回起诉,法院认为符合撤诉条件并予以撤诉。参见《湖北省荆州市人民检察院与李凯旋等公益诉讼案一审民事裁定书》,(2020)鄂 10 民初 41 号。

对消费民事公益诉讼请求所欲保护的消费公共利益及其实现程度、前置非诉解纷程序的履行情况、不同类型消费公益诉讼的顺位实施情况、重复诉讼情况以及原告诉权滥用,特别是在调解、撤诉程序中的诉权滥用情况等进行全面审查。法官在审查之后,认为本案诉讼请求具有获得法院实体判决的资格,则应依据相关法律规定和事实情况作出实体判决。否则应视具体情况作出拒绝受理或者裁定驳回的处理。

为了确保法官审查职能的充分发挥,还应当在立法层面强化对法官释明权的保障。明确将诉讼请求不能充分维护公共利益,但原告却拒绝补充或变更诉讼请求的情形列为法院作出实体判决的排除事由,以及其他适格主体再行提起诉讼的正当理由。此外,由于消费民事公益诉讼的诸多问题具有很强的专业性,有必要通过特定方式加强法官的职权审查能力。如果立法只赋予法院以审查职能,而不同时加强法官的审查能力,会直接影响法官审查职能的发挥。笔者认为,合理的做法是增加专家审查以补强法院的审查能力。专家审查针对专业性的实体问题,包括对损害赔偿数额等具体问题作专门判断。

三、搭建私益支持平台——对接公益诉讼请求和私益诉讼请求

在理性立法与程序保障的基础之上,为消费民事公益诉讼请求与私益诉讼请求的常态化对接提供合理的程序通道和保障机制是消费民事公益诉讼请求制度保障的更高目标。

(一) 对接方案

近年来,为了解决消费者个人和群体利益救济的客观困难,其他国家和地区愈加重视消费民事公益诉讼请求与私益诉讼请求的合理对接,积极构建符合各国制度特点的对接方案。目前来看,形成了三种具有代表性的对接方案。

第一种方案是由消费者个人代表众多受害者提起赔偿请求,类似于美国

的损害赔偿型集团诉讼。集团诉讼的优势在于通过对私益诉讼请求的集中化处理,提高诉讼效益,促进一次性纠纷解决的实现。集团诉讼在美国的成功与律师胜诉报酬的推动作用关系密切。集团诉讼胜诉或者达成和解的赔偿款,在扣除律师报酬等相关费用后,收归消费者个人所有。有学者主张借鉴美国损害赔偿型集团诉讼,引入由受害者个人提起的消费民事公益诉讼。① 然而也有学者指出,集团诉讼中存在律师为了获取超额利益,而使消费者个人利益边缘化的问题。同时由于他们很少关心诉讼请求是否具有根据或价值的问题,所以损害赔偿型集团诉讼也被认为有敲诈被告公司的可能。② 这可能是其他欧洲国家未引入集团诉讼的主要原因。据考察,德国虽然也面临消费者私人利益救济的问题,但"主流观点显然是拒绝引入集团诉讼"。③ 整体来看,我国当前既没有律师胜诉报酬规则,也欠缺律师权利滥用的防范机制,而且最为重要的是当前立法并不承认个人享有公益诉权。因此,由个人集中私益诉讼请求提起消费民事公益诉讼的方案在我国暂不可取。

　　第二种方案是由消费者团体集合消费者的私益性请求权并在消费民事公益诉讼中提起诉讼请求。相比前一种方案,该种方案的起诉主体不是消费者个人,而是具有法定起诉资格的消费者团体。由于赔偿款由受损的消费者个人享有,而且起诉主体提起诉讼并非以获得超额利益为目的,所以此种方式具有避免"原告资格"大量出现的优势,是较为稳妥的救济消费者私人利益的对接方案。但是这一方案的主要问题在于资金供给不足而引起的诉讼经费问题。如果没有足够的资金支持,这一类对接机制的适用率将大幅缩减。事实上,很多消费者团体并没有良好的资金保证。而且相比纯粹的公益性诉讼请求,团体提起此类诉讼请求需要更多的资金支持和保障。消费者团体既要全

① 参见曹奕阳:《我国消费民事公益诉讼制度的完善与优化——美国聚乙烯管道消费者集团诉讼案的启示》,《江汉论坛》2020 年第 7 期。
② 参见任自力:《美国集团诉讼立法变革及其对中国的启示》,《西部法学评论》2008 年第 1 期。
③ 吴泽勇:《集团诉讼在德国:"异类"抑或"蓝本"?》,《法学家》2009 年第 6 期。

力以赴面向法官和对方当事人以争取胜诉结果,又要为个人请求权的收集和赔偿款的分配而消耗大量的人力和物力。如果没有充分的资金来源,消费者团体集合私益性请求权的做法也很难奏效。特别需要注意的是,此种方式还可能滋长消费者自我维权的惰性。由于是消费者团体提起诉讼,消费者个人不需要付出相当的成本就能直接获益,因而很容易在结果上出现"搭便车"现象。①综合来看,从诉讼经费保障以及消费者自我维权激励的角度来说,由消费者团体集合消费者个人请求权在消费民事公益诉讼中提起损害赔偿请求的方案不具有现实性与可激励性。

第三种方案是通过分阶段的方式实现消费公益诉讼请求与私益诉讼请求的对接。即在消费民事公益诉讼中提起概括性请求或确认型诉讼请求,再通过清算或认定程序实现消费者私人利益的最终救济。巴西和日本采用此种方案。第一阶段由团体基于法定授权提起"概括性给付判决请求"或"共同义务确认请求",第二阶段由个人或是团体基于意定授权提起"判决清算请求"或"金额认定请求"。②由于第一阶段主要处理共同的事实问题,因而更具有公益性色彩。是否启动第二阶段程序由第一阶段的裁判结果而定。如果第一阶段法院作出有利判决,则由消费者个人或是团体启动第二阶段程序。由于第二阶段程序主要处理具体的判决清算或是金额认定等私益性事务,所以具有私益性。该种方案的核心优势在于极大地提高了第一阶段的诉讼效率,避免了通知程序和赔偿分配所导致的效率问题。而且在第二阶段处理私益性损害赔偿请求的方式,也能在充分保障消费者私益性诉权的基础上,进一步激发消费者的维权动力。为此,我国也有不少学者和实务工作者主张借鉴二阶段

---

① See Samuel Issacharoff, Geoffrey P. Miller, "*Will Aggregate Litigation Come to Europe?*", Vanderbilt Law Review Vol.62, No.1(Mach 2009), p.203.
② 关于巴西和日本的二阶段诉讼程序的介绍参见沈冠玲:《消费者团体诉讼之再建构:以扩散型损害及集团权利为中心》,《台北大学论丛》2015年第11期;黄忠顺:《消费者集体性损害赔偿诉讼的二阶构造》,《环球法律评论》2014年第5期。

的诉讼程序,解决消费者个人利益救济问题。① 综合来看,二阶段的诉讼程序更具有参考的可行性。然而关于二阶段程序如何设计,如何合理地对接私益性请求权和公益性请求权,还需结合我国的实际情况,展开具体论证。

(二) 对接程序

结合消费民事公益诉讼的公益性特点以及我国代表人诉讼的制度现状,二阶段的程序对接可以通过如下方式实现:

第一阶段,在公益诉讼程序中提起确认型诉讼请求。具体来说,主要是由适格主体提起确认型请求,要求法官对不法经营行为、共同的损害事实和损害情况等与私益性诉讼请求相关的事实进行确认。之所以采用这种程序设计,一方面是因为我国不存在概括性给付义务的判决形式。这种变通的方式能够降低程序改革的制度成本。另一方面是由于这种方式可以维持消费民事公益诉讼程序的公益性本质,同时也可以最大程度地避免消费民事公益诉讼程序的烦琐和复杂。基于程序设计的需要,应当同时在消费民事公益诉讼中配置相应的确认请求权。鉴于目前我国法律已经明确了基于格式条款的确认无效请求权,在将来立法或是发布司法解释时应将确认违法、确认损害事实等事实确认请求权增加至消费民事公益诉讼的请求权范畴。适格主体基于法定赋权提起确认请求,与消费者个人授权无关。为了保障消费者的个人诉权,应当明确只有在确认请求获得有利判决时,才能对消费者个人利益的救济提供效力支持。与此同时,为了防止适格主体与不法经营者恶意串通不当侵害消费者的个人利益,适格主体在消费民事公益诉讼程序中提起的确认请求只能由法院以判决的形式作出判断,而不能进行和解或是作出调解。

第二阶段,通过代表人诉讼程序提起赔偿型请求。此阶段主要是在确认

---

① 参见黄忠顺:《消费者集体性损害赔偿诉讼的二阶构造》,《环球法律评论》2014 年第 5 期;姚敏:《消费民事公益诉讼请求的类型化分析》,《国家检察官学院学报》2019 年第 2 期;刘京蒙:《消费领域民事公益诉讼损害赔偿请求研究》,《中国检察官》2019 年第 19 期。

判决的基础之上,通过消费者个人授权的方式,由特定主体在代表人诉讼程序中提起私益损害的赔偿请求。如前所述,我国代表人诉讼因各种原因而备受冷落。在第二阶段,利用代表人诉讼程序解决消费者的私人利益救济难题,既能激活代表人诉讼制度的活力,又可以节约程序改革成本。在此阶段中,确认请求已经获得了法院实体判决的支持,案件的关键事实得到基本确认,代表人诉讼的主要任务是在确认判决的基础上提起私益性损害赔偿请求,并处理具体的通知、登记、计算等相关事项。与一般的代表人诉讼不同,民事公益诉讼中的代表人应当由消费者协会来担任,这与消费者协会的权益保障职能紧密相关。《消费者权益保护法》第37条将支持或提起消费者诉讼列为消费者协会的公益职责。① 消费者协会代表消费者救济私人利益具有法律上的正当性。消费者协会代表消费者提起诉讼还必须要得到消费者个人的授权,具体授权规则可以按照代表人诉讼中的相关规定进行。在具体时间上,可以参考日本的做法,②由第一阶段的消费者协会于判决生效之后1个月内向被告提起损害赔偿诉讼。如果第一阶段提起诉讼的主体是检察机关,应当将判决结果及时通知相关消费者协会,以便消费者协会适时提起诉讼。

（三） 对接保障

通过二阶段的私益支持平台实现消费民事公益诉讼请求和私益诉讼请求的程序对接,需要完善的配套机制促进实施并加强保障。

1. 建立全国性的电子管理系统

消费民事公益诉讼确认请求与私益诉讼赔偿请求对接效果的真正发挥应以受害消费者群体的充分知情和参与为前提。创建一套集公布、登记和管理

---

① 《消费者权益保护法》第37条第七项。具体论证详见本文第一章第二节第三部分(二)"我国消费民事公益诉讼请求的制度依托"相关内容。
② 日本《消费者财产损害集团性回复的民事裁判程序特别法》第15条规定,简易确定程序的申请,应当在共同义务确认程序作出确定判决之日或者共同债务确认程序因请求获得认可而完成之日起,在1个月的不变期间内提出。

于一体的电子管理系统至关重要。在德国,确认之诉的公布、登记和管理由联邦司法局通过登记簿完成。为便于获得信息,诉讼登记也可以采用电子方式运行。① 欧盟也非常重视电子数据库的建立,欧盟 EU2020/1828 指令第 14 条规定,会员国可以建立国家电子数据库,确保数据库可通过网站公开访问。② 伴随着互联网技术的发展,我国法院系统已经建立了诸多类似"人民法院大数据管理和服务平台"的电子管理系统。小额分散型侵害行为之所以得不到救济,除了诉讼能力与诉讼动力不足以外,还有一个很重要的原因就是信息的不对称。电子管理系统的设立能够最大化地保障受害消费者个人信息的全面收集以及相关事项的通知与知晓。全国性的公益诉讼电子管理系统是二阶段对接机制有效运行的技术保障。

2. 确保受害者赔偿诉讼的经费支持

二阶段的对接机制需要投入更多的资金保障。美国集团诉讼之所以能够良好运行,很重要的原因就在于律师胜诉报酬的激励作用。为获得报酬,律师能够非常积极地提起烦琐且复杂的集团诉讼程序。消费者协会基于公益性职责,而非利己驱动力提起诉讼,本身即具有诉讼经费的问题。相比一般的民事公益诉讼程序,二阶段的诉讼程序需要投入更多的人力、时间和经费,用于处理烦琐的通知、登记与管理等事项。《消费公益诉讼解释》第 18 条明确,人民法院可以根据实际情况对起诉主体在提起消费民事公益诉讼过程中产生的相关费用予以支持。③ 为保障诉讼开展,这些费用也应在消费者协会提起的私

---

① 参见吴逸越:《德国示范确认之诉及其对我国消费民事公益诉讼的镜鉴》,《德国研究》2020 年第 2 期。

② EU2020/1828 第 14 条第 1 款 [The European Parliament and the Council Directive (EU) 2020/1828 *on representative actions for the protection of the collective interests of consumers and repealing Directive* 2009/22/EC (2020) OJ L 409/1 art.14.1] 规定,成员国可以建立国家电子数据库,该数据库可通过网站公开访问,并提供预先指定的合格实体的信息,以便明确国内和跨境代表诉讼以及正在进行和已结束的代表诉讼的一般信息。

③ 《消费公益诉讼解释》第 18 条规定,原告及其诉讼代理人对侵权行为进行调查、取证的合理费用、鉴定费用、合理的律师代理费用,人民法院可根据实际情况予以相应支持。

益性损害赔偿诉讼中得以支持。与此同时,国家、社会以及各类消费公益基金应当给予更多的资金支持,为消费者协会提起消费者赔偿诉讼提供资金保障。

小　结

我国消费民事公益诉讼请求实践展开的立法基础已经形成,但是原则化、碎片化和区别化的立法尚不能支撑消费民事公益诉讼请求的理性运行。实践中,将消费公共利益异化为消费者众人利益或私人利益的现象,造成了消费民事公益诉讼请求逻辑起点的异化。请求权类型的两极化状态、赔偿请求权的认识混乱以及惩罚性赔偿请求权的矫枉过正致使消费民事公益诉讼各类请求权出现适用乱象。实体判决的必要性和实效性不足使得消费民事公益诉讼欠缺诉的利益,存在程序瑕疵。问题的本质在于三个方面:一是按规范出发型的裁判构造,消费民事公益诉讼请求的提出、审理与裁判应以必要且充分的法律规范为前提条件,但是现有法律规范的成熟度不能满足规范出发型裁判构造的适用需求;二是法院作出实体判决必须具有诉的利益,而现有消费民事公益诉讼的程序设置、诉权、审判权的行使均无法助力于诉的利益的确保和提升;三是将私益诉讼请求简单嫁接于民事公益诉讼程序的做法,无法真正填补消费者群体利益救济的制度罅隙。

根据消费民事公益诉讼请求的法律构造理论,消费民事公益诉讼请求的实践运行应当加强制度保障。具体保障措施包括优化权利规范体系、健全程序保障机制和搭建私益支持平台。优化权利规范体系通过完善立法体系和明确权利内容的方式实现。健全程序保障机制通过加强程序设置、规范原告诉权行使、推进法院与行政机关的协调配合以及强化法官职权审查的方式实现。私益支持平台通过二阶段诉讼的方式搭建,即先行在公益诉讼程序中提起确认关键事实请求,胜诉后利用代表人诉讼程序提起损害赔偿请求。

结　　语

　　民事诉讼请求是民事诉讼程序的出发点,也是落脚点。在规范出发型的裁判构造中,法院对诉讼请求的审理和判决以实体权利内容和程序法律规定为前提依据。传统民事诉讼中,民事诉讼请求已经形成较为完整的权利体系和程序规则。何种诉讼请求符合适法性要求,能够获得法院的实体判决,可以从既有法律规范或者司法解释中探求答案。消费民事公益诉讼尚处于初创阶段,原则化、碎片化、区别化的立法规定与体系化不足的学理研究使得消费民事公益诉讼请求成为模糊不清的论题,进而引发了一系列的司法实践问题。加强消费民事公益诉讼请求的理论建构和制度保障研究,确保消费民事公益诉讼请求的理性运行是消费民事公益诉讼制度发展的当务之急。

　　理论上,对于消费民事公益诉讼请求的认识应当从三个层面展开。首先,消费民事公益诉讼请求所欲保护的实体权益内容是主观层面的消费公共利益。按照“公共利益具体化”的解释思路,主观层面的消费公共利益可以具体化为主观公共利益属性之消费者权利。将消费公共利益理解为消费者公众利益或是个人利益的做法,都是对消费民事公益诉讼请求之逻辑起点的异化。其次,消费民事公益诉讼请求的各类请求权应合理适用。非财产型请求权中的禁令型请求用于预防消费公共利益免受危害,确认型请求主要发挥预防和私益支持功能,人格型请求权具有一定的人格恢复效果。财产型请求权中的损害赔偿请求用于救济公共利益既有损害,惩罚性赔偿请求发挥惩罚和预防警示作用,相关费用请求权能够激励相关主体积极维护公共利益。对于各类请求权的错误理解和不当解释,会导致消费民事公益诉讼请求之请求权的适用乱象。最后,以诉的利益为根据,消费民事公益诉讼请求获得法院实体判决应以消费公共利益存有危险或者受到损害为权益损害要件、以诉讼请求的前置非诉解决为前置程序要件、以特定主体提起诉讼请求的优先顺位为优先程序要件、以非直接利害关系起诉主体的诉权滥用和多元适格主体的重复诉讼为妨碍性要件。只有满足上述要件内容的消费民事公益诉讼请求,才具有获得法院实体判决的必要性和实效性。总而言之,根据消费民事公益诉讼请求的法律构造,消费民事公益诉讼应同时满足逻辑起点、请求权类型和实体判决(资格)要件的特殊要求。

为确保消费民事公益诉讼请求在司法实践中的理性运行,我国应以现有立法为基础,加强消费民事公益诉讼请求的制度保障。具体来说,应在立法体例和权利内容方面优化权利规范体系,在程序设置、诉权行使、法院与行政机关的协调以及法官职权审查方面加强程序保障,在公益诉讼请求和私益诉讼请求的对接方面提升私益支持效果。由于本书主要从宏观层面对消费民事公益诉讼请求进行整体研究,所以聚焦于各类诉讼请求的研究深度不足,仍存在较大的探讨空间。为了形成更具深度和精细化的研究成果,将来可以聚力于诉讼请求的单一类型作进一步分析,以期达到深化理论研究的目的。任何一类民事诉讼都应重视诉讼请求的问题。对于消费民事公益诉讼请求的研究成果,可以作为环境民事公益诉讼请求、英烈保护民事公益诉讼请求以及其他新型民事诉讼请求的研究基础。作为相关研究,将来还可以基于民事公益诉讼的特殊性,加强对民事公益诉讼之诉讼要件的专门研究,探索在民事公益诉讼中推进起诉要件、诉讼要件和胜诉要件的合理化设置。囿于个人智识和能力所限,本书难免存有不足之处,敬请各位专家和老师多多指正。期待学界对消费民事公益诉讼请求形成更多有益的研究成果。

参 考 文 献

一、著作类(根据年份和姓名首字母排序,同一作者的文献相邻)

(一) 中文著作

郭明瑞等:《民事责任论》,中国社会科学出版社 1991 年版。

张特生等:《民事诉讼法之研讨》(四),三民书局有限公司 1993 年版。

常怡主编:《民事诉讼法学(修订版)》,中国政法大学出版社 1996 年版。

陈荣宗、林庆苗:《民事诉讼法》,三民书局有限公司 1996 年版。

张卫平、陈刚:《法国民事诉讼法导论》,中国政法大学出版社 1997 年版。

房绍绅、杨绍涛:《违约损害赔偿》,人民法院出版社 1999 年版。

毛光玉主编:《消费者权益损害赔偿》,人民法院出版社 2000 年版。

肖建国:《民事诉讼程序价值论》,中国人民大学出版社 2000 年版。

李祖军:《民事诉讼目的论》,法律出版社 2000 年版。

颜运秋:《公益诉讼理念研究》,中国检察出版社 2002 年版。

颜运秋:《公益诉讼法律制度研究》,法律出版社 2008 年版。

范愉编著:《集团诉讼问题研究》,北京大学出版社 2005 年版。

张卫平:《民事诉讼:关键词展开》,中国人民大学出版社 2005 年版。

张卫平:《民法总则(增订新版)》,新学林出版股份有限公司 2014 年版。

张卫平:《民事诉讼法(第五版)》,法律出版社 2019 年版。

王泽鉴:《民法学说与判例研究》第三册,中国政法大学出版社 2005 年版。

江伟主编:《民事诉讼法专论》,中国人民大学出版社 2005 年版。

李龙:《西方法学名著提要》,江西人民出版社 2005 年版。

段厚省:《民法请求权论》,人民法院出版社 2006 年版。

何勤华主编:《西方法学名著述评》,武汉大学出版社 2007 年版。

李永军主编:《民事权利体系研究》,中国政法大学出版社 2007 年版。

季卫东:《正义思考的轨迹》,法律出版社 2007 年版。

张艳蕊:《民事公益诉讼制度研究——兼论民事诉讼机能的扩大》,北京大学出版社 2007 年版。

金福海:《惩罚性赔偿制度研究》,法律出版社 2008 年版。

林益山:《消费者保护法》,台湾五南图书出版股份有限公司 2008 年版。

戎素云:《消费者权益保护运动的制度分析》,中国社会科学出版社 2008 年版。

沈冠玲:《诉讼权保障与裁判外纷争处理》,北京大学出版社 2008 年版。

汤欣主编:《公共利益与私人诉讼》,北京大学出版社 2009 年版。

章武生等:《中国群体诉讼理论与案例评析》,法律出版社 2009 年版。

陈新民:《德国公法学基础理论(增订新版)》上卷,法律出版社 2010 年版。

卢正敏:《共同诉讼研究》,法律出版社 2011 年版。

杨立新:《请求权与民事裁判应用》,法律出版社 2011 年版。

杨立新:《侵权损害赔偿》,法律出版社 2016 年版。

唐晋伟:《德国竞争法中的团体收缴利润诉讼制度研究》,法律出版社 2012 年版。

陶建国:《消费者公益诉讼研究》,人民出版社 2013 年版。

孙若军:《身份权与人格权冲突的法律问题研究——以婚姻关系为视角》,中国政法大学出版社 2013 年版。

河山:《消费者权益保护法诠释》,法律出版社 2014 年版。

李昌麒、许明月编著:《消费者保护法(第四版)》,法律出版社 2014 年版。

杜万华主编:《最高人民法院民事诉讼法司法解释逐条适用解析》,法律出版社 2015 年版。

杜万华主编:《最高人民法院消费公益诉讼司法解释理解与适用》,人民法院出版社 2016 年版。

刘平:《行政执法原理与技巧》,上海人民出版社 2015 年版。

刘学在:《民事公益诉讼制度研究——以团体诉讼制度的构建为中心》,中国政法大学出版社 2015 年版。

王利明:《侵权责任法研究》(第二版)上卷,中国人民大学出版社 2016 年版。

张方华:《共同善的镜像叙事:公共利益的西方政治哲学考量》,南京师范大学出版社 2016 年版。

程啸:《侵权责任法教程》,中国人民大学出版社 2017 年版。

柯阳友:《民事公益诉讼重要疑难问题研究》,法律出版社 2017 年版。

钟瑞华:《消费者权益及其保护新论》,中国社会科学出版社 2018 年版。

邓正文:《细读〈政治学〉》,生活·读书·新知三联书店 2019 年版。

闫庆霞:《民事诉讼请求研究》,法律出版社 2019 年版。

张子麟:《消费的政治经济学分析》,经济科学出版社 2019 年版。

杨立新:《中华人民共和国民法典释义与案例评注·侵权责任篇》,中国法制出版社 2020 年版。

(二) 外文译著

[英]霍布斯:《利维坦》,黎思复、黎廷弼译,商务印书馆 1985 年版。

[美]马歇尔·C.霍华德:《美国反托拉斯法与贸易法规》,孙南申译,中国社会科学出版社 1991 年版。

[日]兼子一、竹下守夫:《民事诉讼法》,白绿铉译,法律出版社 1995 年版。

[德]尤尔根·哈贝马斯:《公共领域的结构转型》,曹卫东等译,学林出版社 1999 年版。

[美]亚图·考夫曼:《类推与事物本质:兼论类型理论》,吴从周译,学林文化事业有限公司 1999 年版。

[奥地利]弗里德利希·冯·哈耶克:《法律、立法与自由》第一卷,邓正来等译,中国大百科全书出版社 2000 年版。

[英]边沁:《道德与立法原理导论》,时殷红译,商务印书馆 2000 年版。

[法]让·文森、塞尔日·金沙尔:《法国民事诉讼法要义》上卷,罗结珍译,中国法制出版社 2001 年版。

[日]中村英郎:《新民事诉讼法讲义》,陈刚等译,法律出版社 2001 年版。

[日]谷口安平:《程序的正义与诉讼》,王亚新、刘荣军译,中国政法大学出版社 2002 年版。

[德]汉斯·J.沃尔夫等:《行政法》第一卷,高家伟译,商务印书馆 2002 年版。

［德］卡尔·拉伦茨：《德国民法通论》上册，王晓晔等译，法律出版社 2002 年版。

［德］卡尔·拉伦茨：《法学方法论》，陈爱娥译，商务印书馆 2003 年版。

［美］史蒂文·苏本：《美国民事诉讼法的真谛》，蔡彦敏、徐卉译，法律出版社 2002 年版。

［日］高桥宏志：《民事诉讼：制度与理论的深层分析》，林剑锋译，法律出版社 2004 年版。

［日］高桥宏志：《重点讲义民事诉讼法》，张卫平、许可等译，法律出版社 2007 年版。

［美］庞德：《法理学》第三卷，廖德宇译，法律出版社 2007 年版。

［日］新堂幸司：《新民事诉讼法》，林剑锋译，法律出版社 2008 年版。

［日］中村宗雄、中村英郎：《诉讼法学方法论——中村民事诉讼理论精要》，陈刚、段文波译，法律出版社 2009 年版。

［德］梅迪库斯：《请求权基础（第八版）》，陈卫佐译，法律出版社 2010 年版。

［德］马克斯·韦伯：《法律社会学：非正当性的支配》，康乐、简惠美译，广西师范大学出版社 2011 年版。

［美］威廉·詹姆士：《实用主义》，李步楼译，商务印书馆 2012 年版。

［法］狄骥：《公法的变迁》，郑戈译，商务印书馆 2013 年版。

［苏格兰］理查德·D.费里尔：《美国民事诉讼法（第二版）》上册，张利民等译，商务印书馆 2013 年版。

［法］托克维尔：《论美国的民主》下卷，董果良译，商务印书馆 2015 年版。

［德］E.博登海默：《法理学——法律哲学与法律方法》，邓正来译，中国政法大学出版社 2017 年版。

［德］康德：《纯粹理性批判》，邓晓芒译，人民出版社 2017 年版。

［德］赫尔维格：《诉权与诉的可能性：当代民事诉讼基本问题研究》，任重译，法律出版社 2018 年版。

（三）工具类著作

夏征农、陈至立主编：《大辞海·语词卷》第一、三、四卷，上海辞书出版社 2011 年版。

孙平译：《法国消费法典》，中国政法大学出版社 2012 年版。

《德国民事诉讼法》，丁启明译，厦门大学出版社 2016 年版。

国际经济合作与发展组织:《电子商务中的消费者保护:经合组织建议》,经合组织出版社 2016 年版。

《日本民事诉讼法典》,曹云吉译,厦门大学出版社 2017 年版。

二、论文类(根据年份和姓名首字母排序,同一作者的文献相邻)

П.П.盖坚科、余青:《20 世纪末的合理性问题》,《哲学译丛》1992 年第 4 期。

季卫东:《面向二十一世纪的法与社会——参加法社会学国际协会第 31 届学术大会之后的思考》,《中国社会科学》1996 年第 3 期。

李辰章:《谈谈对"诉讼请求"的再认识》,《法律适用》1996 年第 6 期。

李龙:《民事诉讼标的的基本概念与民事诉讼的基本理念》,《现代法学》1999 年第 1 期。

吴飞:《从清华"200 卡"案件评中国集团诉讼》,《法学》1999 年第 10 期。

陈刚:《日本中村民事诉讼理论之研究——以民事诉讼制度目的论为主线》,《西南政法大学学报》2000 年第 2 期。

林剑锋:《论现代型诉讼对传统民事诉讼理论的冲击》,《云南法学》2000 年第 4 期。

盛锡坤:《肯德基英文账单引发公益诉讼》,《法学天地》2001 年第 5 期。

汪习根、朱俊:《法治构造论》,《华中师范大学学报(人文社会科学版)》2001 年第 3 期。

崔建远:《绝对权请求权抑或侵权责任方式》,《法学》2002 年第 11 期。

崔建远:《恢复原状请求权辨》,《甘肃政法大学学报》2020 年第 5 期。

李友根:《社会整体利益代表机制研究——兼论公益诉讼的理论基础》,《南京大学学报(哲学·人文科学·社会科学版)》2002 年第 2 期。

李友根:《论消费者协会公益诉讼的损害赔偿请求权——对最高人民法院司法解释立场的商榷》,《政治与法律》2017 年第 9 期。

王太高:《论行政公益诉讼》,《法学研究》2002 年第 5 期。

朱兴有、郑斌锋:《诉的合并与诉讼请求的合并之界定》,《西南民族学院学报(哲学社会科学版)》2002 年第 8 期。

常怡、黄娟:《司法裁判供给中的利益衡量:一种诉的利益观》,《中国法学》2003 年第 4 期。

张卫平:《起诉条件与实体判决要件》,《法学研究》2004 年第 6 期。

张卫平:《民事公益诉讼原则的制度化及实施研究》,《清华法学》2013 年第 4 期。

张卫平:《诉的利益:内涵、功用与制度设计》,《法学评论》2017 年第 4 期。

张卫平:《诉讼请求变更的规制及法理》,《政法论坛》2019 年第 6 期。

张卫平:《双向审视:民事诉讼制度建构的实体与程序之维》,《法制与社会发展》2021 年第 2 期。

董新凯:《国家对消费者的保护及其限度》,《新疆大学学报(哲学社会科学版)》2005 年第 1 期。

胡锦光、王锴:《论公共利益概念的界定》,《法学论坛》2005 年第 1 期。

金可可:《论温德沙伊德的请求权概念》,《比较法研究》2005 年第 3 期。

张千帆:《"公共利益"是什么?——社会功利主义的定义及其宪法上的局限性》,《法学论坛》2005 年第 1 期。

毕玉谦:《民事诉讼起诉要件与诉讼系属之间关系的定位》,《华东政法学院学报》2006 年第 4 期。

黄金荣:《一场方兴未艾的公益法实践运动》,《中国改革》2006 年第 10 期。

江伟、徐继军:《将"公益诉讼制度"写入〈民事诉讼法〉的若干基本问题的探讨》,《中国司法》2006 年第 6 期。

刘云升:《商事通则构造论》,《河北法学》2007 年第 4 期。

肖建国:《民事公益诉讼的基本模式研究——以中、美、德三国为中心的比较法考察》,《中国法学》2007 年第 5 期。

颜运秋:《经济法与公益诉讼的契合性分析》,《北方法学》2007 年第 3 期。

张宏军:《西方外部性理论研究述评》,《经济问题》2007 年第 2 期。

章武生、杨严炎:《我国群体诉讼的立法与司法实践》,《法学研究》2007 年第 2 期。

周义程:《公共利益、公共事务和公共事业的概念界说》,《南京社会科学》2007 年第 1 期。

戴燕军、庄绮璐:《停机保号费能不能收?——公益诉讼第一人再掀电信纠纷》,《中国审判》2008 年第 1 期。

付翠英:《论赔礼道歉民事责任方式的适用》,《河北法学》2008 年第 4 期。

胡小红:《公共利益及其相关概念再探讨》,《学术界》2008 年第 1 期。

林莉红:《法社会学视野下的中国公益诉讼》,《学习与探索》2008 年第 1 期。

吕忠梅：《环境公益诉讼辨析》，《法商研究》2008 年第 6 期。

孟涛、潘水良：《论标罗诉讼要件理论的创立》，《政治与法律》2008 年第 5 期。

任自力：《美国集团诉讼立法变革及其对中国的启示》，《西部法学评论》2008 年第 1 期。

肖恩·塞尔斯：《马克思〈1844 年经济学哲学手稿〉中的"异化劳动"概念》，高雯君译，《当代国外马克思主义评论》2008 年第 1 期。

于飞：《基本权利与民事权利的区分及宪法对民法的影响》，《法学研究》2008 年第 5 期。

张艳蕊：《民事公益诉讼与公共利益保护》，《昆明理工大学学报（社会科学版）》2008 年第 9 期。

陈虹：《环境公益诉讼功能研究》，《法商研究》2009 年第 1 期。

冉克平：《论"公共利益"的概念及其民法上的价值——兼评〈合同法〉第 52 条之规定》，《武汉大学学报（哲学社会科学版）》2009 年第 3 期。

吴泽勇：《集团诉讼在德国："异类"抑或"蓝本"？》，《法学家》2009 年第 6 期。

吴泽勇：《德国团体诉讼的历史考察》，《中外法学》2009 年第 4 期。

吴泽勇：《〈投资者示范诉讼法〉：一个群体性法律保护的完美方案？》，《中国法学》2010 年第 1 期。

吴泽勇：《论德国法上的团体不作为之诉——以〈不作为之诉法〉和〈反不正当竞争法〉为例》，《清华法学》2010 年第 4 期。

于兴中：《社会理论与法学研究》，《清华法治论衡》2009 年第 2 期。

郑金玉：《我国民事诉讼实践中的诉讼要件问题》，《甘肃政法学院学报》2009 年第 3 期。

刘学在：《巴西检察机关提起民事公益诉讼制度初探》，《人民检察》2010 年第 21 期。

刘学在、韩晓琪：《巴西集合诉讼制度介评》，《环球法律评论》2010 年第 4 期。

刘学在：《请求损害赔偿之团体诉讼制度研究》，《法学家》2011 年第 6 期。

刘学在：《民事公益诉讼原告资格解析》，《国家检察官学院学报》2013 年第 2 期。

刘学在：《消费者团体诉讼的当事人适格问题之再探讨》，《武汉大学学报（哲学社会科学版）》2015 年第 4 期。

龙宗智、杜江：《"证据构造论"述评》，《中国刑事法杂志》2010 年第 10 期。

宋朝武：《论公益诉讼的十大基本问题》，《中国政法大学学报》2010 年第 1 期。

王蓉、陈世寅：《关于检察机关不应作为环境民事公益诉讼原告的法理分析》，《法学杂志》2010 年第 6 期。

吴小兵：《赔礼道歉的合理性研究》，《清华法学》2010 年第 6 期。

肖建华、杨恩乾：《巴西检察机关在公益诉讼中的角色简评》，《人民检察》2010 年第 11 期。

葛云松：《民法上的赔礼道歉责任及其强制执行》，《法学研究》2011 年第 2 期。

刘敏：《论民事诉讼前置程序》，《中国法学》2011 年第 6 期。

刘敏：《论诉的利益之判断》，《国家检察官学院学报》2012 年第 4 期。

刘太刚：《公共利益法治论——基于需求溢出理论的分析》，《法学家》2011 年第 6 期。

邵明：《滥用民事诉权及其规制》，《政法论坛》2011 年第 6 期。

王德新：《法哲学视野下"公共利益"概念之辨析》，《中国农业大学学报（社会科学版）》2011 年第 3 期。

王小钢：《论环境公益诉讼的利益和权利基础》，《浙江大学学报（人文社会科学版）》2011 年第 3 期。

周晓明：《公益诉讼制度比较研究——兼论我国公益诉讼制度的建立》，《法治研究》2011 年第 11 期。

段文波：《民事裁判构造论：以请求权为核心展开》，《现代法学》2012 年第 1 期。

李锐、陶建国：《巴西消费者集团诉讼制度及其启示》，《人民论坛》2012 年第 26 期。

林晓珊：《消费维权运动中的市场、国家与消费者组织：消费公民权的一个分析框架》，《学术研究》2012 年第 7 期。

廖中洪：《对我国〈民诉法〉确立公益诉讼制度的质疑》，《法学评论》2012 年第 1 期。

廖中洪、颜卉：《消费公益诉讼中的惩罚赔偿问题研究》，《学术探索》2019 年第 1 期。

陶建国、石磊：《法国消费者团体诉讼制度对我国的启示》，《山东工商学院学报》2012 年第 4 期。

王利明：《论个人信息权在人格权法中的地位》，《苏州大学学报（哲学社会科学版）》2012 年第 6 期。

王利明：《论人格权请求权与侵权损害赔偿请求权的分离》，《中国法学》2019 年第

1 期。

王利明:《民法典的体系化功能及其实现》,《法商研究》2021 年第 4 期。

齐树洁:《我国公益诉讼主体之界定——兼论公益诉讼当事人适格之扩张》,《河南财经政法大学学报》2013 年第 1 期。

张红:《不表意自由与人格权保护:以赔礼道歉民事责任为中心》,《中国社会科学》2013 年第 7 期。

赵红梅:《有关消费者公益诉讼的三个关键性问题》,《中国审判》2013 年第 6 期。

张学哲:《欧盟消费者权利指令(2011/83/EU 指令)》,《中德私法研究》2013 年第 1 期。

曾于生、左亚洛:《公益诉讼的概念反思》,《行政与法》2013 年第 6 期。

AntonioGidi 等:《巴西集团诉讼:一个大陆法系国家的范本》,《厦门大学法律评论》2014 年第 2 期。

黄忠顺:《环境公益诉讼基本问题研究》,《法律适用》2014 年第 4 期。

黄忠顺:《消费者集体性损害赔偿诉讼的二阶构造》,《环球法律评论》2014 年第 5 期。

黄忠顺:《食品安全私人执法研究——以惩罚性赔偿型消费公益诉讼为中心》,《武汉大学学报(哲学社会科学版)》2015 年第 4 期。

黄忠顺:《英烈权益诉讼中的诉讼实施权配置问题研究——兼论保护英雄烈士人格利益的路径抉择》,《西南政法大学学报》2018 年第 4 期。

黄忠顺:《论诉的利益理论在公益诉讼制度中的运用——兼评〈关于检察公益诉讼案件适用法律若干问题的解释〉第 19、21、24 条》,《浙江工商大学学报》2018 年第 4 期。

黄忠顺:《惩罚性赔偿消费公益诉讼研究》,《中国法学》2020 年第 1 期。

刘东:《公民个人提起民事公益诉讼的原告资格辨析》,《学习论坛》2014 年第 3 期。

王亚新:《诉讼程序中的实体形成》,《当代法学》2014 年第 6 期。

熊跃敏:《消费者群体性损害赔偿诉讼的类型化分析》,《中国法学》2014 年第 1 期。

杨会新:《去公共利益化与案件类型化——公共利益救济的另一条路径》,《现代法学》2014 年第 4 期。

杨会新、王富世:《论公益诉讼对格式条款的规制》,《中国检察官》2019 年第

17 期。

　　周翠:《民事公益诉讼的功能承担与程序设计》,《北方法学》2014 年第 5 期。

　　张辉:《论环境民事公益诉讼的责任承担方式》,《法学论坛》2014 年第 6 期。

　　中华环保联合会课题组:《环境公益诉讼损害赔偿金研究》,《中国环境法治》2014 年第 2 期。

　　陈承堂:《公益诉讼起诉资格研究》,《当代法学》2015 年第 2 期。

　　方双复:《公益诉讼的门槛到底应多高　从我国消费公益诉讼第一案说起》,《中国律师》2015 年第 4 期。

　　姜涛:《检察机关提起行政公益诉讼制度:一个中国问题的思考》,《政法论坛》2015 年第 6 期。

　　刘俊海:《完善司法解释制度　激活消费公益诉讼》,《中国工商管理研究》2015 年第 8 期。

　　彭鸿雁:《中国哲学的特质是实用理性还是实践理性?》,《江淮论坛》2015 年第 3 期。

　　沈冠伶:《消费者团体诉讼之再建构:以扩散型损害及集团权利为中心》,《台大法学论丛》2015 年第 11 期。

　　苏号朋:《消费维权公益诉讼制度实践及发展》,《中国国情国力》2015 年第 10 期。

　　吴光荣、赵刚:《消费者团体提起公益诉讼基本问题研究》,《法律适用》2015 年第 5 期。

　　谢军:《论消费公益诉讼的起诉主体》,《宁夏社会科学》2015 年第 5 期。

　　张明楷:《论预防刑的裁量》,《现代法学》2015 年第 1 期。

　　程新文等:《我国消费民事公益诉讼制度的新发展〈最高人民法院关于审理消费民事公益诉讼案件适用法律若干问题的解释〉的理解与适用》,《法律适用》2016 年第 7 期。

　　范晓亮:《我国消费公益诉讼实证分析——兼论〈欧盟集体救济建议〉之借鉴》,《苏州大学学报(法学版)》2016 年第 3 期。

　　刘水林、芦波:《消费者权益保护法范式转化的经济学解释》,《上海财经大学学报》2016 年第 6 期。

　　宋春龙:《检察机关提起消费公益诉讼范围分析》,《人民检察》2016 年第 14 期。

　　宋春龙:《中国特色公益诉讼制度体系化构建》,《甘肃社会科学》2021 年第 3 期。

　　唐力、高翔:《我国民事诉讼程序事项二阶化审理构造论——兼论民事立案登记制的中国化改革》,《法律科学(西北政法大学学报)》2016 年第 5 期。

王明远:《论我国环境公益诉讼的发展方向:基于行政权与司法权关系理论的分析》,《中国法学》2016 年第 1 期。

王学棉:《"具体"的诉讼请求》,《国家检察官学院学报》2016 年第 2 期。

杨仕兵:《论消费公益诉讼的界定及其可诉范围》,《齐鲁学刊》2016 年第 1 期。

竺效:《论环境民事公益诉讼救济的实体公益》,《中国人民大学学报》2016 年第 2 期。

陈灿平、肖秋平:《消协所涉公益诉讼若干难点问题探讨》,《湘潭大学学报(哲学社会科学版)》2017 年第 2 期。

邓娟:《消费公益诉讼的诉讼请求类型问题研究》,《探求》2017 年第 4 期。

杜乐其:《消费民事公益诉讼损害赔偿请求权研究》,《法律科学(西北政法大学学报)》2017 年第 6 期。

钱玉文:《消费者权的经济法表达——兼论对〈民法典〉编纂的启示》,《法商研究》2017 年第 1 期。

王建文:《论我国引入公司章程防御性条款的制度构造》,《中国法学》2017 年第 5 期。

徐明:《大数据时代的隐私危机及其侵权法应对》,《中国法学》2017 年第 1 期。

陈云良:《反垄断民事公益诉讼:消费者遭受垄断损害的救济之路》,《现代法学》2018 年第 5 期。

冯海宁:《赔偿性公益诉讼提振消费者信心》,《浙江人大》2018 年第 6 期。

康天军:《英烈保护司法实务问题探析》,《法学论坛》2018 年第 6 期。

颜卉:《检察机关在消费民事公益诉讼中提出惩罚性赔偿诉讼请求的规范化路径——(2017)粤 01 民初 383 号民事判决的启示》,《兰州学刊》2018 年第 12 期。

余彦:《驱动视角下消费民事公益诉讼的主体安排及其激励机制》,《江西师范大学学报(哲学社会科学版)》2018 年第 5 期。

朱伦攀:《互联网金融消费公益诉讼制度适用研究》,《中山大学法律评论》2018 年第 2 期。

陈杭平、周晗隽:《公益诉讼"国家化"的反思》,《北方法学》2019 年第 6 期。

巩固:《环境民事公益诉讼性质定位省思》,《法学研究》2019 年第 3 期。

胡印富、张霞:《公益诉讼的司法图式及其反思》,《山东社会科学》2019 年第 12 期。

江帆、朱战威:《惩罚性赔偿:规范演进、社会机理与未来趋势》,《学术论坛》2019年第3期。

姜耀庭、董广绪:《赔礼道歉在消费民事公益诉讼中的运用——"小鸣单车"案引发的法律思考》,《法治论坛》2019年第53期。

李浩:《生态损害赔偿诉讼的本质及相关问题研究——以环境民事公益诉讼为视角的分析》,《行政法学研究》2019年第4期。

李浩:《民事公益诉讼起诉主体的变迁》,《江海学刊》2020年第1期。

刘京蒙:《消费领域民事公益诉讼损害赔偿请求研究》,《中国检察官》2019年第19期。

刘水林:《消费者公益诉讼中的惩罚性赔偿问题》,《法学》2019年第8期。

阙占文:《赔礼道歉在民事公益诉讼中的适用及其限制》,《政法论坛》2019年第4期。

姚佳:《中国消费者法理论的再认识——以消费者运动与私法基础为观察重点》,《政治与法律》2019年第4期。

杨立新:《侵权责任法回归债法的可能及路径——对民法典侵权责任编草案二审稿修改要点的理论分析》,《比较法研究》2019年第2期。

姚敏:《消费民事公益诉讼请求的类型化分析》,《国家检察官学院学报》2019年第3期。

章海珠:《检察机关提起惩罚性消费民事公益诉讼之探讨》,《社会科学家》2019年第7期。

张旭东、郑烽:《消费民事公益诉讼中惩罚性赔偿的规范化适用研究——从广东省消费者委员会的惩罚性赔偿系列公益案件出发》,《学术探索》2019年第11期。

陈伟伟:《我国消费环境的薄弱环节与改进方向》,《中国经贸导刊》(中)2020年第2期。

曹奕阳:《我国消费民事公益诉讼制度的完善与优化——美国聚乙烯管道消费者集团诉讼案的启示》,《江汉论坛》2020年第7期。

段厚省:《检察民事公益诉讼的内在张力》,《郑州大学学报(哲学社会科学版)》2020年第4期。

高丽:《惩罚性赔偿请求在消费公益诉讼中的困境与出路》,《东南大学学报(哲学社会科学版)》2020年第S1期。

高志宏:《公共利益观的当代法治意蕴及其实现路径》,《政法论坛》2020年第

2 期。

胡骁:《民事确认之诉的利益及其类型化研究》,《学海》2020 年第 2 期。

刘晨霞、于静:《医疗器械管理使用应纳入检察公益诉讼范围——以制售假冒伪劣医用口罩为视角》,《中国检察官》2020 年第 9 期。

孙晨赫:《消费民事公益诉讼的理念重塑与制度展开》,《理论月刊》2021 年第 2 期。

孙莉婷:《论巴西检察公益诉讼制度对我国的启示》,《中国检察官》2020 年第 10 期。

王莉:《巴西公益诉讼检察制度及启示》,《人民检察》2020 年第 7 期。

吴逸越:《德国示范确认之诉及其对我国消费民事公益诉讼的镜鉴》,《德国研究》2020 年第 2 期。

杨航:《认罪认罚案件中如何考量公共利益——2017 年"美国诉沃克案"的启示》,《中国石油大学学报(社会科学版)》2020 年第 5 期。

朱振:《认真对待理由——关于新兴权利之分类、证成与功能的分析》,《求是学刊》2020 年第 2 期。

赵祖斌:《反不正当竞争公益诉讼:消费者权益保护的另一途径》,《中国流通经济》2020 年第 11 期。

吴英姿:《关于法律解释的程序思维》,《理论探索》2020 年第 6 期。

高鸿:《行政行为自我纠正的制度构建》,《中国法律评论》2021 年第 3 期。

郝海燕:《异化与归正:消费公益诉讼惩罚性赔偿适用研究》,《四川大学学报(哲学社会科学版)》2021 年第 3 期。

郝俊升、祝邈:《3·15 访谈:关注新型消费领域维权》,《民心》2021 年第 3 期。

张仪昭:《检察机关提起证券行政公益诉讼:法理基础与制度建构》,《社会科学动态》2021 年第 3 期。

三、外文文献(根据年份、语种和姓名首字母排序)

Mancur Olson, JR, *The Logic of Collective Action:Public Goods and the Theory of Groups*, Cambridge:Harvard University Press, 1971.

Mauro Cappelletti, "*Vindicating the Public Interest through the Courts:A Comparativist's Contribution*", *Buffalo Law Review*, Vol.25, No. 3(April 1976).

Gerry Bates, "*A Case for the introduction of Class Action into English Law*", *New Law Journal*, Vol.130(1980).

Gochan, Louise Y, "*The Consumer's Alternative: A Study on Consumer Grievance Mechanism*", *Philippine Law Journal*, Vol.56, No.3(September 1981).

Abram Chayes, "*Foreword: Public Law Litigation and the Burger Court*", *Harvard Law Review*, Vol.96, No.1 (November 1982).

Vera Langer, "*Public Interest in Civil Law, Socialist Law, and Common Law Systems: The Role of the Public Prosecutor*", *The American Journal of Comparative Law*, Vol. 36, No. 2 (1988).

RichardCappalli, Claudio Consolo, "*Class Actions for continental Europe? A Preliminary Inquiry*", *Temple International and Comparative Law Journal*, Vol.6, No.2(Fall 1992).

HeikeGading, "*Litigation by Public-Interest Groups in European law*", *German Yearbook of International Law*, Vol.39, (1996)

Per Henrik Lindblom, "*Individual Litigation and Mass Justice: A Swedish Perspective and Proposal on Group Actions in CivilProcedure*", *The American Journal of Comparative Law*, Vol. 54, No.4(Autumn 1997).

Deborah R. Hensler, and Others, *Class Action Dilemmas: Pursuing Public Goals for Private Gain*, Santa Monica: RAND Corporation, 2000.

Barry Bozeman, "*Toward a Pragmatic Public Interest Theory from Public Values and Public Interest—Counterbalancing Economic Individualism*", Georgetown University Press, 2007.

Martijn Egas, Arno Riedl, "*The economics of altruistic punishment and the maintenance of cooperation*", Proceedings of the Royal Society B: Biological Sciences, 2008.

Samuel Issacharoff, Geoffrey P. Miller, "*Will Aggregate Litigation Come to Europe?*", *Vanderbilt Law Review*, Vol.62, No1(March 2009).

DeLeon, Max H, "*Public Choice Theory, Interest Groups, and Tort Reform*", *University of Illinois Law Review*, Vol. 2012, No.5 (May 1787).

Francisco Valdes, "Procedure, Policy and Power: *Class Actions and Social Justice in Historical and Comparative Perspective*", *Georgia State University Law Review*, Vol.24, No. 3 (March 2012).

Lesley K.Mcallister, "Revisiting a '*Promising Institution*': *Public Law Litigation in the*

Civil Law World",*Georgia State University Law Review*,Vol.24,No3(March 2012).

Richard Posner,*Economic Analysis of Law*,New York:Aspen Publishers.

Atanasovska,Aneta,"*Consumers and Consumer Protection Law*",*Iustinianus Primus Law Review*,Vol. 6,No. 2 (2015).

四、报纸（根据年份和姓名首字母排序，同一作者的文献相邻）

张惠君、马超:《为公益诉讼立法》,《法制日报》2001 年 9 月 22 日。

黄旭东:《诉前程序基于诉权顺位构建运行机制》,《检察日报》2017 年 5 月 15 日。

黄旭东:《论消费民事公益诉讼的请求类型及适用》,《民主与法制时报》2018 年 1 月 11 日。

李晓蕊:《巴西集团诉讼中的既判力规则》,《人民法院报》2012 年 12 月 14 日。

江德斌:《电商应确保"剁手党"的信息安全》,《证券时报》2015 年 12 月 17 日。

肖建华:《巴西赋予检察机关提起公益诉讼职能》,《检察日报》2015 年 4 月 21 日。

刘晔:《医疗欺诈适用"消费者权益法"吗》,《健康报》2016 年 5 月 19 日。

《中共中央关于坚持和完善中国特色社会主义制度　推进国家治理体系和治理能力现代化若干重大问题的决定》,《人民日报》2019 年 11 月 6 日。

易小斌:《独具特色的巴西检察公益诉讼》,《检察日报》2020 年 11 月 5 日。

《中央依法治国办联合相关部门发布食药监管执法司法典型案例》,《人民法院报》2020 年 1 月 10 日。

五、法律文书（根据年份、地区首字母和案号排序）

（一）论证引用的文书资料

《上海市消费者权益保护委员会诉广东欧珀移动通信有限公司公益诉讼案一审民事裁定书》,(2015)沪一中民一(民)初字第 9 号。

《上海市消费者权益保护委员会与天津三星通信技术有限公司公益诉讼案一审民事裁定书》,(2015)沪一中民一(民)初字第 10 号。

《浙江省消费者委员会与上海市铁路局公益诉讼案者一审民事裁判书》,(2015)

沪铁受初字第 1 号。

《江苏省消费者协会诉南京水务公司不公平格式条款公益诉讼案一审民事裁判书》,(2016)苏 01 民初 2034 号。

《中国消费者协会与北京天华旭自行车商店等公益诉讼案一审民事调解书》,(2016)京 04 民初 94 号。

《广东省消费者委员会与广州悦骑信息科技有限公司公益诉讼案一审民事判决书》,(2017)粤 01 民初 445 号。

《广东省广州市人民检察院与刘邦亮公益诉讼案一审民事判决书》,(2017)粤 01 民初 383 号。

《广东省消费者委员会与钟槛锋等公益诉讼案一审民事判决书》,(2017)粤 01 民初 387 号。

《广东省消费者委员会与李华文等公益诉讼案一审民事判决书》,(2017)粤 03 民初 547 号。

《广东省东莞市人民检察院与张森彬等公益诉讼案一审民事判决书》,(2017)粤 19 民初 95 号。

《广西贵港市人民检察院与梁耀平等公益诉讼案一审民事判决书》,(2018)桂 08 民初 27 号。

《河北省石家庄市人民检察院与薛栋林等公益诉讼案一审民事判决书》,(2018)冀 01 民初 1212 号。

《河北省石家庄市人民检察院与段彩霞等公益诉讼案一审民事判决书》,(2018)冀 01 民初 2053 号。

《江苏省消费者权益保护委员会与北京百度网讯科技有限公司公益诉讼案一审民事裁定书》,(2018)苏 01 民初 1 号。

《山西省消费者协会与闫浩公益诉讼案一审民事判决书》,(2018)晋 06 民初 36 号。

《新疆维吾尔自治区乌鲁木齐市人民检察院与肖克拉提·亚生等公益诉讼案一审民事判决书》,(2018)新 01 民初 290 号。

《安徽省阜阳市人民检察院与李振强等公益诉讼案一审民事判决书》,(2019)皖 12 民初 98 号。

《安徽省阜阳市人民检察院与汪吉山公益诉讼案一审民事判决书》,(2019)皖 12 民初 121 号。

《安徽省阜阳市人民检察院与刘东雨公益诉讼案一审民事调解书》,(2019)皖 12 民初 153 号。

《安徽省阜阳市人民检察院与胡振鹏公益诉讼案一审民事判决书》,(2019)皖 12 民初 406 号。

《安徽省阜阳市人民检察院与时峰公益诉讼案一审民事判决书》,(2019)皖 12 民初 583 号。

《安徽省颍上县人民检察院与孙亮一审公益诉讼案民事判决书》,(2019)皖 1226 民初 5114 号。

《北京市人民检察院第四分院与杜某某公益诉讼案一审民事判决书》,(2019)京 04 民初 251 号。

《广东省东莞市人民检察院与张森彬等公益诉讼案二审民事判决书》,(2019)粤 民终 379 号。

《广西贵港市人民检察院诉梁耀平等公益诉讼案二审民事判决书》,(2019)桂民 终 227 号。

《江苏省无锡市人民检察院与范敏华等公益诉讼案一审民事判决书》,(2019)苏 02 民初 585 号。

《江苏省常州市人民检察院与常州强盛生物科技有限公司等公益诉讼案一审民事 判决书》,(2019)苏 04 民初 373 号。

《江苏省泰州市人民检察院与尚涛等公益诉讼案一审民事判决书》,(2019)苏 12 民初 108 号。

《四川省广安市人民检察院与冯兰公益诉讼案一审民事调解书》,(2019)川 16 民 初 101 号。

《浙江省杭州市拱墅区人民检察院与李正声等公益诉讼案一审民事判决书》, (2019)浙 0192 民初 5464 号。

《安徽省淮北市人民检察院与范中庭公益诉讼案一审民事判决书》,(2020)皖 06 民初 2 号。

《安徽省淮北市人民检察院与濉溪县刘桥王标粉皮加工坊公益诉讼案一审民事判 决书》,(2020)皖 06 民初 133 号。

《安徽省阜阳市人民检察院与凡绍献公益诉讼案一审民事判决书》,(2020)皖 12 民初 526 号。

《安徽省亳州市人民检察院与安徽源和堂药业股份有限公司消费公益诉讼案一审

民事判决书》,(2020)皖 16 民初 446 号。

《河北省衡水市人民检察院与韩国瑞公益诉讼案一审民事判决书》,(2020)冀 11 民初 25 号。

《湖北省荆州市人民检察院与李凯旋等公益诉讼案一审民事裁定书》,(2020)鄂 10 民初 41 号。

《江苏省消费者权益保护委员会与被告乐融致新电子科技(天津)有限公司公益诉讼案一审民事判决书》,(2020)苏 01 民初 62 号。

《江西省景德镇市人民检察院与黄侠公益诉讼案一审民事调解书》,(2020)赣 02 民初 45 号。

《辽宁省朝阳市人民检察院与初涛等公益诉讼案一审民事判决书》,(2020)辽 13 民初 3 号。

《辽宁省朝阳市人民检察院与张国芳公益诉讼案一审民事判决书》,(2020)辽 13 民初 10 号。

《四川省广安市人民检察院与谭皓月等公益诉讼案一审民事调解书》,(2020)川 16 民初 174 号。

《四川省广安市人民检察院与华蓥市风生水起火锅店公益诉讼案一审民事调解书》,(2020)川 16 民初 175 号。

《山东省济南市人民检察院与马相峰等公益诉讼案一审民事判决书》,(2020)鲁 01 民初 444 号。

《浙江省杭州市余杭区人民检察院与蔡晨杰等公益诉讼案一审民事判决书》,(2020)浙 0192 民初 1147 号。

《浙江省龙游县人民检察院与李荣春公益诉讼案一审民事判决书》,(2020)浙 08 民初 106 号。

(二) 用于实证分析的其他文书资料

《湖北省十堰市人民检察院与周克召公益诉讼案一审民事判决书》,(2016)鄂 03 民初 118 号。

《吉林省消费者协会与光复路龙昌调料行等公益诉讼案一审民事判决书》,(2016)吉 01 民初 819 号。

《吉林省长春市人民检察院与姜桂玲公益诉讼案一审民事判决书》,(2016)吉 01 民初 191 号。

《深圳市人民检察院与熊宗宾等公益诉讼案一审民事判决书》,(2016)粤 03 民初 2867 号。

《广东省消费者委员会与彭开胜等公益诉讼案一审民事判决书》,(2017)粤 01 民初 384 号。

《广东省消费者委员会与史伟清等公益诉讼案一审民事判决书》,(2017)粤 01 民初 386 号。

《吉林省通化市人民检察院与董春萌公益诉讼案一审民事判决书》,(2017)吉 05 民初 86 号。

《安徽省安庆市人民检察院与麦铨强公益诉讼案一审民事判决书》,(2018)皖 08 民初 119 号。

《海南省海口市人民检察院与南风海味网络科技有限公司公益诉讼案一审民事判决书》,(2018)琼 01 民初 882 号。

《内蒙古自治区赤峰市人民检察院与侯殿富等消费民事公益诉讼案一审民事判决书》,(2018)内 04 民初 91 号。

《内蒙古自治区赤峰市人民检察院与康锐力等公益诉讼案一审民事判决书》,(2018)内 04 民初 92 号。

《内蒙古自治区赤峰市人民检察院与王延成等公益诉讼案一审民事判决书》,(2018)内 04 民初 93 号。

《内蒙古自治区赤峰市人民检察院与田国春公益诉讼案一审民事判决书》,(2018)内 04 民初 94 号。

《内蒙古自治区赤峰市人民检察院与闫武公益诉讼案一审民事判决书》,(2018)内 04 民初 95 号。

《内蒙古自治区赤峰市人民检察院与罗江公益诉讼案一审民事判决书》,(2018)内 04 民初 96 号。

《内蒙古自治区赤峰市人民检察院与王龙公益诉讼案一审民事判决书》,(2018)内 04 民初 97 号。

《内蒙古自治区赤峰市人民检察院与于化彬公益诉讼案一审民事判决书》,(2018)内 04 民初 98 号。

《内蒙古自治区赤峰市人民检察院与李广英公益诉讼案一审民事判决书》,(2018)内 04 民初 99 号。

《内蒙古自治区赤峰市人民检察院与王文立公益诉讼案一审民事判决书》,

(2018)内 04 民初 100 号。

《上海市人民检察院第二分院与冷桂林等公益诉讼案一审民事判决书》,(2018)沪 03 民初 24 号。

《安徽省肥东县人民检察院与徐峰等公益诉讼案一审民事判决书》,(2019)皖 0122 民初 1110 号。

《安徽省淮南市谢家集区人民检察院与罗秀英等公益诉讼案二审民事判决书》,(2019)皖 04 民终 1553 号。

《安徽省凤台县人民检察院与杨金玉公益诉讼案一审民事判决书》,(2019)皖 0421 民初 4556 号。

《安徽省淮北市人民检察院、××利公益诉讼案一审民事判决书》,(2019)皖 06 民初 175 号。

《安徽省淮北市人民检察院与闫浩南等公益诉讼案一审民事判决书》,(2019)皖 06 民初 176 号。

《安徽省淮北市人民检察院与吴娟公益诉讼案一审民事判决书》,(2019)皖 06 民初 177 号。

《安徽省淮北市人民检察院与李才公益诉讼案一审民事判决书》,(2019)皖 06 民初 178 号。

《安徽省淮北市人民检察院与张严公益诉讼案一审民事判决书》,(2019)皖 06 民初 179 号。

《安徽省淮北市人民检察院与邵长春公益诉讼案一审民事判决书》,(2019)皖 06 民初 180 号。

《安徽省淮北市人民检察院与濉溪县城北幸福保健品销售门市部等公益诉讼案一审民事判决书》,(2019)皖 06 民初 181 号。

《安徽省淮北市人民检察院与李金华公益诉讼案一审民事判决书》,(2019)皖 06 民初 182 号。

《安徽省淮北市人民检察院与淮北市杜集区好奇夫妻保健公益诉讼案一审民事判决书》,(2019)皖 06 民初 183 号。

《北京市人民检察院第四分院与谷小伟等公益诉讼案一审民事判决书》,(2019)京 04 民初 1 号。

《福建省莆田市人民检察院与刘某公益诉讼案一审民事判决书》,(2019)闽 03 民初 983 号。

《贵州省铜仁市人民检察院与孙棋金等公益诉讼案一审民事判决书》,(2019)黔06民初74号。

《江苏省无锡市人民检察院与陈元一公益诉讼案一审民事判决书》,(2019)苏02民初451号。

《辽宁省朝阳市人民检察院与刘秀明公益诉讼案一审民事判决书》,(2019)辽13民初28号。

《山西省阳泉市人民检察院与金汾之航商贸有限公司公益诉讼案一审民事判决书》,(2019)晋03民初128号。

《山西省阳泉市人民检察院与黄华公益诉讼案一审民事判决书》,(2019)晋03民初129号。

《浙江省衢州市开化县人民检察院与程慧芳等公益诉讼案一审民事判决书》,(2019)浙08民初549号。

《浙江省衢州市开化县人民检察院与汤雪林公益诉讼案一审民事判决书》,(2019)浙08民初550号。

《浙江省绍兴市上虞区人民检察院与邓余花等公益诉讼案一审民事裁定书》,(2019)浙06民初765号。

《安徽省肥东县人民检察院与孙有美公益诉讼案一审民事判决书》,(2020)皖0122民初5185号。

《安徽省蚌埠市禹会区人民检察院与汪尚飞等公益诉讼案一审民事判决书》,(2020)皖0304民初2194号。

《安徽省蚌埠市禹会区人民检察院与杨天宏公益诉讼案一审民事判决书》,(2020)皖0304民初2339号。

《安徽省淮北市人民检察院与濉溪县城北汪军熟食店等公益诉讼案一审民事判决书》,(2020)皖06民初3号。

《安徽省淮北市人民检察院与李中华公益诉讼案一审民事判决书》,(2020)皖06民初4号。

《安徽省淮北市人民检察院与濉溪县城北邹家熟食店等公益诉讼案一审民事判决书》,(2020)皖06民初5号。

《安徽省淮北市人民检察院与淮北市相山区芳祥劳保店公益诉讼案一审民事判决书》,(2020)皖06民初63号。

《安徽省淮北市人民检察院与李唤民公益诉讼案一审民事判决书》,(2020)皖06

民初 86 号。

《安徽省淮北市人民检察院与濉溪县刘桥云侠小吃部公益诉讼案一审民事判决书》,(2020)皖 06 民初 94 号。

《安徽省淮北市人民检察院与濉溪县城北张鹏卤菜店公益诉讼案一审民事判决书》,(2020)皖 06 民初 95 号。

《安徽省淮北市人民检察院与辛蓬飞公益诉讼案一审民事判决书》,(2020)皖 06 民初 110 号。

《安徽省淮北市人民检察院与濉溪县南坪王伟峰饭店公益诉讼案一审民事判决书》,(2020)皖 06 民初 111 号。

《安徽省淮北市人民检察院与傅常林消费公益诉讼一审民事判决书》,(2020)皖 06 民初 112 号。

《安徽省淮北市人民检察与淮北市相山区相城农贸市场陈胖子干货店公益诉讼案一审民事判决书》,(2020)皖 06 民初 131 号。

《安徽省淮北市人民检察院与姚侠公益诉讼案一审民事判决书》,(2020)皖 06 民初 132 号。

《安徽省安庆市人民检察院与何学庆等公益诉讼案一审民事判决书》,(2020)皖 08 民初 440 号。

《北京市人民检察院第四分院与张建美等公益诉讼案一审民事判决书》,(2020)京 04 民初 32 号。

《北京市人民检察院第四分院与王林等公益诉讼案一审民事判决书》,(2020)京 04 民初 33 号。

《江苏省盐城市人民检察院与殷国和公益诉讼案一审民事判决书》,(2020)苏 09 民初 118 号。

《辽宁省朝阳市人民检察院与刘爱东公益诉讼案一审民事判决书》,(2020)辽 13 民初 6 号。

《辽宁省朝阳市人民检察院与胡海龙公益诉讼案一审民事判决书》,(2020)辽 13 民初 14 号。

《辽宁省朝阳市人民检察院李贵金侵权责任纠纷一审民事判决书》,(2020)辽 13 民初 15 号。

《四川省达州市人民检察院与刘国毅等公益诉讼案一审民事判决书》,(2020)川 17 民初 100 号。

《四川省达州市人民检察院与石光强等公益诉讼案一审民事判决书》,(2020)川17民初130号。

《四川省阿坝州人民检察院与俄周等公益诉讼案一审民事判决书》,(2020)川32民初2号。

《山东省济南市人民检察院与吕军强等公益诉讼案一审民事判决书》,(2020)鲁01民初440号。

《山东省聊城市人民检察院与刘文平等公益诉讼案一审民事判决书》,(2020)鲁15民初11号。

《云南省昆明市西山人民检察院与刘天彩公益诉讼案一审民事判决书》,(2020)云0112民初4763号。

《浙江省龙游县人民检察院与卓雄飞公益诉讼案一审民事判决书》,(2020)浙08民初107号。

责任编辑:赵圣涛

封面设计:胡欣欣

图书在版编目(CIP)数据

消费民事公益诉讼请求法律构造研究/郝海燕 著. —北京:人民出版社,2023.12

ISBN 978－7－01－026102－7

Ⅰ.①消…　Ⅱ.①郝…　Ⅲ.①民事诉讼-研究-中国　Ⅳ.①D925.104

中国国家版本馆 CIP 数据核字(2023)第 220393 号

消费民事公益诉讼请求法律构造研究

XIAOFEI MINSHI GONGYI SUSONG QINGQIU FALÜ GOUZAO YANJIU

郝海燕　著

人 民 出 版 社 出版发行

(100706　北京市东城区隆福寺街 99 号)

北京中科印刷有限公司印刷　新华书店经销

2023 年 12 月第 1 版　2023 年 12 月北京第 1 次印刷

开本:710 毫米×1000 毫米 1/16　印张:19.25

字数:320 千字

ISBN 978－7－01－026102－7　定价:89.00 元

邮购地址 100706　北京市东城区隆福寺街 99 号

人民东方图书销售中心　电话 (010)65250042　65289539